该成果依托中国法学会2019年度部级研究课题，
课题编号 CLS（2019）D05

时宇娇◎著

法律语言模糊性问题研究

FALÜ YUYAN MOHUXING WENTI YANJIU

知识产权出版社
全国百佳图书出版单位
——北京——

图书在版编目（CIP）数据

法律语言模糊性问题研究／时宇娇著． —北京：知识产权出版社，2021.3（2022.1 重印）
ISBN 978－7－5130－7454－4

Ⅰ.①法… Ⅱ.①时… Ⅲ.①法律语言学—模糊语言学—研究 Ⅳ.①D90－055

中国版本图书馆 CIP 数据核字（2021）第 050359 号

内容提要

实践表明，在许多情况下法律文本中使用模糊语言不但不会影响法律语言表达的准确性，反而增强了法律语言的表达效果。法律语言的模糊性既具有一定的积极功能，也具有一定的消极影响。恰当的模糊性的法律语言可以使法律保持较长时期的稳定性，可以使法律语言更加周延，从而弥补法律的漏洞，同时可以使法官根据案件的具体情况合理行使自由裁量权，而实现个案正义。但是，法律语言的模糊性也会产生不利于维护法律的统一性和权威性，易于导致执法和司法人员滥用职权等消极影响。这些弊端可以通过提高立法者素质和立法技术、规范与引导司法自由裁量权、正确把握法律语言的模糊度、对模糊性法律语言进行语义限定和法律解释而获得一定程度的消解。

责任编辑：彭小华　　　　　　　　　责任校对：王　岩
封面设计：刘　伟　　　　　　　　　责任印制：孙婷婷

法律语言模糊性问题研究
时宇娇　著

出版发行：知识产权出版社有限责任公司	网　　址：http://www.ipph.cn
社　　址：北京市海淀区气象路 50 号院	邮　　编：100081
责编电话：010－82000860 转 8115	责编邮箱：huapxh@ sina.com
发行电话：010－82000860 转 8101/8102	发行传真：010－82000893/82005070/82000270
印　　刷：北京九州迅驰传媒文化有限公司	经　　销：各大网上书店、新华书店及相关专业书店
开　　本：720mm×1000mm　1/16	印　　张：12
版　　次：2021 年 3 月第 1 版	印　　次：2022 年 1 月第 2 次印刷
字　　数：230 千字	定　　价：68.00 元
ISBN 978－7－5130－7454－4	

出版权专有　　侵权必究
如有印装质量问题，本社负责调换。

目录
CONTENTS

绪 论 ·· (001)

1 法律语言学研究概况 ·· (004)
1.1 法律语言学的界定 ·· (004)
1.2 国外法律语言学研究 ·· (006)
1.3 国内法律语言学研究 ·· (010)
1.4 法律语言的特点 ·· (026)
1.5 法律语言的失范与规范 ···································· (033)
1.6 法律语言的比较研究与翻译 ···························· (048)

2 法律语言模糊性问题研究综述 ·················· (053)
2.1 法律语言模糊性与准确性的关系 ···················· (053)
2.2 法律语言模糊性的原因 ···································· (056)
2.3 法律语言模糊性的积极功能 ···························· (061)
2.4 法律语言模糊性的弊端以及克制 ···················· (066)
2.5 法律文本中模糊语言的翻译 ···························· (069)

3 法律语言模糊性的对立面：法律语言的准确性 ··· (072)
3.1 法律语言准确的必要性 ···································· (074)
3.2 法律语言准确性的总体要求 ···························· (077)
3.3 法律语言准确性的具体要求 ···························· (080)
3.4 法律语言准确性和模糊性的辩证关系 ············ (090)

4 法律语言具有模糊性的原因分析 ⋯⋯⋯⋯⋯⋯⋯⋯⋯⋯⋯（102）
  4.1 语言本身的特性 ⋯⋯⋯⋯⋯⋯⋯⋯⋯⋯⋯⋯⋯⋯⋯⋯（103）
  4.2 法律规范的概括性 ⋯⋯⋯⋯⋯⋯⋯⋯⋯⋯⋯⋯⋯⋯⋯（110）
  4.3 法律现象的复杂性 ⋯⋯⋯⋯⋯⋯⋯⋯⋯⋯⋯⋯⋯⋯⋯（116）

5 法律语言模糊性的积极功能 ⋯⋯⋯⋯⋯⋯⋯⋯⋯⋯⋯⋯（123）
  5.1 实现法的稳定性的功能 ⋯⋯⋯⋯⋯⋯⋯⋯⋯⋯⋯⋯⋯（124）
  5.2 弥补法律漏洞的功能 ⋯⋯⋯⋯⋯⋯⋯⋯⋯⋯⋯⋯⋯⋯（130）
  5.3 赋予法官裁量权的功能 ⋯⋯⋯⋯⋯⋯⋯⋯⋯⋯⋯⋯⋯（135）

6 法律语言模糊性的消极影响 ⋯⋯⋯⋯⋯⋯⋯⋯⋯⋯⋯⋯（142）
  6.1 不利于维护法律的统一性和权威性 ⋯⋯⋯⋯⋯⋯⋯⋯（142）
  6.2 易于导致执法和司法人员滥用权力 ⋯⋯⋯⋯⋯⋯⋯⋯（146）
  6.3 导致纠纷的增加和效率的降低 ⋯⋯⋯⋯⋯⋯⋯⋯⋯⋯（150）

7 发扬法律语言模糊性的优势 ⋯⋯⋯⋯⋯⋯⋯⋯⋯⋯⋯⋯（155）
  7.1 区分情形使用模糊性的法律语言 ⋯⋯⋯⋯⋯⋯⋯⋯⋯（155）
  7.2 发挥法律语言叠加使用模糊近义词的优势 ⋯⋯⋯⋯⋯（162）

8 克服法律语言模糊性的弊端 ⋯⋯⋯⋯⋯⋯⋯⋯⋯⋯⋯⋯（166）
  8.1 提高立法者素质和立法技术 ⋯⋯⋯⋯⋯⋯⋯⋯⋯⋯⋯（166）
  8.2 正确把握法律语言的模糊度 ⋯⋯⋯⋯⋯⋯⋯⋯⋯⋯⋯（168）
  8.3 对模糊性法律语言进行语义限定 ⋯⋯⋯⋯⋯⋯⋯⋯⋯（171）
  8.4 对法律文本中模糊词语进行法律解释 ⋯⋯⋯⋯⋯⋯⋯（174）
  8.5 规范与引导司法自由裁量权 ⋯⋯⋯⋯⋯⋯⋯⋯⋯⋯⋯（182）

结　语 ⋯⋯⋯⋯⋯⋯⋯⋯⋯⋯⋯⋯⋯⋯⋯⋯⋯⋯⋯⋯⋯⋯⋯⋯（185）

后　记 ⋯⋯⋯⋯⋯⋯⋯⋯⋯⋯⋯⋯⋯⋯⋯⋯⋯⋯⋯⋯⋯⋯⋯⋯（187）

绪　论

　　准确而严密的法律语言是立法者所追求的目标。准确性被视为法律语言的基本要求，在此基础上学者们排斥法律语言的模糊性，认为其与立法原则相违背。但法律语言无法实现彻底的去模糊化。法律语言的模糊性和准确性都是法律语言固有的属性。而且，法律语言的模糊性也有其独特的功能。法律具有相对稳定性，其不可避免地与社会关系的变动性之间存在矛盾；与此同时，法律的一般性和抽象性与社会生活的复杂性、具体性之间也存在矛盾。因此，欲使稳定的、一般的、抽象的法律，适用于变动的、复杂的、具体的社会生活，就必须使用一些模糊词语。如果我们过于强调追求法律的准确性，可能使得法律条文与其所需调整的社会关系出现不适配的情况，致使法律过于僵化。而模糊的法律语言可以加强法律适用的弹性空间。因此，虽然法律语言的模糊性带来了许多消极影响，但法律语言的模糊性并非全无优点，其具有高度适应能力，可以满足不断发展的社会现实的需求，可以提高法律的表达效率。此外，法律语言的绝对精确是立法者的乌托邦，只能实现其相对确定性。这涉及"模糊学"的知识领域。

　　模糊学的概念是美国加利福尼亚大学控制论专家扎德教授1965年在《信息和控制》杂志上发表的一篇题为《模糊集》的文章中首次提出来的。它的提出标志着科学思维方法的划时代变革，也标志着"模糊学"这门新学科的诞生。模糊学诞生至今已有五十多年历史，它发展迅速、应用广泛。它涉及自然科学、人文科学和管理科学等方面。模糊学在图像识别、人工智能、自动控制、信息处理、经济学、心理学、社会学、生态学、语言学、管理科学、医疗诊断、哲学等领域中都得到广泛应用，并由此诞生了一系列新兴学科，如模糊数学、模糊语言学等。伍铁平发表在《外国语》1979年第4期的论文《模糊语言初探》是国内最早运用模糊学对语言模糊性进行研究的论文，也标志着模糊学理论开始渗透到中国的语言学领域并形成模糊语言学。伍铁平认为，人类语言中，许多词语所表达的概念都是没有精确边缘的，即所谓"模糊概念"。模糊性和准确性一样，都是所有人类语言的客观属性，如当我们讲一个人个子高，其中"高"就是模糊的词语。而讲某个人身高183厘米，其中"183厘米"就是准确的词语。

法的世界离不开语言，语言是法律的载体，法律是语言的具体运用，从立法到法律的实施，法律语言以书面语体和口语语体两种形式在法律语境中运行。在法律特定的思维形态下，语言作为物质载体与之形影相随。"对于穿梭于规范和事实之间的法律人，要处理法律案件，除了应尽量多地搜集证据力求证明法律推理中的事实这一小前提外，还必须充分有效地解读法律文本，从而构建法律推理的大前提，并运用法律语言对判决理由进行合法性论证。法律职业者生活在一个法律语言弥漫的世界里"。① 法律是一个语言系统，法治是一个语言过程。法治离不开法律语言文字的阐释，司法活动的专业性、法律思维的复杂性都对法律语言的表达和交流提出了更高要求。"法律的理解和解释始终是以语言为载体的，司法的过程始终是一个语言运用及交流的过程。立法者与司法者基于法律文本的相互沟通，法律语境的判断等，都离不开语言的分析"。②

法律家既是法律思想的创造者，也是法律语言的创造者。法律依赖于语言才得以存在。这就意味着，法律的产生与运行都离不开语言的支撑。法律需要语言来体现和解读，人们对法律的态度、观念以及对执法和司法的看法都必须通过语言来展现。通过语言，人们可以理解法律精神、法律的发生过程和实现过程，把法律变成可以沟通和交流的语言行为，把法律精神积淀储存起来。法律实践从一定程度上来说也是一种语言实践，无论是立法还是司法，首先是语言的沟通和思想的对话。正如英国哲学家大卫·休谟指出的，"法与法律制度是一种纯粹的语言形式，法的世界肇始于语言，法律是通过语词订立和公布的。语言是表述法律的工具，法律不能脱离语言而独立存在"。③

法律是国家专门机关制定的，以权利和义务为主要内容并以国家强制力保障实施的社会规范，是有法可依、有法必依、执法必严、违法必究的先决条件和根据，直接关系到公民的生命、健康、安全、财产和自由。因此法律语言被普遍认为必须准确、严密。换句话说，作为规范性语言，法律不得出现模糊语言。但事实并非如此。伍铁平认为，准确性和模糊性都是语言的固有属性。钱冠连教授在《语言全息论》中也写道："语言中轻而易举地找到模糊语言现象，如早上、晚上、春、夏、秋、冬等在日常生活语言中找到，而且在许多领域里同样能找到。"④ 法律语言作为一种语言形式，自然具有一般语言的共性。也就是说，法律语言是人类语言的重要组成部分，同样存在模糊性，而且在一定场

---

① 杨建军："法律语言的特点"，载《西北大学学报》（哲学社会科学版）2005 年第 5 期。
② 徐家力："法律语言学诌议"，载《北京政法职业学院学报》2012 年第 2 期。
③ 转引自舒国滢："战后德国法哲学的发展路向"，载《比较法研究》1995 年第 4 期。
④ 转引自熊德米："模糊性法律语言及其翻译"，载《边缘法学论坛》2006 年第 2 期。

合下也离不开其模糊性（ambiguity）。可以说，准确性和模糊性都是所有语言包括法律语言的客观属性，例如，我国刑法规定，故意杀人的，处死刑、无期徒刑或者十年以上有期徒刑；情节较轻的，处三年以上十年以下有期徒刑。其中"情节较轻"就是模糊词语。而"十年""无期徒刑""死刑"等就是准确词语。而有些词语表面上看，是准确词语，但其外延意义则是模糊的。所谓外延意义模糊是指词语的概念没有明确的界限，其边界是不确定的。这类词语广泛存在于法律文本中。刘蔚名教授在《法律语言的模糊性：性质与成因分析》一文中，用"death"一词很好地阐述了法律英语中词语的外延意义的模糊性。文中指出"death"（死亡）的边缘异常模糊，弹性大，其概念开放，不确定性因素非常多。众所周知，关于"死亡"，就涉及是"心死"还是"脑死"，对此世界上没有统一的标准，特别是目前争议较大的"脑死"，其定义到现在也很难明确，"死亡"的外延意义是极为模糊的，无法明确判断到底什么状态才是真正的"死亡"。[①] 因此，"法的模糊性问题不仅是法学领域的普遍问题，而且是法学领域的核心问题。法律语言的模糊性是法律工作者力求消除却难以消除的现象"。[②]

法律规范的主要内容是法律主体的权利和义务，法律的基本功能就是通过明确规定权利和义务来引导和规范法律主体的行为。法律文本中精确词语的使用无疑保证了法律语言的准确性。但在特定情况下，使用模糊词语不仅可以起到精确词语不可替代的作用，还会使法律语言更加准确。由于社会法律现象纷繁复杂，且社会不断发展演进，为了使法律能够具有更大的灵活性、周延性、包容性、概括性以及前瞻性，法律语言不得不采用大量的模糊词语，来弥补语言符号本身的局限性和人类认知的模糊性，同时提高了法律语言表达的效率。法律语言的模糊性弥补了法律语言在内容表述上的欠缺，克服了法律的某些局限性如僵硬性和滞后性。立法者在立法过程中对模糊语言审时度势的运用，使得法律在不需要经常修改的情况下，对社会生活的具体情况特别是社会生活的变化具有较强的适应性，也使所颁布的法律更具有稳定性和权威性。因此在人们越来越相信法律确定性、越来越追求法制完善和实现依法治国、建设社会主义法治国家的今天，从模糊性视角去探讨法律语言具有重要的理论和实践意义。

---

① 刘蔚铭："法律语言的模糊性：性质与成因分析"，载《西安外国语学院学报》2003年第2期。
② 伍巧芳："法律语言模糊性的法理分析"，载《江西社会科学》2009年第6期。

1 法律语言学研究概况

法律语言模糊性问题研究是法律语言学研究的一个分支，研究法律语言模糊性问题，必须对整个法律语言学研究的概况有一个大致的了解。

1.1 法律语言学的界定

法律语言学作为一门独立的学科产生以来，因其研究的特殊性、复杂性和广泛的应用性已受到各国法学界、语言学界的普遍关注。长期从事法律语言学研究的中国政法大学法学院教授刘红婴认为，法律语言学是以法哲学的视角、语言学的方法，对法制定、法研究、法实践中的专业语言现象进行全面的分析和定位，总结了专业语言符号系统的生成、运用的规律[①]。换句话说，法律语言学是研究法律语言的一门学科。它从法理学的视角把语言学的原理和知识同法学的语言实践和运用结合起来，探索和总结法律语言的特点和规律，是一门法学和语言学的交叉学科。作为一门新兴的边缘学科，它既不是法学的延伸，也不是语言学的附庸，它有着自己明确的研究对象和研究范围。从其研究的对象来看，法律语言学的研究对象既不同于法学的基本研究对象，也不同于语言学的基本研究对象。语言学是研究语言的一般规律，而法律语言学是研究语言一般规律在法律各类活动中的体现及其变体。它的内容包括：描写法律语言现象，研究法律和语言的关系，探讨法律语言的特点、规律及其运用。这样既对法律语言的语言层面进行了描写与探究，同时也对法律事务中涉及的各种活动的言语进行了探究。法律语言讲究严谨性、准确性、逻辑性、特定性、时效性、权威性、技术性、应用性，因此法律语言学是一门应用性质的工具学科。它不能像一般语言学那样过多地纠缠于抽象的纯理论研究，它除了有关语言的一般性的研究，更重要的是进行法律语言的特殊性研究。[②] "法律语言学的主要任务是开展对语言与所有形式的法律之间联系的研究：(1) 研究法律语言，包括法律文件中的语言和法庭语言、警察语言和监狱语言。(2) 研究、提供和提高专业的法律口译和笔译服务。(3) 消除法律过程中由语言产生的不

[①] 刘红婴：《法律语言学》，北京大学出版社2007年版。
[②] 马庆林："法律语言学、法律语言——兼谈法律英语的特点"，载《西安外国语学院学报》2003年第3期。

利因素。(4) 提供建立在可用到的最佳语言专业知识基础上的法律语言证据。(5) 在法律起草和解释问题上，提供语言学的专业知识"①。

　　法律语言学是一门方兴未艾的、有着良好前景的法学和语言学的交叉学科。随着社会的发展，各种学科间不再局限于单纯的某一领域的研究，而是跨学科、跨领域研究。在深度分化基础上的高度交叉融合是当代学科发展的显著特点和必然趋势。近代科学的发展特别是科学上的重大发现，国计民生中的重大社会问题的解决等，常常涉及不同学科之间的相互交叉和相互渗透。科学（包括自然科学和人文社会科学）上的新理论、新方法、新发明的产生，新的工程技术的出现，经常是在学科的边缘或交叉点上，重视交叉学科将使科学本身向着更深层次和更高水平发展。20 世纪 90 年代，随着语言学研究和法学研究的深入和各学科间交叉渗透的逐步加强，在我国由语言学和法学共同孕育的法律语言学已经成为一门新兴的交叉学科。

　　长期以来，整个法律职业所通用的语言，无论是律师和法官在法庭上的用语，抑或是形诸文字的法条用语，或与当事人权益有切身关系的法律文件的用语，甚至是法学院课堂上的教学用语，相较于一般日常生活中所使用的语言，无疑具有相当程度的特殊性。这点可以说是古今中外皆然。自从法律语言学的开山鼻祖 David Mellinkoff 教授于 20 世纪 60 年代写作的，题为 *The Language of the Law*（《法律的语言》）的一书问世以来，无论是法学界还是语言学界莫不从将法律语言学视为具有独立生命力的学科出发，开始重视法律语言的社会地位、功能以及属性。无疑地，正因为法律职业是一门专业性强的职业，法律语言也就成了一种具有高度专业性和特殊性的语言。② 虽然有许多学者从不同角度对法律语言学进行了界定，然而，对于什么是法律语言学，学术界尚未有统一的定论。研究资料显示，法律语言学的定义有狭义和广义之分。狭义的法律语言学是指语言学在法律领域的应用研究，尤其是在各种法律事务中的具体应用，即运用语言学分析方法调查涉及语言证据的案件。广义的法律语言学，包括一切跟法律和语言交叉领域有关的基础理论性研究和应用性研究，其研究的对象是各种法律事务中的语言，即立法、司法和法学研究中的语言。显然，本书取广义的法律语言学的含义。从研究内容上看，法律语言学主要是研究语言的形式与法律内容之间的联系，研究法律语言的特点、规律及其运用，并利用语言学的特点，使其作用于法学的研究和发展。它有很强的应用性，又有其独

---

① 徐家力："法律语言学诌议"，载《北京政法职业学院学报》2012 年第 2 期。

② 谢宏滨："论法律语言的意义和作用——自社会语言学跨领域的视角观察"，载《太平洋学报》2006 年第 10 期。

特性，也具多学科兼容性。法律语言学的目标是探讨法律语言在法律事务中的应用，致力于解决法律的理论和实践问题。法律语言学志在研究、解决立法和司法语言问题的同时，研究、解决隐身于该语言问题背后的法律、法学问题。由于它属于当今大力提倡和支持的学科交叉研究，因此这种研究具有重要的理论意义、社会意义和应用价值。语言既是工具，也是文化，法律语言里体现着法律价值、法治精神和法治文化。法律语言学研究对于打造中国特色社会主义法治话语体系、提升司法职业共同体的法律语言能力和法律推理水平，实现"努力以中国智慧、中国实践为世界法治文明建设作出贡献"的历史使命具有十分重要的意义。具体来说，法律语言的本体研究有利于高素质法治人才的培养；立法领域语言研究有利于提高立法质量，推进科学立法；法律法规翻译研究有利于借鉴西方发达国家先进的法律思想、法律文化和法律制度，降低外国投资者对中国特色社会主义法律制度误读的可能性，是国家文化软实力的重要组成部分，有助于在当今全球治理中展示中国的法治管理经验；司法话语、语言证据、法庭口译等司法领域语言研究有利于科学执法、司法公正、保障人权。因此，无论是在国内还是在国外，法律语言学的发展都很快，相关的研究成果不断问世，研究队伍不断扩大，学术影响力不断提高，呈现出方兴未艾的发展势头[①]。

1.2 国外法律语言学研究

20 世纪 60 年代以来，随着社会发展和各种新的法律问题出现，美国等西方发达国家的律师及司法人员在犯罪调查及庭审方面遇到诸多语言问题，不得不向语言学家求助。而且这种需求与日俱增，促使法学界和语言学界同时关注法律语言并开展这方面的研究。与此同时，语用学、心理语言学、社会语言学等诸多学科的发展与建立，使得语言学的地位日益突出。同时，法律与语言的关系也更加密切，语言学在法律方面的应用越来越多，出现了一批研究法律与语言的学者。1963 年，第一部系统而全面地研究法律语言的论著 David

---

① 法律语言学的快速发展不是没有原因的。第一，当今在学术研究领域，我们强调、重视并且提倡创新。新的语言研究领域和新的研究方向的开发就是一种创新之举；法律语言的研究属于一种学科交叉研究，不同学术（学科）领域的交叉也是一个很好的创新方法。第二，法律语言研究具有重要的应用价值和普遍价值。人类生活在语言之中，也生活在法律之中。法律语言的研究不仅具有语言学上的价值，还有重要的法学（法律）上的意义和价值，或者说是社会意义和价值。在我们这个正在大力推行建立法治社会的国家，法律语言的研究就具有更加特殊的现实意义和价值，法律语言的研究有助于"让人民群众在每一个司法案件中都能感受到公平和正义"。参见廖美珍："法律语言研究"，载《浙江外国语学院学报》2017 年第 2 期。

Mellinkoff 的《法律的语言》[①] 一书出版,标志着法律语言学这门新兴学科的诞生。1993 年,国际法律语言学协会在德国波恩的成立,则表明了该学科的发展与成熟。[②]

国外的法律语言研究分为 20 世纪 70 年代前、后两个阶段,前一阶段主要针对立法语言和法律文本进行研究,着眼点在法律语言的用词、句法、标点和法律语言特征上,把法律语言当作静态客体来探讨。20 世纪 70 年代后研究热点转向法庭会话、庭审话语、法庭调解话语、刑侦语言识别等动态应用研究上;同时越来越涉及多学科的内容,诸如人类学、语言学、社会学、政治学、心理学、社会学、文学等。[③] 1992 年,在英国伯明翰大学成立了国际法律语言学家协会(International Association of Forensic Linguists,简称 IAFL[④]);1993 年,在德国波恩大学召开首届国际法律语言学协会大会,宣布了国际法律语言学协会的章程。1994 年,在英国开始出版 SSCI 学术期刊 *The International Journal of Speech, Language and the Law*(《法律语言学:言语、语言与法律》)。

国外法律语言学的研究重点是语言在法律语境中的运用,体现出很强的针对性和应用性。截至 2015 年,IAFL 已在德国、英国、美国、荷兰、墨西哥等欧美国家举办了十一届国际会议。2015 年 7 月第十二届国际法律语言学家协会大会在广东外语外贸大学召开,来自 24 个国家和地区的 130 余位法律语言学专家学者参会,其中外国和港澳台地区代表达 70 人,超过半数。第十二届国际法律语言学家协会大会落户广东外语外贸大学,是该协会成立以来协会大会首次在亚洲召开,不仅意味着国际法律语言学家协会对中国法律语言学研究实力、影响力的关注,更为中国法律语言学者向世界展现最新学术研究成果提供了机会。作为国际法律语言学家协会主办的国际顶级学术会议,本届大会共邀请了 18 位国内外著名法律语言学家作大会发言。在大会期间,法律语言专家从警察询问与讯问、法庭互动与法庭话语分析、法庭口译与法律翻译、法律语篇信息分析、法律话语多模态分析、语言证据、作者身份鉴别、说话者识别、法律文本识解、法律语言教学与培训等 10 个议题探讨了法律语言研究的新理念、新思路和新方法。通过这次国际法律语言学盛会,我们了解到,随着科技的发展与

[①] David Mellinkoff 的《法律的语言》在法律语言研究史上具有重大意义:这是第一部系统、全面而且具有相当深度地论述英美法律语言的鸿篇巨制。该书对后来的法律语言研究影响巨大,属于法律语言研究的奠基之作。

[②] 参见黄震云、张燕:"立法语言研究概述(上)",载《辽东学院学报》(社会科学版)2013 年第 4 期。

[③] 廖美珍:"国外法律语言研究综述",载《当代语言学》2004 年第 1 期。

[④] IAFL 大会一般每两年召开一次。

进步，法律语言学也新增了不少新兴应用领域，其中尤以文本作者识别与语音识别最具代表性。法律语言研究者们可从电子邮件的词汇、句法、语篇、语用等方面特征入手，借助语料库等工具对比分析可疑文本与日常文本，发现每个人的语言都有其个人言语风格，并通过对这些言语风格的比对，发现谁才是可疑文本的作者。这一技术目前已为庭审中电子证据的识别提供了有力支持。①

除了国际法律语言学家协会（IAFL）外，关于法律语言研究的国际学会还有国际法律语言研究会（International Academy of Linguistic Law，简称 IALL）。国际法律语言研究会（IALL）是一个国际化的多学科组织，建立于 1984 年 9 月，由 100 名成员组成，包括法学家、语言学家、社会学家和来自世界各地的爱好者。该学会每两年会召开一次法律与语言方面的大型国际会议，同时也是一次全体代表会议。该学会的工作语言有：英语、法语、会议举办地语言及与会者多数人推荐使用的任何其他语言。该学会支持有关语言与法学研究的出版物以及相关学术与职业活动（讲座、研讨会、课程、会议）等。该研究会也向所有关注语言与法律问题的人和组织提供法律和语言方面的咨询服务。IALL 的第一届"法律与语言"国际会议于 1988 年 4 月在加拿大蒙特利尔举行。2004 年 9 月，中国政法大学、中国教育部应用语言学研究院与加拿大魁北克大学联合举办第九届"法律与语言"国际会议。② 该学会的运作对于我国法律语言学的发展和国际化有一定的推动和促进作用。

在西方发达国家，法律语言学是一个方兴未艾的、有着良好前景的法学和语言学分支，是很多著名国际学术刊物和机构的重点扶助对象。这一点和国内不大一样，我国几个权威的法学刊物很少刊登法律语言学方面的论文。对于法律语言学的研究，无论是从内容还是从方法论角度看，国外的研究与国内的研究都有很大的不同。国外有许多研究方法非常值得我们借鉴：（1）重视田野调查；（2）重视真实的现场录音语料；（3）重视语言和法律权利的研究；（4）重视多视角的研究；（5）越来越重视语言学家作为专家证人等问题的应用研究。从我国国内的法律语言研讨会和已发表的文献来看，中国的法律（学）工作者很少有人从语言角度研究法律和法律实践。③ 而国外法律语言的研究主要是在应用领域，其中法律语言研究的侧重点在于法律实践方面，许多语言学家（如拉波夫、费尔墨、克鲁克等）提供了在法庭案例审理方面的第一手的语言知

---

① 参见竹叶清："第十二届国际法律语言学大会在广东外语外贸大学召开"，载《羊城晚报》2015 年 7 月 6 日。
② 李立、田荔枝："法律、语言与全球公民权利"，载《国际学术动态》2009 年第 4 期。
③ 廖美珍："国外法律语言研究综述"，载《当代语言学》2004 年第 1 期。

识，为解决法律问题直接作出了语言学家的贡献。他们运用话语分析理论研究法庭中问话、答话对审判的影响，男女性别在对待话题上的不同态度等；在运用语用学知识上，美国语言学家夏伊和心理学家合作，参与培训司法人员的工作，对美国司法文告作出了较大的改进。在运用语言变体理论辨别案犯的口音上也取得了较好的效果。①

国外许多高校开设了法律语言学课程，目前提供法律语言本科或研究生课程的国外高校包括英国阿斯顿大学（AstonUniversity）、班戈大学（Bangor University）、东英吉利大学（University of East Anglia）、伯明翰大学（University of Birmingham）、卡迪夫大学（Cardiff University）、法律语言学院（Forensic Linguistics Institute）、兰卡斯特大学（Lancaster University）、诺丁汉特伦特大学（Nottingham Trent University）、约克大学（University of York），美国普林斯顿大学法学院（Princeton Law School）、耶鲁大学法学院（Yale Law School）、霍夫斯特拉大学（Hofstra University）以及澳大利亚西悉尼大学（Western Sydney University）等。以英国阿斯顿大学法律语言研究中心为基地的"国际法律语言分析"暑期学校提供为期5天、一年一次的强化培训，其培养内容着眼于语言分析在法律语境中的价值以及功能。该课程由库特哈德（M. Coulthard）教授于2000年创立，课程旨在适应日益增长的专业需求，同时在为法律语言学习、研究打下扎实基础的同时，提供法律语言的概览。在教学中，通过真实的语料以及案例说明理论。每期邀请来自世界各地的知名学者来教授课程，这样学习者就有机会了解与把握法律语言学以及法律与语言领域研究的最新动向。这些学者不仅仅是职业的语言学家，更是掌握第一手材料的法庭专家证人。从2000年到2014年的14期培训涵盖内容十分丰富，包括法律语篇的分析、立法以及法律文件的结构与意义分析、法律术语、法律笔译与口译、法律语境会话的社会建构、交叉询问结构、庭译的社会语用层面分析、法律文件的可读性、法律中的语言与劣势、语言弱势群体与语言人权、作者识别、司法语音学、商标用语与域名争议等诸多方面的分析。该课程的师资结构、教学方法、教学内容等各方面都是值得法律语言全日制课程或者强化课程借鉴的。在法律语言研究中，语言知识、方法以及视角被运用于立法、侦查、审判、刑罚等场合。其研究兴趣、方法并不局限于某个单一的学科范围内，而是有多个领域的实务者与研究者的参与。②

---

① 邢欣："国内法律语言学研究述评"，载《语言文字应用》2004年第4期。
② 程乐、宫明玉："法律语言教育与理论研究"，载《政法论坛》2016年第1期。

1.3 国内法律语言学研究

1.3.1 国内法律语言学著作

我国的法律语言学已经发展了数十年，在这数十年的学术研究中，我国的法律语言学有了巨大的进步，有一大批法律语言研究的学术著作问世，发表的有关法律语言学的学术论文数量呈现上升趋势，这对于我国法律语言学的发展和我国的法治建设都有重大的影响。以下按时间顺序列举有关法律语言学学术专著（不完全统计）。宁致远：《法律文书的语言运用》，安徽教育出版社1988年版。许秋荣：《法律语言修辞》，中国政法大学出版社1989年版。潘庆云：《法律语言艺术》，学林出版社1989年版。邱实：《法律语言》，中国展望出版社1989年版。余致纯：《法律语言学》，陕西人民教育出版社1990年版。刘愫贞：《法律语言：立法与司法的艺术》，陕西人民出版社1990年版。潘庆云：《法律语体探略》，云南人民出版社1991年版。周广然：《法律用词技巧》，中国检察出版社1992年版。华尔赓、孙懿华、周广然：《法律语言概论》，中国政法大学出版社1995年版。姜剑云：《法律语言与言语研究》，群众出版社1995年版。孙懿华、周广然：《法律语言学》，中国政法大学出版社1997年版。潘庆云：《跨世纪的中国法律语言》，华东理工大学出版社1997年版。王洁：《法律语言学教程》，法律出版社1997年版。陈炯：《法律语言学概论》，陕西人民教育出版社1998年版。吴明：《司法工作语言艺术》，中国人民公安大学出版社1998年版。李振宇：《法律语言学初探》，法律出版社1998年版。王洁：《法律语言研究》，广东教育出版社1999年版。刘星：《法律的隐喻》，中山大学出版社1999年版。王健：《沟通两个世界的法律意义——晚清西方法的输入与法律新词初探》，中国政法大学出版社2001年版。彭京宜：《法律语言的文化解析》，知识出版社2001年版。吴伟平：《语言与法律：司法领域的语言学研究》，上海外语教育出版社2002年版。刘红婴：《弹性法律语言论》，西苑出版社2002年版。丁世洁：《警察语言修辞》，河南人民出版社2002年版。刘红婴：《法律语言学》，北京大学出版社2003年版。廖美珍：《法庭问答及其互动研究》，法律出版社2003年版。刘蔚铭：《法律语言学研究》，中国经济出版社2003年版。王道森：《法律语言运用学》，中国法制出版社2003年版。周庆生、王杰、苏金智：《语言与法律研究的新视野》，法律出版社2003年版。潘庆云：《中国法律语言鉴衡》，汉语大辞典出版社2004年版。李振宇：《语言与法律探微》，中国经济出版社2004年版。廖美珍：《法庭语言技巧》，法律出版社2005年版。杜金榜：《法律语言学》，上海外语教育出版社2004年版。吴伟平：《语言与法律——司法领域内的语言学研究》，上海外语教育出版社 2004 年版。陈炯：《立法语言学导论》，贵州人民出版社 2005 年版。孙懿华：《法律语言学》，湖南人民出版社 2006 年版。李振宇：《法律语言学新说》，中国检察出版社 2006 年版。李克兴、张新红：《法律文本与法律翻译》，中国对外翻译出版公司 2006 年版。刘红婴：《法律语言学》，北京大学出版社 2007 年版。廖美珍：《法律语言学译丛》，法律出版社 2007 年版。李德凤、胡牧、李丽：《法律文本翻译》，中央编译出版社 2007 年版。马晓燕、史灿方：《法律语言学引论》，安徽人民出版社 2007 年版。马晓燕：《法律语言学引论》，安徽人民出版社 2008 年版。李振宇：《法律语言学史》，中国经济出版社 2008 年版。孙懿华：《法律语言学》，湖南人民出版社 2008 年版。何勤华：《法律名词的起源》，北京大学出版社 2009 年版。李立：《法律语言实证研究》，群众出版社 2009 年版。马莉：《法律语言翻译的文化制约》，法律出版社 2009 年版。宋雷、张绍全：《英汉对比法律语言学：法律英语翻译进阶》，北京大学出版社 2010 年版。栾照钧、栾照轶：《公文及法律语言实例解析》，广东经济出版社 2010 年版。余素青：《法律语言与翻译》，复旦大学出版社 2011 年版。宋北平：《法律语言规范化研究》，法律出版社 2011 年版。朱前鸿：《语词的模糊性及其对法律实务的影响》，中国政法大学出版社 2011 年版。董晓波：《法律文本翻译》，对外经济贸易大学出版社 2011 年版。宋北平：《法律语言》，中国政法大学出版社 2012 年版。刘红婴：《法律的关键词：法律与词语的关系研究》，知识产权出版社 2012 年版。郭万群：《中国法律语言学研究：理论与实践》，上海交通大学出版社 2013 年版。张清：《法官庭审话语的实证研究》，中国人民大学出版社 2013 年版。姜廷惠：《立法语言的模糊性研究：兼及对〈中华人民共和国刑法〉语言表述的解读》，中国政法大学出版社 2013 年版。韩健：《功能语言学视阈下的法律文本对比分析》，上海交通大学出版社 2013 年版。陈金钊：《法律修辞研究》，中国法制出版社 2015 年版。杜金榜：《法律语篇信息研究》，人民出版社 2015 年版。焦宝乾：《法律修辞学：理论与应用研究》，法律出版社 2015 年版。朱洁：《法律英语语言学研究》，经济科学出版社 2016 年版。杜金榜、葛云锋：《论法律语言学方法》，人民出版社 2016 年版。桑涛：《公诉语言学：公诉人技能提升全程指引》，中国法制出版社 2016 年版。董晓波：《我国立法语言规范化研究》，北京交通大学出版社 2016 年版。赵久湘：《秦汉简牍法律用语研究》，人民出版社 2017 年版。吴克利：《审讯语言学》，中国检察出版社 2017 年版。张法连：《中西法律语言与文化对比研究》，北京大学出版社 2017 年版。

1.3.2 国内法律语言学主要学者介绍

以下列举我国从事法律语言学研究（特别是较早的从事法律语言学研究）

的学者（不完全统计且排名不分先后）：

余志纯，四川警官高等专科学校教授，主编了我国第一部《法律语言学》教材。

陈炯，江南大学文学院教授，法律语言学的倡导者之一，1985年发表《应当建立法律语言学》一文，著有《法律语言学概论》一书，1998年12月出版。

宋北平，2002年至2005年师从中国政法大学副校长朱勇教授读博士研究生，期间酝酿了"中国法律语言规范化工程"项目，并同时在中央财经大学、中国地质大学等高校任教。他既是法律专家也是语言学家，2005年9月创建"法律语言应用研究"这一新领域（学科），成立了我国第一个法律语言应用研究所。

潘庆云，华东政法大学教授，早在1983年就在《华东政法学院院报》上发表了《关于法律语体的几个问题》，是较早提出法律语体的学者，先后出版3本著作，1989年出版《法律语言艺术》专著，1991年出版了《法律语体探略》一书，1997年又出版《跨世纪的中国法律语言》的专著，其成就主要在法律语体方面。

孙懿华，中国政法大学基础部教授，1995年与华尔庚、周广然合作编写了《法律语言概论》教材，1997年又与周广然合作编写了《法律语言学》教材，特别是1989年以邱实的笔名撰写了《法律语言》一书，该书是比较早期的法律语言著作之一。

宁致远，中国政法大学基础部教授，是法律语言的早期研究者之一，著有《与政法工作者谈语法》和与刘永章合作撰写的《法律文书的语言运用》两本书，其研究范围主要是法律词语、句式、句法、修辞等，特别是在句式方面，具有独到的见解，还发表了多篇有价值、有分量的法律语言方面的学术论文。

刘愫贞，西北政法大学新闻与传播学院教授，主要著作是1990年出版的《法律语言：立法与司法的艺术》，1997年参加了王洁主编的《法律语言学》教材的编写，现在主要研究法律语言史。

周广然，中国政法大学基础部教授，1992年出版了《法律用词技巧》一书，该书是我国较早研究法律词语方面的专著；1995年与华尔庚、孙懿华合作编写了《法律语言概论》教材，1997年又与孙懿华合作编写了《法律语言学》教材，其主要侧重法律词语研究。

李振宇，山东大学博士，江西农业大学法律语言学研究所所长、人文学院教授，法律语言学的开拓者之一，著有《法律语言学初探》的专著，1998年6月出版，在著作中提出了自己的完整理论体系，也是法律语言学理论著作中较早来自法律实践的专著之一。正由于此，在法律语言学界成就了他的一家之言。

刘红婴，中国政法大学法学院教授，全国人民代表大会法制工作委员会立法用语规范化专家咨询委员会委员，著有《法律语言学》，2003年出版，主要从法哲学和立法技术学方面研究法律语言学问题。

杜金榜，广东外语外贸大学博士，国际商务英语学院法律语言学研究所所长、教授，著有《法律语言学》，2004年出版，是较早把国外法律语言学的理论和方法应用于中国的法律语言研究的学者。

姜剑云，上海大学法学院教授，主要著作是1995年出版的《法律语言与言语研究》的专著；1990年参加了余志纯主编的我国第一部《法律语言学》教材的编写。

王洁，中国政法大学法学院教授，主要著作是1999年出版的《法律语言研究》，1997年主编了全国统编教材《法律语言学》。

彭京宜，海南省委党校副校长，1990年参加了由余志纯主编的我国第一部《法律语言学》教材的编写工作，1997年主编了《法律语用教程》的教材，2001出版了专著《法律语言的文化解析》，其法律语言研究主要在法律语用和法律语言文化方面。

丁世洁，上海大学法学院基础部教授，有《警察语言修辞》一书，2002年由河南人民出版社出版，主要从事警察语言研究。

吴伟平，香港中文大学中国语文研习所副所长，是较早向国内传播国外法律语言学信息、引进国外法律语言学理论的学者之一，并于2002年出版了我国较早运用国外法律语言研究成果的论著——《语言与法律：司法领域的语言学研究》，其主要从事法庭用语分析方面的研究。

廖美珍，中国政法大学法学院教授，2002年著有《法庭话语分析》一书，主要从事国外法律语言在中国的实践化研究。

刘蔚铭，西北政法大学法律语言研究中心主任、西北政法大学外国语学院教授、教学院长，法律语言研究方向硕士研究生导师。其2003年著有《法律语言学研究》一书，较早对国内和国外法律语言学进行了详细的比较和介绍，对于法律语言学界的同仁了解国内外法律语言学的发展和研究状况起到了积极的作用。

何勤华，华东政法大学教授，著有《法律名词的起源》（北京大学出版社2009年版），可以说是近几年来对于法律名词的考证最为全面和系统化的一部著作。该书共收录142个法律名词，分别对每个词的起源与变迁进行了详细研究。这本著作有如下特点：(1) 全书以法律部门作为分类标准，对每一个部门法律或法学学科的法律名词进行研究，如对"权利""行政赔偿""刑罚""所有权""领事裁判权"等法律名词的研究，就分别涉及宪法、行政法、刑法、民法和国际法等法律部门。（2）该书不仅研究了法律名词的历史变迁及内涵变化情况，还对法律名词演变过程中政治制度、法律制度和社会变化给予了详细说明。（3）该书既是一部关于法律语言变迁的学术著作，也是一部理解法律名词的工具书。①

1.3.3　国内法律语言学研究进程

在介绍了我国关于法律语言学研究的专著以及我国早期从事法律语言学研究的学者之后，再阐述我国法律语言学研究的进程、研究内容、研究特点、发展趋势等情况。

我国法律语言研究分为酝酿期（1982—1989年）、草创期（1990—1998年）、深化期（1999—2004年）②和繁荣期（2005年至今）。

（1）酝酿期（1982—1989年）。1982年出版的高潮主编的《语文教程》提出了立法与司法语言风格、文风的要求是其发端，刘愫贞撰写的《法律语言：立法与司法的艺术》初步构建了法律语言的体系。③ 陈炯在1985年提出建立法律语言学，对法律语言学的理论与体系作了深入探索，指出法律语言学是把语言学的原理和知识同法学上的语言运用结合起来，解决法学对语言的应用的特殊需要及运用方法问题的学科，在务实的探讨中，颇具新意。④ 潘庆云1989年出版了《法律语言艺术》一书，在法律语言学领域中进行了新的探索。其在法学和语言学之间架设起一座桥梁，创造性地运用当代语言学的方法和成果，探讨并总结了法律事务中语言表达和交际的规律。

国内关于法律语言的研究酝酿或起步时间是20世纪80年代初，研究方向主要有两个方面：一是对法律语言本体的研究，如法律语言词汇、语法、修辞等方面的特点，法律术语体系的构建等；二是对法律语体的研究，如法律文本的语言特点，立法、司法、庭讯、庭辩、侦查、诉讼等语体的语言特点。法律语言研究领域不断扩大，法律语言研究的论著内容几乎涉及了讼诉和法律事务的各个领域，有提出建立法律语言学科体系的论文，如陈炯的《应当建立法律语言学》《法律语言学探略》，潘庆云的《关于法律语体的几个问题》等；有关于司法实践的研究，如立法语言研究、司法语言研究、预审语言研究、言语识

---

① 张玉洁："论我国法律语言学的演进及未来发展"，载《广西政法管理干部学院学报》2015年第3期。

② 陈炯："二十多年来中国法律语言研究评述"，载《毕节师范高等专科学校学报》2004年第1期。

③ 陈炯："二十多年来中国法律语言研究评述"，载《毕节师范高等专科学校学报》2004年第1期。

④ 陈炯："应当建立法律语言学"，载《法学季刊》1985年第1期。

别研究等；有从语言本体角度进行的研究，如法律词语、法律修辞、法律语用学、法律句法、法律歧义等。在国内法律语言学研究领域里，从语言学角度来看，比较有代表性的著作当推王洁的《法律语言研究》和陈炯的《法律语言学概论》。正如陆俭明先生对《法律语言研究》一书的评价："该书具有独创性，在法律语言中借用了'言语链'这一术语用于法庭语言，在许多章节都有创新和独到的论述；同时还借鉴了汉语语言学的研究成果，建构了一个法律语言研究的多元化的结构网络；在分析论述的同时，还指出了法律语言研究中存在的问题，所以，其研究成果对法律语言的实践和法律语言研究都有很直接的指导意义。"而《法律语言学概论》一书则侧重在对法律语体的论述，同时对中国法律语言的历史变革进行了回顾，其主要特色在于区分了立法、司法、公安、检察、裁判、法庭、诉状等语言，并对刑事侦查中的语言识别进行了独到的论述。①

（2）草创期（1990—1998年）。20世纪90年代是我国法律语言学的开创时期，这一时期法律语言研究具有三个特点：一是覆盖法律语言各领域，论著数量众多；二是内容纵横古今中外，不受时空限制；三是吸取其他学科养料，研究方法不拘一格。② 在这期间我国学者从不同的角度写了不少法律语言学的论著，建立了各自的法律语言学理论体系。比较有影响的论著有六部：第一部是刘愫贞的《法律语言：立法与司法的艺术》，陕西人民出版社1990年版。全书18万字，从"总论、立法语言、司法语言、法律语体及修辞方法"等方面加以论述。其特色是：①为创建法律语言学这门边缘学科构建了初步的体系。②注重实用性。③重视学术探讨，如对法律语言的渊源及其发展的探讨，对立法语言特征的探究。第二部是姜剑云的《法律语言与言语研究》，群众出版社1995年版。全书22万字，分别论述了法律事务领域中的语言运用的规律、法律事务领域中语义的法定性、法律语体功能和特征等问题，有一定的理论价值。姜剑云注意用实例来分析法律语言中的语病，故有较大的实用价值。第三部是王洁的《法律语言学教程》，法律出版社1997年版。全书35万字，其特色是：①构建了法律语言学教材的体系；②重视司法口语的研究；③重视理论的探索。第四部是潘庆云的《跨世纪的中国法律语言》，华东理工大学出版社1997年版。全书36万字，共十四章。该书特色是：①注重从宏观和微观两方面研究法律语言。②从时空篇、本体篇、展望篇来构建其体系，气魄大。③有相当高的学术理论水平，书中提供了不少新思路和新见解。第五部是陈炯著的《法律语

---

① 邢欣："国内法律语言学研究述评"，载《语言文字应用》2004年第4期。
② 潘庆云：《跨世纪的中国法律语言》，华东理工大学出版社1997年版，第58–59页。

言学概论》，陕西人民教育出版社 1998 年版。陈炯是我国法律语言学研究的拓荒者之一。全书 24 万字，其特色是：①建立自成一家的法律语言学体系，为法律语言学研究提供了新思路和新见解；②提出司法语言的分类并重视司法语言的研究；③重视古代法律语言的研究及法律语言的运用。第六部是李振宇 1998 年在法律出版社出版的《法律语言学初探》一书。全书 17 万字，其特色是：①从微观和宏观的角度考察法律语言；②是第一部来自司法实践的法律语言学专门论著，注重了法律实践中的具体问题，并勇于提出自己的意见和见解；③对法律语言学发展简史作了较为全面的介绍；④提出了法律语言学的完整的理论体系。①

随着我国法律语言学研究的深入，这一时期我国成立了中国英汉语比较研究会法律语言学专业委员会。法律语言学专业委员会是由全国从事法律语言研究的工作者和研究人员自愿组织起来的群众性学术团体，接受中国英汉语比较研究会的领导、监督与管理。中文名称为：中国英汉语比较研究会法律语言学专业委员会，简称为：法律语言学专业委员会。英文名称为：Chinese Association of Forensic Linguistics，China Association for Comparative Studies of English and Chinese（简称为 CAFL）。会址和秘书处设在广东外语外贸大学。1998 年 12 月，国内一批法律语言研究人员在海口举行了"法律语言在法律实践中的运用"的学术交流会。

（3）深化期（1999—2004 年）。1999 年 6 月，"法律语言与学科建设"学术交流会在上海举行。国内法律语言研究人员通过学术研讨会、交流会等形式沟通，为以后形成一个固定的法律语言研究团体作准备。2000 年 7 月，"法律语言与修辞国际研讨会"在上海举行，会议决定成立中国法律语言学研究会，并推选姜剑云先生为研究会会长，刘愫贞、王洁女士为副会长。从此，中国法律语言学研究会正式成立。2004 年 12 月中国法律语言学研究会第二次理事会在广东外语外贸大学召开。此次会议推选了新的领导班子，并将研究会会址和研究会秘书处设在广东外语外贸大学，以广东外语外贸大学法律语言学研究所为依托，全面开展工作。

对我国法律语言学的深化发展期可以概括提炼出如下几个特点：①我国法律语言学研究领域发展相对不平衡。在法律翻译和法律语言特征研究方面取得了较快发展，但我国在引进和接纳国外先进的法律语言学理论并运用于我国法律实践方面存在不足。②我国法律语言学不断扩大其研究领域，但尚未能全面研究法律语言学的所有领域。许多层面的研究还未深入展开，如西方法律语言

---

① 陈炯："法律语言研究中的几个问题"，载《江南学院学报》2000 年第 3 期。

学研究的重要分支——法律语音学及语音识别在司法实践中的应用等。③我国对法律语料库的研究目前还处在一个相对较缓慢的阶段。而法律语料库作为法律活动和法律语言研究学研究的信息库，可以更好地用于研究法律语言。总之，在深化期（1999—2004年），我国法律语言学的研究已经渗透到法律语言学理论研究、法律语篇分析、法律翻译和法庭口译、法律语言研究的应用、法律语言教学研究当中，不断呈现出理论性与实用性相辅相成的研究形势。随着应用语言学研究的不断深入，法律语言学这一新兴学科受到国内外更多学者的重视，开始把我国法律语言学研究推向另一个高度。①

对在深化期（1999—2004年）刊登在国内期刊上有关法律语言学研究的文章进行检索统计，分析结果表明：①法律语言学研究呈明显上升趋势；②研究对象侧重于法律语言的书面语和综合性研究；③研究内容主要集中在国外研究成果的介绍与引进和立法语言两个方面；④以理论性研究为主，实用性研究为辅。这表明我国法律语言学研究尚存在着诸多问题：起步晚；研究领域逐渐扩大，但深度不够；研究内容集中，法律语言各部分研究不平衡等。但同时我们也注意到，研究者主要是汉语或外语专业的教学人员，发表的刊物也主要是语言类期刊，很少有法学类期刊。法学工作者和法学专业刊物占的比例很少。这表明，法律语言理论研究和法律实务并没有充分融合。②

（4）繁荣期（2005年至今）。在过去的近40年里，我国法律语言学经历了从无到有、从简单论述到系统研究的过程。在这一过程中，我国法律语言学研究之路始终充斥着语言学与法学两种进路。语言学研究进路经历了萌芽期、理论初创期后，迎来了英语研究模式的加入，拓展了研究范围；进入21世纪后，中国法学界开始重视法律语言的研究，法学研究进路的影响力逐渐增大。但我国法律语言学的未来发展之路仍旧需要法律与语言的进一步融合，司法实践中的法律语言研究和多学科交叉领域下的法律语言研究也将成为繁荣期（2005年至今）的研究热点。③

法律语言研究繁荣期（2005年至今）的显著特点是：进入法律语言研究领域的法律人逐渐增多，"法学团队"基本形成，开始与昔日的"汉语团队""英

---

① 徐家力："法律语言学诌议"，载《北京政法职业学院学报》2012年第2期。
② 马煜："国内法律语言学研究状况分析综述"，载《山东外语教学》2005年第6期。
③ 张玉洁："论我国法律语言学的演进及未来发展"，载《广西政法管理干部学院学报》2015年第3期。

语团队"鼎足而立，三分天下①。这一时期我国的法律语言研究呈现了以下显著的特点：①无论"汉语团队"还是"英语团队"，其研究虽仍然遵循着前一时期的"语言轨迹"进行，但已有一些论著转向思考法律问题。"汉语团队"的开拓者陈炯教授，2005 年出版了《立法语言学导论》。虽然该书使用的仍然是词语、句子、标点、修辞等"传统套路"，但思考的毕竟是立法问题，其中还有"罪名拟制"专章。从学术背景看属于"英语团队"的廖美珍教授深入我国法庭审判实践，出版、发表了《法庭问答及其互动研究》等系列论著，试图以语言学理论探究我国的司法语言，期望对司法实践而不仅仅对语言学研究有所启示。廖美珍和苏金智组织翻译，由法律出版社出版的《法律语言学译丛》，汇集了欧美法律语言研究方面的经典。其中任何一篇文章，要么旨在因语言而思考法哲学问题，要么旨在因语言而研究法律实践问题，无不与法学、法律血肉相连，没有一篇文章仅仅探讨语言本身的问题。第一次向学界展示了西方完全不同于我国的法律语言学，该书的出版对我们的法律语言学研究具有划时代的历史意义。②以语言为切入点，或以语言学、逻辑学为工具探讨、解决法学法律问题的论著不断涌现。西北政法大学王健教授出版了《沟通两个世界的法律意义——晚清西方法的输入与法律新词初探》（中国政法大学出版社 2001 年版），以法律词语为切入点，运用考据学的方法，详尽地研究了我国近代出现的法律词汇是怎样从西方文明移植过来，又如何生根、开花、结果的，使读者对这部分"法律新词"的语源意义有了充分的了解。湖南省政府法制办的王道森出版了《法律语言运用学》，完全脱离了语言学对法律语言本体的研究，直奔语言在法律中的运用问题，不失为"法学模式"的先声。同年，已经从事多年律师工作的潘庆云，在汉语大词典出版社出版了《中国法律语言鉴衡》，以较大的篇幅探讨法律语言在法律中的应用，致力于解决法律问题。随之，原国务院法制办副主任张穹教授，在法制办官方网站发表了一万多字的长文《谈法律语言及其在立法实务中的应用》，不仅全面论述了法律语言的概念、特征，还进而全面研究了立法语言的概念、特征及其应用。2006 年，宋北平亦在《修辞学习》第 4 期发表了《物权法草案语言的法学分析》一文，志在研究、解决法律条文语言问题的同时，研究、解决隐身于该语言问题背后的法律、法学问题。③法律实践的需求直接推动并继续推动着法律语言研究的展开。进入 21 世

---

① 中国法律语言学学者主要有三种学术背景。一是汉语背景，以语言学的视角和方法来探究法律语言的特点，重在法律语言本身的研究及其应用。二是外语背景，侧重引介国外的法律语言学理论。三是法学背景，研究重在对立法语言的法学规范、司法语言的运用。从总体来看，我国法律语言学研究最早是由汉语背景的学者发起的，然后是外语背景特别是英语背景的学者加入，最后是法学背景的学者加入法律语言学的研究行列。

纪，二十多年法制建设中累积的法律语言问题凸显出来。在立法领域，法律之间的冲突、重叠、歧义、漏洞等，一再显现。而这些问题无不通过语言表现出来，使立法参与者们意识到，法律的语言问题不可再"等闲视之"了。在全国人民代表大会副委员长许嘉璐教授的鼎力推动下，全国人民代表大会法制工作委员会的"立法语言咨询专家组"逐渐"浮出水面"，2007年终于正式组建运行，此后的法律草案在人民代表大会通过之前均请语言专家审校。一些法律语言学者也主动请缨，希望参与这项对法律语言研究也具有重大意义的工作。一些地方立法机关，如天津市人民代表大会常务委员会，在京聘请京籍法学者担任立法咨询专家。司法实践中，一份判决发生数十个语言问题的情况一再发生，即使是法院系统的同志也"忍无可忍"，撰文呼吁司法语言的规范化。多个司法机关已经邀请致力于法律语言规范化研究的学者去演讲或开办讲座。这些立法、司法实践的需求，已经将我们的法律语言学者从"象牙塔"里请了出来。④法学期刊、法制报纸及出版机构积极支持法律语言研究论著的发表和出版。如前文所述，前一时期，法律语言研究类的文章基本限于语言类的杂志发表，法学类的期刊几乎都不关注。而这一时期，法学类的核心期刊《法学杂志》、北京市一级期刊《北京政法职业学院学报》等优秀学术刊物，都以敏锐的目光时时关注法律语言研究方面的动态，不失时机地抓住这个领域的科研成果并积极推向社会。还如法律出版社，不仅一直在出版法律语言方面的著作，还投入人力、财力和物力，主动承办并积极倡导和参与法律语言研究的学术活动①。众多学术传播机构对法律语言研究的关注和支持，无疑给了对其成果难以面世且惴惴不安的研究者们一颗"定心丸"。⑤政法院校纷纷成立法律语言研究机构。2005年，北京政法管理干部学院（现北京政法职业学院），成立了我国第一个法律语言应用研究所，率先表明法律语言研究的目的是应用。该所不仅邀请了多位法学者担任专家指导委员会委员，还先后遴选了十几位法学理论界和实务界中对法律语言有所研究的人员作为兼职研究员、副研究员。该所已取得了初步的研究成果，研究并建成了我国第一个也是世界上第一个法律语言语料库，突破了法律语言研究数十年来因为缺乏语料库的工具而无法获得突破性发展的困境。而后，西北政法大学法律语言研究中心成立，西南政法大学法律语言与翻译研究中心挂牌，中国人民大学法律语言研究所组建。还有其他院校的法律语言研究所、中心已经成立或正在筹备之中。⑥法律语言研究不可或缺的法学、语言学、哲学等各科学者已经融为一体，复合型的学术组织和社会团体

---

① 如法律出版社在2007年10月承办了"中国法律语言规范化研究专家委员会学术年会暨法律语言语料库专家鉴定会"。

已经形成，并有规律地开展研讨活动。中国法律语言学研究会先后在上海（2006）、广州（2008）、重庆（2010）、郑州（2012）、西安（2014）、上海（2016）、北京（2018）举办全国法律语言学研讨会。法律语言学专业委员会作为一个全国性的法律语言研究学术团体，将团结全国各地的法律语言专家，立足于中国的法律语言研究，积极组织、主办各种类型的法律语言研讨会、学术交流会，为国内的法律语言研究人员交流成果提供一个大舞台，积极推进国内法律语言研究的发展，为我国司法实践、民主法制建设服务。此外，法律语言学专业委员会将充分发挥自身优势，加强与国外法律语言研究机构、研究人员的联系，在引进和借鉴国外法律语言最新研究成果的同时，积极向国外介绍中国法律语言的研究成果，让世界了解中国的法律语言研究，让中国的法律语言研究走向世界。法律语言学逐步成为其他学科的基础，尤其是汉语的法律语言学，在世界范围内的法律语言学研究中，占有重要的地位，并为我国的法学发展作出了突出的贡献，这是法学理论的进步，也从侧面展现了国际上对我国法律语言研究的认同。[1] 除了全国法律语言学研究会之外，2006年，北京政法职业学院法律语言应用研究所发起成立了非社团性的学术组织"中国法律语言规范化研究专家委员会"。该委员会现有法学理论界、法律实务界、语言学界、法律语言学界、逻辑学界、哲学界等60多名学者和专家型领导，已经召开了3次年会，并且将每年举办一次全国性法律语言规范化学术会议。在2008年5月召开的首届学术会议上，来自各方面的专家、学者有100多人，引起了社会的广泛关注。该专家委员会已经成为各界交流法律语言研究成果的强大平台，也是法律语言研究的强大推进器。2008年，中国行为法学会举行成立20周年纪念大会，在人民大会堂宣告了我国法律语言研究会的诞生。该研究会按照"三三制"组成，即法律实务界、法学理论界、语言学界的人员各占1/3。它标志着法律语言研究融合各界的大趋势已经形成。[2]

总体来看，我国法律语言学的研究与发展还跟不上我国法治发展的进程。从我国的法治发展历程来看，在20世纪80年代，我国法治发展迅速，但是法律语言学领域的研究，还处于起步阶段，主要是通过翻译，参考和借鉴其他国家的法律语言学的研究成果，探索前行。直到20世纪90年代，我国的法治发展迅速，法律语言学这一学科初具规模，相关的理论思想不断积累，学科的理论体系也趋于成熟，我国的法律语言学体系开始逐步完善。从20世纪90年代末开始，随着依法治国被写入宪法，并逐步建立社会主义法治社会，我国的法

---

[1] 周生辉："国内法律语言学研究状况分析综述"，载《吉林广播电视大学学报》2014年第8期。
[2] 宋北平："我国法律语言研究的过去、现在和未来"，载《法学杂志》2009年第2期。

律语言学进入了深入发展时期，在这个时期，我国的法律语言在理论研究方面有了飞跃发展，并通过对美国、日本、德国等国家法律语言学的比较研究，逐步丰富了我国的法律语言学研究。至今，我国的法律语言学研究进入了学术拓展阶段，研究的深度和广度不断扩大。

1.3.4 国内法律语言学发展的特点和趋势

经过研究分析，不难得出我国法律语言学发展有以下特点：(1) 我国法律语言学研究呈现良好的不断上升趋势。(2) 从法律语言学的研究内容上看，法律语言学翻译方面的研究得到了较快发展。而且，法律语言学的研究领域的内容、研究对象不断扩大，法律语言学翻译研究从多角度向着多方位不断发展。(3) 从法律语言学研究方法上看，本着理论指导实践的原则，我国法律语言学的实用性研究得到较快发展。(4) 许多层面的研究还未深入展开，如西方法律语言学研究的重要分支——法律语音学及语音识别在司法实践中的应用等。此外，法律语料库作为法律活动和法律语言研究学研究的信息库，它可以更好地用于研究法律语言。目前，我国对法律语料库的研究还处在一个相对较缓慢的阶段。纵观历史，我国的法律语言学研究经历了一个产生、发展、研究和实践的成长历程。近年来，越来越多的国内法律语言学学者开始注意立法语言研究与司法语言研究相结合，甚至参与到司法实践当中去，呈现出理论性与实用性相辅相成的研究形势。采用理论性研究和实用性研究相结合的方法，进行全面系统的法律语言学探索，表明了我国在该领域研究的日益深化和完善。随着应用语言学研究的不断深入，法律语言学这一新兴学科将会受到国内学者更多的重视。鉴于国内法律语言学研究的现状，展望其未来，我们可以预言：(1) 研究领域将不断拓宽，研究内容将逐渐深化，理论与实践相结合的优秀研究成果将会大量涌现；(2) 建立在科学客观的理论研究基础上的实用性研究会越来越多，这些研究将有效地促进立法、司法活动的开展，实现语言与法律研究的有效结合；(3) 对语音识别的研究将有更进一步的发展；(4) 随着研究的逐渐深化，学术群体将不断壮大，法律语言学教育呈现出良好的发展势头。(5) 我国法律语言学不断扩大其研究领域，我国法律语言学研究领域发展不平衡的状况将会得到改善。在法律语言特征和法律翻译研究方面取得了较快发展的同时，我们学者将广泛引进和接纳国外先进的法律语言学理论，并且能够不断发展适合于研究我国法律语言的法律语言学理论。在遵循理论指导实践原则的基础上，让其更快地促进我国法律语言学的发展。

从我国现阶段法律语言学的研究成果及研究热点来看，在未来相当长的一段时间内，我国法律语言学的发展趋势或研究重点将表现在以下几个方面。

（1）法律与语言的融合。法律语言学研究中法学进路与语言学进路的存在，一方面表明交叉学科研究重点的不同；另一方面也表明了我国法律语言学在法律知识与语言知识融合程度上的不足。法律语言学的发展是沿着法律与语言的组合、法律与语言的结合和法律与语言的融合这样一条路线逐渐地进化的。法律与语言的组合是法律语言学产生的起点，法律与语言的结合是法律语言学创建的基础，法律与语言的融合是法律语言学发展的目标。因此，加快法律与语言的融合将成为我国法律语言学发展的历史性要求。在将来的研究中，我们不仅需要对法律语言的本体进行研究，更要重视其在司法实践中的功能变体的研究，加强法律语言与法律、司法实践的联系。法律与语言的融合这一趋势决定了法律语言规范化研究将成为未来法律语言学研究的重心。北京政法职业学院法律语言应用研究所一成立，就将法律语言规范化研究作为主要项目，他们率先提出了宏大的"中国法律语言规范化工程"的研究方案。司法部首次设置了"法律语言规范化研究"课题。成立的非社团学术组织"中国法律语言规范化研究专家委员会"已经主办和即将主办的每年一届的全国性法律语言规范化研究学术会议，已经引起了社会的广泛关注和普遍支持。中国行为法学会将把《中国法律语言（规范）词典》的研究、编辑提上"议事日程"，法律语言研究会也把法律语言规范化研究列为重要课题。相当一部分法律语言研究者，已经开始将目光投向法律语言规范化问题，这是法律与语言融合的必然要求。

（2）司法实践中的法律语言研究。我国法律语言学的研究重点由对法律文本的研究逐步转向司法实践中的法律语言研究，并且这种转变已然发生。华中师范大学廖美珍教授就是较早研究司法实践中法律语言运用的学者之一。随着法律语言学研究的不断深入以及国外研究成果的引进，法律语言在司法实践中的运用问题将日益受到国内学者的重视。除了司法文书、庭审语言等传统的研究视角需要进一步深入以外，对法律口语、语言证据的研究也将逐步纳入法律语言学研究中来；并且随着司法程序的完善和司法公开的推进，警察语言、侦查语言等研究视域正在突破语料取得的障碍，成为法律语言学研究的新阵地。法律语言学拥有广阔的发展空间。法律法规翻译的统一与规范化研究、法庭口译研究、法律领域的语言规划研究、司法领域的语言证据研究等都是今后值得关注的研究领域。法律语言学如何进入法律实践各领域是今后的一大课题。法律语言学还应进一步深入研究立法语言、司法语言和执法语言。法律语言学研究的当务之急是要加强自身的理论积淀，扩大学术影响，提高学术地位以及凸显应有的学科优势。同时要从中国的实际出发，立足本土资源，增强法律语言学的实用性，使理论研究与法律实践对接、关注并解决现实问题。法律语言研究向解决司法中的语言证据方向发展，法律语言专家证人将会出现。中国的司法实践已经向语言学家们提出了要求,如最近出现的"汉语拼音能否作为注册商标"的问题,已经超出了法学家和法官的法学专业范畴,只有语言学家才能提供专业性意见。而且西方法律语言研究在这方面已经作出了很好的榜样,法律语言学者已经成了法庭不可或缺的专家证人。更切实的是,廖美珍教授主编的那套《法律语言学译丛》给学界学习、探讨、研究这个问题提供了蓝本。

(3) 多学科交叉的法律语言学研究。今后的法律语言学研究应不断拓宽研究领域,关注依法治国中的重大现实问题,以问题为导向,加强理论与实践的联系,进行多角度和跨学科研究。法律语言能力建设是法治中国建设的重要内容。法律语言学不是一个封闭的体系,需要与法律方法论、法律社会学等高度融合,同时,要强化中国语境下的法律语言学研究,推动法律语言学理论的中国化。法律语言学研究要正确认识法律话语形式化的局限性,避免陷入纯技术论、修辞论误区。法律语言学的发展需要更为广阔的空间,而多学科交叉就为法律语言学的发展提供了更多的研究方向。中国法律语言研究的未来方向是解决法律的理论和实践问题。法律语言学研究要走学科的交叉融合而不是简单的组合和结合。从法律语言研究的交叉性、综合性、动态性和社会性等多个视角,用不同的方法、从不同的途径对我国法律语言进行研究,加强我国立法、司法语言的规范化,推进我国依法治国建设。在我国法律语言学研究的现阶段,已经出现法律语言学同其他学科的交叉研究,分别涉及哲学、心理学、社会学、逻辑学等学科,例如,广西政法管理干部学院玉梅的《法律语言的法哲学思考》(载《广西民族大学学报》(哲学社会科学版) 2010 年第 1 期)、广东外语外贸大学杜金榜教授的《法律语言心理学的定位及研究状况》(载《现代外语》2002 年第 1 期)、汕头大学谢宏滨的《论法律语言的社会学属性》(载《边缘法学论坛》2006 年第 2 期)。虽然成果不是很多,但学者们已经开始注意到多学科交叉对于法律语言学研究的重要性,并为将来法律语言学学科门类的扩展奠定基础。[①]

(4) "法学团队"将成为法律语言研究的主力,主导法律语言研究的潮流。汉语团队和英语团队将仍然按照其传统的研究轨迹继续下去。我国现行法律中短时间内难以解决和以后还必然会继续发生也需要解决的法律语言是否符合汉语语法规则问题,成为汉语团队继续存在的社会基础;汉语法律和其他语言法律的语言转换必不可少,成为英语团队继续存在的客观要求。这两个团队感兴趣的研究似乎仍然是以法律语言作为语料研究出语言学上的成果。当然,这两个团队也为"法学团队"致力于以语言研究解决法律问题提供了必要条件。

[①] 张玉洁:"论我国法律语言学的演进及未来发展",载《广西政法管理干部学院学报》2015年第 3 期。

"法学团队"的研究不仅不会排斥反而会借助于它们的研究成果。法律界的巨大需求决定了以后的法律语言研究必然以"法学团队"为主。因为与其他研究模式相较，只有这种模式方能致力于解决法律问题。"汉语团队"和"英语团队"在法律方面的"先天"不足，使它们的研究始终都局限在"汉语"和"英语"的语言本身，无力以语言知识为工具去研究法律问题。"法学团队"的迅速成长、壮大，使法律语言研究朝着解决法律问题的航向行驶成为可能。面对中国法律实践中诸多的法律语言问题亟待解决，需要很多的而不是个别的研究者来研究法律语言。在希望参加首届全国法律语言规范化研究学术会议的129位研究人员中，有100余位是法律人；中国行为法学会法律语言研究会自己限制发展的100个左右的会员中，2/3是法律人。他们分别来自北京大学、清华大学、中国人民大学、中国政法大学、中国社会科学院法学研究所等科研院所，为从事宪法、民法、刑法、行政法、诉讼法研究的专家学者，以及立法、司法、执法部门中的法律实务工作者。①

（5）法哲学进路的法律语言研究模式将会出现。如果我们可以将上文所述的"汉语团队""英语团队""法学团队"的研究进路视为一种模式的话，法哲学进路的研究模式不久将会产生。众所周知，哈特《法律的概念》一本薄薄的小册子，之所以成为世界上的经典著作，主要得力于其以语言的分析方法，对一些法律词语进行了哲学性思辨。而中国五千年的法制文明，如果就其法律词语哲学思辨的丰富性来看，不亚于甚至更胜于西方语言。我国目前法哲学研究的窘境也将促使这个领域的学者寻找新的"出路"，他们将目光转向法律语言是或迟或早的事情。②

1.3.5　国内与国外法律语言学研究的差异

在介绍了中外法律语言学研究的总体情况后，我们分析了中外法律语言学的差异。我国本土的法律语言学和国外的法律语言学是在完全不同的背景下建立起来的，其研究的重心有所不同，体现为不同的理论诠释和实践经验。因此两者在研究内容、研究方法、研究的语料及研究条件等方面存在很大的差异。国内法律语言研究的内容有以下特点：一方面，受我国学术传统的影响，重视理论体系的构建，将侧重点放在对法律语言学基本理论的研究上，如法律语言学的学科定位、中国法律语言发展的历史及建立法律语言学的意义等方面。对这些基本问题的研究旨在帮助建立我国法律语言学基本理论体系。另一方面，注重立法语言和司法语言两方面的研究。20世纪八九十年代，我国社会主义法

---

① 宋北平："我国法律语言研究的过去、现在和未来"，载《法学杂志》2009年第2期。
② 宋北平："我国法律语言研究的过去、现在和未来"，载《法学杂志》2009年第2期。

制建设正处于逐渐健全与完善时期，立法语言的研究是适应法制建设的需要。中国的法律语言研究根据传统语言学的字——词——句模式，重点对法律语言的用字、用词、用句和表达手段进行研究。这些研究内容较为传统，缺乏系统性和科学性，侧重于客观性描述说明，应用性研究不强，因而对司法实践的具体指导作用略显不足。国内的法律语言学研究之所以未能深入司法实践中，也与语言学界同法学界的学术交流不够有关。同时，国内的庭审制度较为封闭，也给法律语言的动态应用研究造成了一定的困难。近几年来，我国法律语言研究的领域不断扩大，研究的视点不断更新，突出表现为语言的实证性研究倾向，具体体现在立法语言与司法语言的实证性研究两个方面。从目前的情况看，国内的法律语言学研究已经有了一定的规模。但同国外的法律语言学研究相比，对法律语言的应用研究依然还很薄弱。国外法律语言研究的内容有以下特点：一方面，以广义法律语言学为主，包括法律语言历史、范围和特点的研究。另一方面，国外法律语言研究又侧重司法实践中的应用性研究，对某个与语言有关的案例，运用语言学理论进行研究，为司法实践部门提供语言帮助。20 世纪90 年代以来，司法程序中的口语研究是欧美法律语言学关注的焦点和研究的重心，这方面的研究成果最为丰硕，对整个司法活动所起的作用也最直接。可见，国外法律语言学研究呈现出多元化和个性化的特点，其研究成果亦得到广泛应用。尽管如此，国外的法律语言研究也有其自身的缺憾，它偏重实践性研究，不太重视学科建设的体系性和基本理论方面的研究。我国的法律语言学理论研究比较发达，这在一定程度上弥补了国外法律语言学没有完整理论体系的缺陷，对国际法律语言学的发展也作出了自己的贡献。国内和国外的法律语言学研究者要互相学习、取长补短，共同为法律语言学的成熟、完善而努力。从研究方法来看，国外法律语言研究最明显的特点是用语言学分析方法对案例中的语言现象作具体分析，为办案人员提供专业咨询。涉及的语言学分析方法有语义分析、语音分析、语言行为分析、话题分析、对比分析等方面，为法律语言的研究提供了动力和方法。国内法律语言研究总体上是采用传统的语文学、修辞学和逻辑学的方法，很少借鉴诸如话语分析法、语用学方法、言语行为方法、语料库语言学方法等语言学研究方法。因此，研究方法上显得有些狭窄。从研究所用语料来看，国外法律语言研究采用实证性的方式，搜集现场即席话语。而国内研究基本上是以书面语为语料，所用法庭审判的语料是经过书记员加工整理的笔录，不是真实自然的法庭话语。从研究条件来看，国外司法界及政府给法律语言学研究提供了很多方便，如司法活动中语言材料的搜集、庭审音像材料复制、最新案例语言分析等方面。在国内，由于种种原因，一些法律程序还不允许录音录像，因此搜集法庭现场审判活动的语料非常困难。因此，国外的上述举措值得我国相关部门借鉴。①

1.4 法律语言的特点

法律语言的特点是法律语言学研究的重要内容，对于制定、理解和运用法律具有重要意义。法律语言和科技语言、文学语言等一样，并不是一种具有特殊的语言材料和独立的结构体系的语言，而是全民语言的一个语域，即具有一种具体用途的语言变体。换句话说，法律语言是民族共同语在法律语境中的具有特殊用途的语言变体，它虽然不具有特殊的语言材料或完全独立的语法体系，但由于法律本身的特殊要求，形成了一些自身的语体特点。几千年来，随着时代的前进和法律制度的沿革，特别是随着我国实现依法治国建设法治国家的进程，法律在政治、经济、科学、文化、婚姻家庭等各个方面对国家、自然人、法人和非法人组织之间以及它们相互之间的法律关系起着越来越大的调节和巩固作用，法律语言更成了全民语言中一个不可或缺的重要的使用领域。法律语言在长期的使用过程中，形成了自身的系列特点。我国较早对现代法律语言的语体特征进行研究的专论，是梁启超先生1904年发表的《论中国成文法编制之沿革得失》一文，其提出"法律之文辞有三要件：一曰明，二曰确，三曰弹力性，明、确就法文之用语言之，弹力性就法文所含意义言之"。梁启超指出："若用艰深之文，非妇孺所能晓解者，时曰不明。此在古代以法愚民者恒用之，今世不取也。确也者，用语之正确也。培根曰：'法律之最高品位在于正确'，是其义也。弹力性，其法文之内包甚广，有可以容受解释之余地者也。确之一义与弹力性一义，似不相容，实乃不然。弹力性以言夫其义，确以言夫其文也。培根又曰：'最良之法律者，存最小之余地，以供判官伸缩之用者也。'存最小之余地，则其为'确'可见；能供判官伸缩之用，则其有'弹力性'可见。然则二者之可以相兼明矣。"②

我国当代学者对立法语言的特点进行了较多研究：有的概括为明确易懂、简洁扼要、严谨一致；有的提出准确无误、凝练简明、严谨周密、庄重肃穆和朴实无华；有的从权威性、逻辑性、庄严性等方面对立法语言进行探讨；有的主张立法语言具有准确性、简洁性、庄重性和严谨性四大特点；还有人认为立法语言具有准确肯定、简洁凝练、规范严谨、庄重严肃和通俗朴实等基本要求，有人提出立法语言具有明确、肯定、通俗、简洁、严谨、规范等特征。③

---

① 徐家力："法律语言学诌议"，载《北京政法职业学院学报》2012年第2期。
② 梁启超：《梁启超法学文集》，范忠信选编，中国政法大学出版社2004年版，第182页。
③ 参见褚宸舸："论立法语言的语体特点"，载《云南大学学报》（法学版）2009年第2期。

谢潇在《从宪法看立法语言的特点》一文中指出：宪法作为一国之根本大法，是其他一切法律制定的依据，语言具有准确、肯定、规范严谨、简洁和模糊宽泛等五个特点。① 殷相印在《法律语体的风格特征》一文中指出：法律语体是现代汉民族共同语的功能变体。法律语言包括立法语言和司法语言。法律语体风格是法律语体对法律语言的风格要素的综合归纳。它是一个稳定、完整而又自足的系统。法律语体具有庄重性、准确性、稳定性和简明性的风格特征。这些特征形成一个有机的、不可分割的整体。②

值得注意的是霍存福从法文化视角探讨法律语言的特殊形态：法律谚语，简称法谚。霍存福在《法谚：法律生活道理与经验的民间形态——汉语谚语的法文化分析》一文中指出，法谚是生成并通行于大众中的有关法律的民间用语形态，属于俗文化范畴。在文化或观念的传承上，法谚比同属俗语的歇后语、惯用语要深入或深刻，比谚语的成语要细微，是法谚之民间形态的根基，是大众法律生活道理与经验的总结和传授的需要。法谚所反映的法律生活的范围是比较宽广而全面的，囊括了当时社会法律生活的基本领域和主要的法律现象，法谚与法律的关系密切。它们基本上渊源于法律的规定、原则和精神，至少是与其密切相关的。法谚与其他谚语关联甚紧，后者对其起支撑、加固或强化作用；法谚表达一种日常生活道理或经验。法谚带有经验特征，也是法律再解读的结果，其中会有很大的偏差，甚至错误。因此，对于法谚的收集整理，并坚持正确的导引应该是法律语言研究不可或缺的一部分。③

褚宸舸在《论立法语言的语体特点》一文中指出：从语体意义上而言，立法语言是专业性与通俗性、准确性与模糊性两对矛盾的统一体。法律术语来源于日常用语，并有其长期存在的现实合理性。立法语言的通俗化努力值得提倡，但通俗化以不损及法律表述的准确性为前提。准确性的要求是明确、统一、逻辑严谨、中性庄重、简明凝练。模糊性是语言的基本属性，从法律调整的类型化方式来看，立法语言不可避免地具有模糊性。模糊性立法语言具有积极作用和消极作用，并有多种类型。在接受立法语言模糊性的前提下，要重视立法语言的准确性和法律解释。褚宸舸认为，日常语言和法律术语之间不是泾渭分明、全无联系，在立法中专业术语和日常语言必须和谐。因为在实际生活中被使用的任何语言都兼具专业语言和日常语言的双重品性，只是该二者在其中所占的

---

① 谢潇："从宪法看立法语言的特点"，载《边缘法学论坛》2006年第1期。
② 殷相印："法律语体的风格特征"，载《江苏公安专科学校学报》1999年第6期。
③ 霍存福："法谚：法律生活道理与经验的民间形态——汉语谚语的法文化分析"，载《吉林大学学报》（社会科学版）2007年第2期。

比例不同而已。如果没有法律专业术语，法律就不成其为法律。而如果没有日常语言，法律就失去了建构的基础，术语的堆砌不能成就法律。专业术语往往需要日常语言进行解释，专业术语本身不能构建法律全部。日常用语是法律术语的基础，法律术语必须以日常用语为基础。这是因为：首先，法律条文必须面向公众，要考虑法律条文的可理解性，就必须尽量保持日常语言的风格以便为普通民众所理解和遵循；其次，法律来源于社会又服务于社会，法律本身具有世俗性，故法律语言无论如何不能脱离实际的社会生活。同时，法律术语的长期存在具有现实合理性和必要性。法律语言应当遵循在学术语言和日常语言之间进行恰当定位的中庸准则。法律工作者在选择法律语言时应做到：除了必不可少的专业术语外，应尽可能使用浅显易懂的日常用语。专业术语的必不可少，乃是指该术语无法用日常语言来替代，或者被日常语言替代后行文意义模糊、缺乏确定性的情况。在日常语言因为意义的多样性容易产生歧义时，须使用严格的法律专业术语来矫正。①

　　谢爱林在《论法律语言的特点》一文中指出，法律语言有以下几个特点：(1) 准确无误性。在语言的各个使用领域中，法律活动和法学研究对语言的准确性提出了更为严格的要求。事实上，千百年来，各国有作为的法律工作者，都视准确性为法律语言的生命，在语言的准确性方面都曾孜孜以求、绞尽脑汁。各国的法律语言都有一套与其语言文字、政治法律制度和历史文化背景相适应以达到准确的手段。正因为法律语言的错误不少肇始于一字之差、一语之误，词语又是构筑语言的建筑材料、能独立运用的最小语言单位，因此，为了确保准确性这一首要语言风格，法律首先在用词的精当妥帖方面下苦功，还要从汉语言文字、中国文化特点出发，注意词语、短句的排列次序、模糊词语的成功驾驭和标点符号的正确运用等，这些都需要语言技术。(2) 严谨周密性。闪闪烁烁的言辞，可作宽泛、任意解释的行文，是为法律语言所不容的。其实，严谨周密也是法律语言的主要风格、格调之一。在法律实践中，执法必须严格按照法律科学、逻辑事理和其他相关科学原理认定事实、推溯理由和作出处理决定，因此，在表述时"咬文嚼字"，力求做到周密严谨、天衣无缝，以体现法律语言的科学性。和准确性一样，法律语言的严谨性也是由法律语言所用的词语、句子、超句结构等语言材料和对各种表述方式（说明、叙述、论证）的运用得当作为其物质基础的。这就决定了要实现严谨性，要从以下方面着手锤炼：使用词语名实相符、概念具体明晰、词语搭配得当；表述严密准确，句句周密，防止矛盾和疏漏；句子结构相对集中紧密，整体布局疏密有致。(3) 庄重肃穆

---

① 褚宸舸："论立法语言的语体特点"，载《云南大学学报》（法学版）2009 年第 2 期。

性。由于法律语言用于法律活动各领域，法律文书是诉讼和其他法律事务全过程和结果的反映和凭证，而诉讼和各项非诉讼法律事务都是极其严肃的社会活动。因此，法律语言不仅是经过斟酌权衡的最准确的语言，也是经过筛选净化的最庄重肃穆的能显示法律权威性的语言。(4) 朴素平实性。法律语言是用以阐明事实，论说法理事理的，而不是动情兴感、塑造艺术形象的，它具有很强的务实性，所以，它不必像文艺语言那样繁丰绚烂，而以平实素淡为贵。事实上，法律语言为求准确，自古以来不求华丽，从而显现出朴实无华的格调，以显示法律语言的务实性和朴素平实性。朴素平实的法律语言通常还应达到"三易"的要求，那就是易看、易读、易懂。易看，让法律文书上的字容易认，尽可能不用生僻难认的字，尽量用常用字、词，力求让具有中学文化程度的人都能看懂；易读，容易上口诵读，语言文字通顺不拗口，用来宣读容易朗朗上口，还要使听的人无论文化程度如何，一听就能明白其中的含义和意思；易懂，即容易理解，读者通过语言文字，能够理解字面的意义。这也少不了相应的语言技术的支撑。(5) 凝练简明性。法律语言要达到凝练简明的要求，法律工作者就必须有以简驭繁的语言运用能力。对法律语言来说，则要求叙事简明完备、简而不缺、明白无误。法律工作者必须对法律用语反复斟酌，将可有可无、不能提供有用信息的"冗辞"竭力删去，做到句无可删，字不得减，精练简明。这些还是缺少不了语言的技术性的支持。①

杨建军在《法律语言的特点》一文中指出，法律是由语言表达的，语言是法律职业者开展工作和进行思考的前提与工具。法律语言从风格上看具有庄重性、确切性、平易简约性；从语汇上看具有单义性、特指性、社会性；从功能上看具有交流、转化、表达理性、价值贮藏的功能；从语义上看既具有确定性又具有不确定性，不确定性主要表现为法律语言的包容性、模糊性、动态流变性。法律语言与立法和司法活动紧密相关。为了实现法律的普遍适用性，立法就必须体现法律的明确性，这就要求规范性法律文件所使用的语言必须符合法律的内在要求，做到准确、严谨、简明。准确就是要用明确肯定的语言表达明晰的概念，当然，明确肯定与法律语言的弹性或严格的伸缩尺度并不冲突；严谨是指用逻辑严谨的语言表达法律规范的内容，所使用的语言要遵守逻辑语义的矛盾律、排中律和同一律；简明是指用尽可能简练明白的语言表达法律的内容。三者紧密联系，不可偏废。立法者要准确地运用法律语言，就必须准确掌握法律语言的特点，这是正确表述法律语言的重要条件。在司法领域，法官等法律职业者需要重新解读法律语言的含义，使普遍的规范能够适用于个案的特

---

① 谢爱林："论法律语言的特点"，载《南昌大学学报》(人文社会科学版) 2007 年第 1 期。

殊情况，这就需要结合个案的语境准确把握法律语言的内涵与外延。总之，无论是立法为了追求法律的普遍性，还是司法为了正确裁判特殊个案，都只有在全面了解法律语言特点的前提下才能完成。从语言风格上讲，法律语言有如下特点：(1) 庄重性。法律语言的功能决定了它不能采用比喻、比拟、借代、夸张、双关等修辞手法，不宜借用描绘性的文学笔调，也不能像文学语言那样追求形象性和生动性。庄重性要求法律语言的表达应多用书面词语、法言法语、文言词语①。日常语言有无限的自生成习，人人都可以创造新词②。但是，法律语汇的生成受到极大的制约，发展相对缓慢，其选择也不是随心所欲的。(2) 确切性。即要明确、具体、严谨。明确要求概念清晰，界限分明，忌概念含糊其辞、模棱两可；具体要求法律语言应深入其所调整的社会生活的每一角落，准确无误；严谨要求语句和结构周密准确，无懈可击，尽量避免模糊性与多义性。立法中强调一个词语应当只有一个义项而不能有两种或多种含义，强调意义固定，不能作多种解释③。法律词语各有一定的应用范围和指称对象④。(3) 平易简约性、朴实性。即要求语言言简意赅，不作渲染，在平淡中表达法律的精神实质，同时词语不能艰涩，意义不能深奥，在庄重的前提下，使公民易懂、易学，忌用方言。从语义是否确定上来看，法律语言既有确定性，又有不确定性。从总体来看，法律语言可以说是确定性与不确定性的辩证统一，即法律语言具有半固定、半流动的性质。法律语言有其确定性，所以，我们在日常法律实践活动中的交流与沟通才大致成为可能。但是，也必须承认法律语言的含义中存在大量的不确定性，因此，我们在司法实践中才会遇到诸多理解上的分歧、不一致乃至截然相反与对立的情形。在法学史上，规则主义与规则怀疑主义似乎各执一端⑤。历史上，人们曾经相信词语概念是确定的，相信法律存在逻辑自足的体系，法官在成文法的法典里可以找到解决纠纷的一切答案。然而这种确定性建立在极度的理性主义的基础之上。但是美国科学家普里戈金（Prigogine）在《确定性的终结》中告诉我们，确定性是一种错觉。洛克（Lock）也认为法律无法以精确的方式将其与描述对象之间的细微差别——表述出来，语言被赋予意义后，语言符号系统的独立性越来越强，结果造成了语

---

① 如既遂、配偶，而非完成、爱人。
② 任意创造的新词在互联网上表现得淋漓尽致。
③ 如缓刑、假释、正当防卫等术语，在刑法中有其固定的含义。
④ 如侦查与侦察，前者为法律语言，后者为军事术语。
⑤ 规则主义相信法律语言和规范有其肯定的、不变的和确定的内容；但以卢埃林（Llewellyn）、弗兰克（Frank）等为代表的实用法学和批判法学则对法律的确定性、肯定性、自治性提出了怀疑与解构。两种观点各有其合理性，但似乎都未充分揭示法律语言的特征。

言表示的意思和所指的内容分裂，而且二者之间的距离被越扯越大，有时甚至大到完全分裂的地步。成文法的不确定性首先源于语言的不确定性，法律语言的不确定性表现为法律语言的模糊性、包容性和动态性。(1)法律语言的模糊性。法律概念存在着中心意思与边缘含义，越接近边缘地带，就越存在边际模糊，一个概念的中心含义也许是清楚的和明确的，但离开该中心时它就趋于复杂而模糊不清了。在法律的边缘地带必然会存在着哈特（Hart）所说的法律模糊现象①。(2)法律语言自身具有很大的包容性。现实社会生活千姿百态，为了调整现实生活中的相互关系，法律应该尽可能地包容这些关系，包容这些现象，以达到法律的规范性指引的目的②。法律语言的包容性实质表明法律语言具有很大弹性，属于"弹性语言"。由于法律是针对一般人而非特定人的，所以弹性法律语言的使用就是必需的。但是，弹性法律语言的使用并非越多越好，并非使用越多就越有广度与深度，对包容性较大的语言应当有条件地使用，在确定的语义环境中使用。(3)词语自身的动态流变性。语言的动态流变性是指语言的意义并不是固定不变的，相反，语言的含义在使用中会随着社会的发展而发生流变，包括语言学家索绪尔（Saussure）所说的历史性流变与共时性流变③。法律语言的动态流变性说明法律语言不是一成不变的、僵死的，而是开放的、不断发展的。虽然法律语义是确定性与不确定性的统一体。但确定性方面并不是实用法学关注的重点，实用法学应重点关注和思考的是法律语义的不确定性。面对法律的不确定性，我们该怎样认识？采用什么样的态度？用什么方法去克服法律适用中的不确定性？这是实用法学应努力完成的使命。立法活动中应努力实现法律语言的庄重性、确定性、平易简约性。通过立法的规制实现法律语言意义在立法领域内的确定性与明晰性，表达立法应有的理性目的与价值追求，为法律的适用、纠纷的解决、判决的理性论证奠定基础。正是因为有了这种追求与态度，法律语言才有其意义的相对确定性。同时我们也必须清楚，立法语境中看似意义确定的法律规定在司法运作中必然会面临语义的模糊、语义的变动、理解上的分歧及不同的价值取向与追求，导致法律运作中不可避

---

① 如"重大误解"，除非是特别明显的情况，否则并不容易判明。法律语言的这种模糊性是难以避免的，司法过程中应运用常识、价值判断、利益衡量和法律论证克服其模糊性，实现其确定性。

② 如"善良风俗""社会公共利益""诚实信用""公平原则"等概括条款，本身包容性较强，涵盖多重社会价值。

③ 如我国宪法中"人民"的范围在不同时期涵盖范围就有较大变化；民法中自然人死亡的标准随着科学技术的发展也出现了判别标准的变化，过去的标准是"心脏停止跳动、呼吸停止"，但20世纪六七十年代在西班牙、美国发生了几起心脏停止跳动、呼吸停止的"死者"死而复生的医疗事例，使人们不得不反思传统的死亡标准，于是有人提出了新的判断标准，即"脑电图成光滑水平线、无波折、24小时无变化"。这种动态流变性给法律上的操作标准带来了新的挑战。

免地出现大量的法律意义的非确定性①。法律方法研究的一个重大意义就在于通过法律解释、法律发现、漏洞补充、价值衡量、法律论证去克服法律的不确定性，实现法律意义的稳定性与确定性，实现司法推理的合理性，使法律推理的大小前提，在司法实践中通过发挥法律方法的功能实现确定性，从而构建出针对个案的审判规范。②

马庆林在《法律语言学、法律语言——兼谈法律英语的特点》一文中指出，法律语言之所以客观存在是由其本身所具有的特点所决定的。（1）准确性。无论从司法语言还是立法语言来说，用词准确是法律语言最本质的特点，因此有人说，"准确性是法律语言的生命线"。法律语言要求高度准确，这和法律工作的特点有着直接的关系③。（2）庄重性。法律语言不同于文学、戏剧、广告、新闻报道等语言的一个显著特征是它的庄重性，这是由法律语言的交际功能决定的。法律规范由主权国家制定和认可，并以国家强制力保证其实施。它具有普遍的约束力和无上的权威。因此，法律语言在词语的选用上要充分注意显示法律语言的庄严性和权威性。（3）严谨性。法律语言的另外一个重要特点是它的严谨性。所谓严谨，就是力求语言准确严密、无懈可击。这一点无论是对立法语言还是司法语言来说都是非常重要的，因为法律条文中所表述的概念都必须准确、有逻辑性，以免产生概念上的模糊或词义上的歧义，从而影响法律的实施。（4）简明性。如今无论是法律条文的制定还是司法文书的写作都要力求言简意赅、通俗明白，因此法律语言要有话直说，忌用夸张的修饰性的词语，选词造句要恰如其分，务求平实易懂，忌用冗长晦涩难懂的用语。④

---

① 其实语言上的模糊和准确是一对矛盾和统一的概念，即准确中存在着模糊，而模糊中又反映出一定程度的准确。有些法律文件的制定者或起草者们，或者法官有时对某些条文的具体实施及其运作或者对案件中的一个具体行为把握不准的时候常常会采用一些模糊不清的词或短语。当然使用模糊语言都是带有动机的。这种动机有时是礼貌上的考虑，有时是不愿意明确表示自己的观点，有时是想让自己处于进退自如、能攻能守的地位。如英文法律文本经常出现的 "to take appropriate action"（采取适当的行动）就是表达的模糊概念。

② 杨建军："法律语言的特点"，载《西北大学学报》（哲学社会科学版）2005 年第 5 期。

③ 如立法语言所表述的内容是全体公民的行为规范，是人们的行为准则，同时也是执法和司法人员的执法和裁判的依据。因此，立法者要通过准确无歧义的文字来表述出国家的立法思想和具体的法律内容，以便全体公民清楚地了解他们所享有的权利、承担的义务，明确知道哪些行为是为法律所许可的，哪些行为是为法律所禁止的。

④ 马庆林："法律语言学、法律语言——兼谈法律英语的特点"，载《西安外国语学院学报》2003 年第 3 期。

1.5 法律语言的失范与规范

除了法律语言的特点外，法律语言的失范与规范也是法律语言学研究的重要内容，研究者有的是从正面提出立法语言的规范，更多的是对失范的批评。刘大生在《中国当前立法语言失范化之评析》一文中指出，立法语言的失范在全世界范围内已经到了比较严重的程度，立法语言的失范具有严重的社会危害性，如纵容违宪行为、冲击语言科学、诱发不良意识，等等，应当引起各国立法机关的高度重视；为防止立法语言失范，实现立法语言规范化，有必要采取编制立法语言库、建立立法的语言审查程序等措施。失范的类型主要有标点使用错误、动宾搭配不当、无谓语、逻辑、数理不通、不精练、词语歧义、翻译错误、风格不当、存在歧视性语言等十种，而且范围广、数量大。文章探讨了失范的原因及其危害，提出了一些解决问题的办法。①

较早全面探讨法律语言的失范与规范的是苏州大学季明珠，她在 2005 年的硕士论文《试论法律语言的规范化》中，提出了正确使用汉字、语序、修辞以及保证法律语言的中性化和规范化。虽然整体还显得比较简单，但作为硕士论文已经具有很高的水准，不能求全责备。

法律语言规范的全面研究，应该是法律语言研究的重点，但是除了陈炯的《立法语言学导论》、宋北平的《法律语言规范化研究》、董晓波的《我国立法语言规范化研究》外，很少见到有关法律语言规范的专著。宋北平是法律专家也是语言学家，系中国行为法学会法律语言研究会常务副会长。他对中国法律语言的研究介入很深，除积极倡导法律语言研究外，还积极开展研究。除有相关著作、论文外，他还起草了《中国法律语言规范化工程咨询报告》，请法学和语言学方面的专家审定。又以该报告为基础，探讨法律语言规范化的方法和途径、法律语言规范化的方法，写作出版了《法律语言规范化研究》一书，提出立法语言词语的规范、词组的规范、语句的规范、语篇的规范等意见，探讨了法律语言规范化的具体措施，提出立法语言语料库、词典、语言库的建设，为法律语言规范化研究作出了重要贡献。

宋北平在《法律语言要摒弃失范谋求规范》一文中指出，法律语言应用中包括通用语言与非通用语言。通用语言是一个国家规定强制使用的官方语言，是一个民族经过漫长历史提炼、加工而最具代表性的民族语言。一个国家根据其传统的语言特点，可以规定一种，也可以规定多种官方语言。中国的通用语言只有一种，就是普通话。非通用语言主要是除了通用语言以外在少数民族或

---

① 刘大生："中国当前立法语言失范化之评析"，载《法学》2001 年第 1 期。

局部地区使用的语言，是少数民族语和方言①。法律语言的规范还要确立好法律语言专业化与大众化的使用原则。法律语言应该使用专业化语言还是大众化语言，也是从古到今，从外国到中国面临的又一个难题。一般情况下，我们不主张法律语言的通俗化，因为通俗化的边缘是低俗化。通俗文学的经验证明，通俗化易于滑向低俗化。这与法律的庄重性背道而驰。对于语篇的理解，不认识的词语在5%之内时，通常不会有太大的影响。因此，专门法律语言在通用语言中的分量，不应该超过这个比例。如果彻底消灭法律专业语言，改为通用语言表达，是不可以想象的——这与社会专业化分工背道而驰。法律语言要摒弃失范谋求规范。如果说专业化和大众化之间的矛盾是法律语言与非法律语言的外部冲突，那么，法律语言的失范与规范，则是法律语言的内部冲突。法律语言的失范是指法律语言的使用没有遵循法律语言的使用规范，失去了约束。失范既有字、词、句的，也有段落、篇章的。② 规范法律语言促进法律实施有效解决法律语言使用中的问题，可以从以下途径着手：一是探求普通话与非普通话的最佳平衡点。我国推广普通话，并非强制推行普通话，更不是要求法律语言必须使用普通话。在法律语言交际中，何时使用普通话，何时使用方言或少数民族语言，应以能够实现交际效果为标准③。法律语言口头语中，可以使用方言、少数民族语言。口头法律语言究竟使用普通话还是非普通话，完全以现场受众对语言的理解能力而定。原则上，国家和省、直辖市的司法机关、执法机关的口语交际，应该使用普通话。其余的可以使用非普通话。二是正确转换法律语言。在法律语言运用过程中，除非参与者都能听懂所使用的语言，否则就需要转化为其所能够听懂的语言。法律语言转换是指将一种法律语言转换为另一种法律语言，既包括不同语言之间，如汉语（普通话）与英语、汉语与

---

① 从古到今，从外国到中国，通用语言与非通用语言相生相伴，既相互抵触又相互融合。解决这对矛盾的基本原则，不是限制、禁止非通用语言的使用，而是准确认定在不同的场景中使用最适宜的语言。法律实施中，法律语言遭遇的第一个矛盾，就是在什么时间、地点，对什么人应当使用通用语言还是非通用语言，哪个是最佳选择。不过，在必须使用方言时，禁止使用土话、俚语，特别是粗俗的语言。因为，这些语言破坏法律语言的纯洁性，而方言、少数民族语言可以增加法律语言的多样性。

② 词语失范，如起诉书称"被告人××拘押在某看守所"，后面又称"被告人××羁押在某看守所"。一个用词是"拘押"，另一个用词是"羁押"。

③ 原则上，书面法律语言应该使用普通话，而口头法律语言可以使用方言或少数民族语言。前者形成书面语体，后者形成口头语体。事实上，从古至今，从外国到中国，书面语体和口头语体都并行不悖，一样服从于交际目的。以庭审为例，庭审所需要的书面法律语言，如起诉书、起诉状、答辩状、公诉意见书、辩护词，应该使用普通话，因为这些文书除了参与诉讼的人以外，还需要其他人能够读懂。而庭审中现场交际则应该使用口头法律语言。因为，现场交际以参与现场交际的人能够听懂为目标，与未参与现场交际的人没有关系。如此，方可实现法律语言交际效果的最大化。

缅甸语之间的翻译，也包括通用语言与非通用语言，如汉语（普通话）与方言、少数民族语言之间的对译。尽管再完美的翻译或对译，都不可能实现源语与译语的对等，但译语无限接近于源语，则是法律语言转换的追求，这就需要展开法律语言转换的专门研究，培养专门的翻译、对译专业人才，编纂专门的书籍，推动语言转换的发展。三是规范法律语言。尽管已经有人认识到法律语言失范所造成法律实施不到位的后果，但目前这个问题还未引起足够重视。规范的法律语言应该具有三个特征：准确、简明、典雅。准确包括法律语言既要符合通用语言的标准，也要确切表达发话者的意思。简明包括法律语言既要简洁，还要明了。典雅包括经得起历史的洗涤，文雅耐读，成为语言经典。①

  宋北平在《法律语言规范化标准的思考》一文中指出，自从中国法律语言规范化研究专家委员会成立以来，法律语言规范化研究已经逐渐引起了实务界和理论界的关注，已经有越来越多的法律人认识到其意义或参与到其研究中来了。最高人民法院原副院长江必新在发言中就认为，法律语言的文体不统一、文风不统一、用语不统一、概念不统一等"不统一"的问题非常突出，因而，统一是规范化的重要方面，也可以成为规范化的标准，甚至成为衡量规范化的标准。因而，我们首先将"标准"界定为衡量事物的准则、尺度，法律语言规范化标准即衡量法律语言是否规范的准则、尺度。这种标准既可以用于对已生成的法律语言规范与否的判断，又能够应用于对拟生成的法律语言的衡量。虽然学界早已有不少的学者从不同的角度，用不同的词语表述了法律语言的特征、特点，但至今还没有人提出规范化的标准。虽然全国人民代表大会常务委员会法制工作委员会成立的立法用语规范化专家咨询委员会第一届任期已满，也已审校了不少法律草案，但至今也没有提出规范化的标准。原因是，法律语言规范化标准的建立极其困难。但是只要承认法律语言需要规范化，那么法律语言规范化的标准问题就立即凸显出来。没有标准可以言说，规范化的实践操作就难以进行，标准建立的迫切性，表现在多个方面。（1）法律语言学术研究的需要。在学术上，法律语言研究从应用的角度看，终极目标就是实现法律语言的规范化。我国从 20 世纪 70 年代末就开始法律语言研究，比西方仅略晚一些，但成就却相去甚远，其重要原因是没有展开法律语言研究的核心——法律语言的规范化研究，没有展开这个方面研究的重要原因，是法律语言规范的标准难以建立。因为法律语言前 30 年的研究基本上是政法院校语文教师"独领风骚"，对法律缺乏了解的研究者即使建立起一套法律语言规范化的标准体系，但其实际上仍然离不开通用语言范畴，无法适用于法律语言这个专业领域。可见，能否展开法律语言规范化标

---

① 宋北平："法律语言要摒弃失范谋求规范"，载《检察日报》2014 年 1 月 21 日。

准的探讨已经成为法律语言研究，特别是法律语言规范化研究的关键问题。（2）法律语言生活实践的需要。全国人民代表大会常务委员会法制工作委员会直接领导的"立法用语规范化专家咨询委员会"，自成立以来，已经审校了近几年提交全国人民代表大会表决的几乎全部法律草案和部分拟表决而因各种原因未及表决的草案，可至今也没有提出统一的审校标准。如果有一个这样的标准，至少可以认为是立法语言规范的标准。所以，审校草案的语言是否规范全在于审校专家的"自由裁量"。而每个专家"自由裁量"的结果不一致是不可避免的，对这类各执一词的审校意见，立法机关难以取舍因而不得不放弃，这已经在法制工作委员会于2009年召开的立法咨询专家与法制工作委员会有关各室负责人就法律草案审校的座谈会上显示出来。另一方面，法律实践中，特别是司法实践中已经认识到了司法语言规范的必要性和紧迫性。然而，司法语言究竟应该符合什么样的规范标准，学界却没有提供答案，甚至参考答案都没有，从而使司法语言规范化没有坐标。这种理论性的探索，不应该也不能够由法律实务部门单独完成。（3）建立自足的法律语言表意系统的需要。我国自清末变法修律以来，采用了被移植或者说是西语汉译时在汉语基础上新造的法律专业语言。由于清末的古汉语完全被白话取代，进而演化为现代汉语，因而似乎古代的整个法律表意系统被抛弃了。问题是，仅仅只有法律专业语言不可能完成法律意义的表达，即整个法律语言系统中大部分实际上仍然是也必须是通用语言。所以，如何将清末以来"引进"的法律专业语言进行"治理整顿"，彻底汉语化，从而使汉语法律语言自足，这是法律语言规范化迫切需要解决的问题之一。法律语言标准的建立有四个基本问题必须研究清楚，这是标准建立研究的前提。（1）标准建立的基础。为什么说基于语言学建立的规范化标准应用于法律语言必然会失败，哲学知识是这样告诉我们的：普遍规律不适用于特殊规律。语言学的路子不通，我们的视线转向法律。法律语言规范化实际上是通过解决语言问题这个桥梁去实现解决法律问题的目的，语言仅仅是手段、形式，法律才是目的、内容。因而，我们认为，法律语言规范化标准设立的基础不是语言而是法律。因此，表述在一定语境中的通用语言特征的严谨、精炼、朴实、庄重等，可以成为法律语言的风格，却不是法律语言的本质属性的体现，因而不能成为法律语言规范化的标准。（2）标准建立的依据。在法律而非语言的基础上建立法律语言规范化的标准，马上面临的问题是依据什么。我们认为只能是法律语言的本质属性。经过去伪存真、去粗取精的提炼，法律语言的本质属性有三个：专业性、价值性、文化性。无论任何语种都具有这三个本质属性。这些属性之所以决定了法律语言规范化的标准，因为规范化的目的就是正确、充分展示这些属性，它们从而成为标准的设定三个方面的依据。（3）标准宽严的程度。法律语言规范化的标准究竟应该宽一些还是严一些,怎样才算宽严适度? 标准过宽,则起不到规范的作用,从而失去规范化的意义;标准过严,则会消灭一些规范的法律语言,从而影响其发展。简单而易于操作的办法,将标准设定为一两个,但这样无法涵盖法律语言所有需要规范的情形;全面而精确的办法,将标准设定得过多过细,这样会难以操作进而难以展开规范化的工作。法律语言的本质是具有法律意义,即对人产生法律效果,简单说就是权利和义务。因而法律语言规范的标准,犹如法律规范一样,既不能过于概括,又不可过于具体,否则就无法实施。(4) 标准的可操作性。如果不具有可操作性或者可操作性程度低,即使设定了再完美的标准也是没有或者几乎没有实际价值的。然而,怎样使标准具有可操作性,恰恰是标准设立中最难以解决的困难。因为准确是法律的本质要求,准确与否是对错的问题,不准确的行为规则无法指引人的行为,准确因而是法律的生命;典雅是法律的形式要求,典雅与否是美丑的问题,不典雅的行为规则并不影响指引人的行为,典雅因而是法律语言的魅力。显然,衡量"是否有魅力"比"是否准确"困难得多,原因就是对其衡量的可操作性,前者比后者困难得多。①

董晓波出版了有关法律语言学专著并发表了许多相关论文。在其著作《我国立法语言规范化研究》中将法哲学、法社会学等法学研究的视角,引入传统的应用语言学和法律翻译研究,对法制定、法研究、法实践中的法律语言现象进行了全面的分析和定位,系统梳理了我国法律语言中的失范现象,分析了我国法律语言失范现象存在的原因和本质,阐述了法律语言失范的不利影响和消极后果,设计了匡正法律语言失范的途径和方法。在文中特别提到,在立法语言中,确定性词语的使用无疑保证了立法语言的准确性,但模糊语言的存在既有客观因素,也有主观因素,更受历史文化的影响。对立法者来说,过分追求明确,法律则犹如一潭死水,无法适应不断变化的鲜活的社会生活;恰当运用模糊语言,法律则获得一种灵性和活性。

值得注意的有陈炯的《论法律术语的规范化》从语言学和法学的角度探讨法律术语规范化问题,主要讨论了法律术语规范化的意义,法律术语的特点、准确而贴切的命名和选用,以及法律术语的继承、借用和创新问题,有一定的深度。② 张彦在《法律语言规范化中的语言学问题》一文中指出,法律语言规范化工作需要多领域的力量共同完成。其中,有些问题是法律领域的力量单方面可以解决的,有些则需要结合语言学领域的力量,甚至还有些问题主要依赖于语言学的力量。法律语言规范化工作应明确分工。依赖于语言学力量解决的

---

① 宋北平:"法律语言规范化标准的思考",载《人民法院报》2010年8月6日。
② 陈炯:"论法律术语的规范化",载《广东外语外贸大学学报》2004年第1期。

问题包括普通语言领域和法律领域都普遍存在的语言规范问题，如普通语言领域尚未明确规范标准的问题、普通语言领域里有规范标准但依然容易出错的问题；也包括法律领域特有的习非成是的问题、生造词问题。从中华人民共和国成立后法律体系建立之初起，我国就开始逐步重视法律语言规范。从1954年起草宪法时聘请语言学家参与开始，到之后成立专门的立法用语规范化专家咨询委员会，再到出台主要针对语言规范的立法技术规范文件。随着我国法治文明建设的推进，司法工作逐渐公开化、透明化，社会对司法语言的重视开始显现。一些司法部门也开始主动与法律语言研究机构合作开展法律文书语言规范化研究工作。与此相对应，学界也涌现出了一批法律语言规范化研究成果。然而，法律语言规范化工作依然任重而道远，目前存在的问题依然值得关注。人们群策群力，为法律语言规范化问题的解决指明了一些方向，但是，要想真正彻底解决问题，还需要进一步明确：目前存在的问题中，哪些应当由法律实践部门来解决，哪些应当从社会人才培养的环节就开始重视，哪些应当呼吁科研力量介入，通过法律语言学者尤其是语言学者的研究来帮助解决。只有厘清了问题并提出相应的解决办法，才更有利于解决问题。一些语言的失范是普通语言领域和法律领域都普遍存在的问题。法律语言是普通语言的延伸，是普通语言在法律专业领域里的应用。因此，普通语言中存在的问题，必然也会在法律语言里有所反映。有些语言表述（字或词或句）在普通语言领域里就没有明确的使用规范，相关工具书里也查不到应该如何使用该语言表述（字或词或句），所以在实践中就容易出问题，当这些表述用于法律领域，自然不可避免地也会出问题。有的语言问题可以根据使用现状总结归纳出具体的意义和运用规范。如一些容易混淆的近义词使用问题。近义词意义相近，相互之间仅有些微差别，虽然工具书上常常能给出每个词的解释，但是对于一组近义词之间的区别，往往都未给出具体的阐释。所以，即使在普通语言领域，近义词之间也常常有混用的问题。这些问题到了立法语言领域，自然还会存在[1]。也就是说，该问题

---

[1] 如"拟订""拟定""制订""制定"这四个词，是一组近义词，是立法语言里的高频词。而它们之间的区别却没有现成的标准。对此类近义词，大多缺少深入细致的研究，所以在运用中，便常有混淆的情况。我们可以从语言学的角度广泛调查这几个词的运用规律及语义，从而总结出它们之间的异同。如有人通过调查研究发现，这四个词无论在具体语义上还是在搭配上都存在细微区别，这种区别决定了它们的使用并不是相通的，在不同的语境下要有所选择。语义上，它们的确定性不同，由弱到强依次为："拟订"＜"拟定"＜"制订"＜"制定"。这源于主体权力的差异，主体权力最高的、行使最终决定权的用"制定"，主体权力比较高但还没有最终决定权（或未行使最终决定权）的要用"制订"，主体权力较低，甚至是普通个人，要用"拟定"和"拟订"，其中，"拟订"的确定性最低。当然即便是主体权力较高但是草拟某个法律议案时也可以使用"拟订"和"拟定"。此类问题比较普遍，常见的多为近义词的混用，如"缴纳"与"交纳"的区分、"施行"与"实行"的区分等，这些问题在立法领域和司法领域中都会出现。

并不是法律领域里专有的问题,而是普通语言领域里普遍存在的问题。其出现的根源在于人们没有从根本上搞清楚这些近义词之间的区别,缺乏规范统一的标准。这些问题,通过研究,可以给出规范标准,从而实现规范化运用。只是这些研究需要语言学者贡献力量。有的语言问题学界争议还比较大,没有统一的运用规律,更谈不上有统一的规范标准,但却是立法语言中绕不开的表述,此时便需要通过调研,给出一个权宜的规定标准,即规定在立法文本里该语言表达什么意思。① 解决法律语言规范性问题,不是简单呼吁立法者提高语言素养,加强语言能力的培养即可的,也不是单方面依赖立法领域的领导重视便能行得通的。而是要在立法者重视的前提下,呼吁语言学者的关注与参与,语言学者深入实践,广泛调查,研究出这些语言问题的解决途径与方法,以便给立法者提供支持和借鉴。呼吁语言学者的关注,不仅仅是呼吁大家积极参与立法语言的规范建设,而且呼吁大家从立法领域里寻找课题,其研究成果不仅能为立法语言的规范建设作出贡献,而且也可为汉语语言研究事业作出贡献,实为一举两得之事。此外,法律领域里有些常见表述(字或词或句)在普通语言领域里有明确的使用规范,但规范执行得并不理想,依然时有误用的情况。将这些语言用于法律领域,自然也容易出问题。这一问题出现的原因多是法律工作者的语言素养、语言能力或工作态度存在不足,但还有一个重要原因是,既有的规范标准还不够细致、到位,导致人

---

① 以"以上""以下""以内"的运用为例。这三个词的含义是否包括本数?在普通语言领域里即有争议。《现代汉语词典》(第7版)里解释"以上":表示位置、次序或数目等在某一点之上;"以下":表示位置、次序或数目等在某一点之下;"以内":在一定的时间、处所、数量、范围的界限之内。这三个词是否包含本数并不明确,学界一直有争议却始终未有定论。这几个词恰是立法语言里的常用词,从宪法到各部门法,它们的用法有不同处理,少数法律对这三个词是否包括本数做了专门的规定——应包括本数,如《中华人民共和国刑法》(以下简称《刑法》)《中华人民共和国治安管理处罚法》(以下简称《治安管理处罚法》),而多数法律里并未作出规定。因为这几个词即便在普通语言领域里是否包括本数都一直存有争议,所以,司法实践中必然会出现理解上的分歧。比如对《刑法》第69条数罪并罚的理解。第69条第1款规定:"判决宣告以前一人犯数罪的,除判处死刑和无期徒刑的以外,应当在总和刑期以下、数刑中最高刑期以上,酌情决定执行的刑期,……"根据这一条款,数罪并罚竟是否可以判总和刑期或数刑中最高刑期?有人认为"以上""以下"包括本数,而有的人认为"以上""以下"不包括本数,因此对数罪并罚是否可以判总和刑期或数刑中的最高刑期存在争议。这几个词到底是否包括本数,目前无法通过深入的学理研究给出确切的意见,可以做一个权宜的处理,即统一规定在本法里它们表示的是什么意思以及是否包括本数,就如同目前已有的一些法规的处理(如《刑法》)等。但是,规定的标准并不能随意确立,依然需要建立在广泛深入的调查研究的基础上,应有理有据,如采用目前多数人的倾向性处理方式和理解等。

们具体表达时无"规矩"可依①。有些问题也不是法律领域里独有的，要想解决问题，也还需要语言学界的努力，不能仅仅寄希望于法律工作者的单方面努力，必须有语言学者至少是法律语言学者的加入。还有些问题是法律领域里特有的问题，包括因一时权宜而习非成是的问题、生造词等。这些问题是专注于法律内容的法律工作者不易发现的，需要有对语言敏感以及具有深入洞察力的语言学研究者助力。立法语言里有一些习惯表述，这些表述不同于法律专门术语，法律专门术语是指专门用来表示法律领域特有的事物、现象的术语，它概括地反映法律事物、现象的本质特征，是法律语体的主要标志。而习非成是的用法指的是，立法者在立法过程中由于表述需要一时想不出规范的表述方法而暂时使用的非规范表述，或者是立法者因一时疏忽或缺乏语言学常识而错用的表述，因这种表述错误不明显而不易被人发现，从而长期存在于立法语言中，久而久之便成了习惯用法②。法律领域里习非成是的习惯用法不能因为已成习惯便获得合法地位，语言规范应是普遍的，是使用该语言的社会群体普遍遵循的。法律工作者主要致力于法律内容的斟酌上，语言表达中存在的问题，尤其是习非成是的习惯，还需要语言学家去帮助发现、研究与规范。立法语言里更容易出现生造词的问题，这已经引起广泛关注。立法语言是立法中用以表述法律法规的符号或工具，按照一定的规则表达立法意图，除了应当严谨、准确、朴实以外，因立法规范所要制定的是人的行为规则，故而还要尽可能涵盖更广的范围，所以立法语言还应当是精炼的、高度概括的。这一要求加大了立法语言表述的难度，人们在表述的时候，往往会遇到要用简洁的语言形式概括复杂内容的情况。在表达方式的斟酌与取舍上，容易出现一时找不到合适的表达方式而临时生造词的情况③。生造词的问题在普通语言领域里也存在，但在立法

---

① 如"截止"与"截至"，是一对近义词。从词义本身来看，二者区分比较明显，《现代汉语词典》（第7版）解释为："截止"表示（到一定期限）停止，如"报名在昨天已经～"；"截至"表示截到（某个时候），如"报名日期～本月底止"。但实践中，常有混用情况。【例】"被告人贾某梁于2013年1月申办中信银行信用卡一张（卡号：×××），后进行透支消费，截止案发，共计欠款人民币本金2000余元，经中信银行多次催缴，超过三个月仍未归还。"此处"截止"便应为"截至"。"截止"与"截至"，除了分析词义的不同之外还要从词性上分析："截止"是不及物动词，不能带宾语，"截至"是及物动词，能带宾语。

② 如起诉书的起诉理由及依据部分的格式化表述"犯罪事实清楚，证据确实充分"，也是习非成是的惯用错误用法，正确表述应为"犯罪事实清楚，证据确实、充分"，应在"确实"与"充分"之间加一个顿号，因为"确实"与"充分"是并列关系，不是修饰关系。而目前实践中有很大一部分的起诉书都采用了上述错误表述。

③ 如法律规定，生产者生产产品，不得掺杂、掺假，不得以假充真、以次充好，不得以不合格产品冒充合格产品。"掺杂"是现代汉语词汇里的一个动词，而且是及物动词，常带宾语，如"不能掺杂个人感情"。此处的"掺杂"却不是其做动词的用法，而是与"掺假"相并行的动宾短语，实为临时生造词。

领域里临时生造的词，因适应的是表达法意的要求，会与普通语言领域里的生造词有所区别，所以，针对立法文本专门进行生造词的梳理与规范是有必要的。而这一工作，不是立法工作者所擅长的，需要语言学者的积极参与。法律语言研究涉及多学科，需要多学科合作。法律领域里存在的语言问题并不是单一的，而是复杂的、多样的。表现多样、形成的原因也多样，因此，解决这些问题的方法也理应有所不同。我们呼吁语言学者加入进来，共同努力解决这些问题。同时更应该清楚哪些问题应该由语言学者解决，哪些问题可由法律部门单方面解决，以及哪些问题需要几个领域的学者通力合作解决。上述问题是我们看到的应该由语言学者解决的问题，但此类问题一定不止这些，还有哪些以及还有多少，都是需要我们继续去挖掘的。另外，归法律部门单方面解决的以及需要几个领域通力合作的问题到底都分别有哪些，在法律语言规范化道路上也还需继续研究探索。将这些问题思考清楚了，才能更有针对性地、有效地开展下一步法律语言的规范工作。①

周少华在《刑法规范的语言表达及其法治意义》一文中指出，从立法论上看，法律是一种语言产品，法律规范的语言表达决定着法律的品质，并进而直接影响法治。刑法由于坚持罪刑法定原则，在规范的表达上，存在囿于该原则的诸多特殊要求，如更强调自身的明确性，更注重由语言意义所界定的实体正当性，也更追求体现平等原则的规范的完整性。同时，从增强刑法规范体系的可操作性的角度看，刑法规范的表达还应当保持一种平衡协调的关系，为法律适用提供便利。刑法规范表达的这些要求，不仅是构建良好的刑法功能的需要，而且也是对法治原则的一种体现。无论是立法者还是司法者，他们的工作可以说都是在进行一种语言的操作。法律就其实质来说，是一种体系化的行为规则的集合；就其形式来说，则是一种非常讲究结构和表达方式的语言产品。作为语言产品，语言技术在其中当然发挥着重要作用。语言要素不仅构成法律的外在形式，也同时塑造着法律的内在品格。与文学作品不同，法律作品虽然也追求真善美，但它的功能却不在审美，而是要实现规范社会成员行为、维护社会生活秩序的目的。因此，法律语言始终需要服务于法律的规范目的，这不仅是人类理性的要求，也是对"法治"的一种表达。我们甚至可以说，"通过法律的治理"正是借助于法律语言的桥梁才变得可能。刑法将"罪刑法定"作为自身的最高原则，该原则对于刑法规范的语言表达提出了更加严格的要求；换言之，在刑法中，语言技术具有更加重要而特殊的意义。有鉴于此，从语言技术

---

① 张彦："法律语言规范化中的语言学问题"，载《辽宁师范大学学报》（社会科学版）2017年第3期。

的角度来探求刑法规范表达的基本要求及其法治意义显得十分必要。对刑法来说，由于它是针对犯罪而动用刑罚的制度，在保护社会利益及人类共同生活秩序的同时，刑罚的严厉性、剥夺性，对个人自由、财产乃至生命也是一种潜在的危险，在权利观念日强的现代社会，特别要求对刑罚权的行使加以严格限制，以防止其滥用所带来的对个人权利的侵犯和对国家刑罚权本身权威性、正当性的损害。因此，安全、人道等价值在刑法中便居于优先地位，这正是罪刑法定原则的基本价值诉求。相应地，刑法在规范表达上的特点就是要具体、明确、无歧义。"法无明文规定不为罪，法无明文规定不处罚"当然有其丰富的内涵，但是，我们完全可以将它理解为对刑事法律在语言上的要求。本此要求，在罪刑规范中，犯罪构成要件就应当得到清晰的表达，处罚措施也应十分明确。明确性是法治原则对法律的基本要求。罪刑法定原则作为法治原则在刑法上的具体体现，自然也产生了对刑法的明确性要求①。如果法规的命令和禁止的内容不明确的话，公民就不知道该怎样行动。从自由本身的性质来说，如果我们做某事是恰当的话，他人就有不去干涉的义务。但是，如果法无明文规定不为罪的准则由于模糊、不精确的法规而受到侵犯的话，那么我们能够自由地去做的事情就同样是模糊的、不精确的。我们的自由的界限便是不确定的。在这种情况下，人们行使自由就会产生一种合理的担心，从而导致对自由的限制。法律语言必须采用词语的客观含义，即在特定场合下，法律语言的意义具有唯一性，不会产生歧义。通过恰当的解释方法，人们可以对法律规范的含义获得一致的结论。当语言要素形成规范语句时，规范语句的含义也是清楚的、确定的。构成法律规范的词语含义明确并不等于该规范的整体含义也是明确的，因为规范语句不只是单个词语的简单相加，词语搭配、组合的方式对规范语句的整体意义也具有重要的决定作用。从最终意义上说，法律的明确性所要求的主要是规范意义的明确，而不是单个词语的明确。毕竟，规范效力是由语言所表述的规范产生的，而不是由构成规范的词语产生的。由于法律所调整的社会关系的复杂性以及客观情况全面反映于法律中的"不可能"，模糊语言在立法中的使用不但常见而且必不可少。由于刑法在所有法律中具有最高的严厉性，一旦动用，对适用对象的权利影响极大，所以刑事立法中，对法律语言的明确性要求也最高。即使是这样，模糊性语言或者

---

① 刑法的明确性意味着：第一，关于犯罪与刑罚的规定，都必须以法律规范的形式，明定在法律文件当中，亦即必须采成文法主义。第二，刑法规范的语言必须清楚、明白、具体、准确，不能含混、模棱两可。第三，刑法必须公开，以便于人们理解刑法规范的内容。第四，刑法必须保持相对的稳定性，不能朝令夕改。

弹性条款在刑法中仍然有着存在的合理性。刑法的某些词语的含义可以是模糊的，但是，刑法规范的整体意义必须是明确的。因此，尽管立法者可能有意在法律中使用模糊性词语和概括性规定，但是对于法律的规范目的，他们总是想表达得尽可能清楚些，至少他们会力图使法律规范语言的意义导向他们所做的价值判断。然而，由于语言本身固有的局限性，我们可能无法始终做到法律规范表达绝对的明确性。我们只能在语言自身的可能性和人类理性能力所及的范围内，来追求法律的确定性。富勒认为，不仅法律的"颁布"（即公开）是法律合法性的形式要件，而且"法律的清晰性"要求也是合法性的一项最基本的要素。因此，即使是立法者，也有可能侵犯法制，如果立法者制定一个模糊不清、支离破碎的法律的话。在富勒看来，法律的合法性不仅要求法律具有清晰性，而且要求法律具有稳定性。如果立法者没能用清楚、明确的语言来表达法律，以至于必须不断加以修正才能求得法律的正义，那么势必破坏法律的稳定性，动摇法律合法性的基础。在这一意义上，法律的明确性不只是规范语言上的要求，它也是法律结构形态上的要求。过于频繁的修改必然使法律的结构处于不稳定状态，从而丧失可预期性，这同样不符合法律明确性的要求。当然，正如明确性并不绝对排斥法律中的模糊性语言一样，稳定性也不能完全拒绝法律为了适应社会生活而产生的变化需要。

法律语言除了明确性以外，还要注意表达的妥当性。规范表达的妥当性，是指规范语言的使用必须是合理的、足够的和恰到好处的，也就是规范语言以恰当的方式充分地传达了规范应有的价值和目的，按照通常的理解解释规范，就能够获得规范的意义。具体而言，应当满足这样一些要求：（1）规范语言的准确性。即规范语言对行为模式及其主客观要件的描述应当符合行为的性质和特征，法律的规范意义能够指向预期的价值目标，依据规范语言所做的合理判断符合规范自身的目的。（2）法律语言的简洁性。从权力制约的角度说，法律规定得越具体、越细密，它对司法权力的限制也就越严格、越有力，同时公民个人行为自由的边界也就越清楚，越能彰显法律的安全和自由价值。而罪刑法定原则的精神实质就在于限制国家刑罚权，保障公民个人自由，因此，刑事立法一般要求规定得尽可能具体、细密。但是在罪刑规范中，罪状所描述的是行为类型，而不是特定的某一个行为。类型化的调整方式是法律的规范性要求决定的。这种调整方式意味着，为了达到一定的规范性程度，法律文本在表达规范的时候，只能在较为抽象和概括的意义上来描摹行为的特征，也就是必须舍弃符合类型的某些具体行为的个别特征。但是，如果规范类型对行为的个别特征舍弃过多而过于抽象，就会丧失应有的明确性，使得自身的调整范围难以把握。相反，如果规范表达得太过具体、繁杂，行为类型缺乏足够的概括性，规范就有可能表现出不完整性，使得某些情况无法涵摄于该类型，以至于规范本身的目的不能充分实现。过于粗疏、繁杂的立法会使司法者经常产生解释和补充法律的冲动，在刑事领域，这容易导致超越法律的"明文规定"实施处罚而侵犯人权的情况发生。但是，从技术的角度考虑，法律并不是规定得越具体越好。因为法律不是以个别化的方式处理问题，而是以规范化的方式处理问题，亦即通常所说的"法律之治是规则之治"。法律语言的简洁性乃是规则之治的内在要求。为了使人类行为服从于规则的控制，首先必须要有规则；而法律规定必须达到一定程度的一般性，才能形成规则。"一般性"意味着，法律规定必须能够普遍适用于规范类型下的各种情形，因此，法律规则总是具有某种程度的概括性和抽象性。一方面，刑法对犯罪构成要件的描述是一种类型描述，属于对某一类事件共同特征的概括，它只能在抽象性的基础上来达到明确性的要求；另一方面，刑法在规定定罪情节和量刑情节时，只能将那些已经定型化了的、对定罪量刑具有普遍意义的情况加以规定，而将除此以外的其他情况作为酌定情节交由司法者去考虑。太过具体的规定会造成某个具体的法律规定只能适用于狭窄的情形，使法律缺乏应有的灵活性和周延性，并降低法律的规范性程度。实际上，规则本身就是人类为了简单而有效地管理社会才产生的，因此，一切规则与生俱来便具有节俭的品性。简单的规则不失庄重和威严，体系化、类型化的规则更是一种精巧智慧的结晶。拖沓和烦琐只能让法律变成主权者意志的杂货铺，它或许能满足某些琐细生活的个别需要，却终不是规则治理的捷径通途。法律不是机器的操作手册，无需对它所欲调整的生活事实作出事无巨细的说明。在明确性前提下，用更少的语言来表述法律，不但有助于法律的传播，而且会降低法律施行的成本。对于法律来说，简洁是一种美德①。

(3) 规范语言的正当性。即规范语言所阐明的规范意义符合刑法的实体正当性要求。如果说准确性和简洁性是对规范语言外在的、技术方面的要求，那么正当性就是对规范语言内在的、价值层面的要求。罪刑法定观念确立之初，人们对于"法无明文规定不为罪，法无明文规定不处罚"只是作形式化的理解，认为只要有法律的明文规定，无论明文规定的内容是什么，也无论其是否正当，都不违反罪刑法定原则。20 世纪 60 年代以来，日本学者团藤重光、平野龙一等人在提倡明确性原则的同时，又提出了"实体的正当原则"作为罪刑法定新

---

① 当然，作为一种规则体系，每一个法律都有复杂的结构。因此，法律简洁性的真实内涵应该是"繁简得当"，或者套用一句流行的广告语，叫作"简约而不简单"。作为对立法者的技术要求，法律规范的表达就是要在抽象与具体、粗疏与细密之间寻求一种合理的尺度。

的派生原则，并逐渐为日本刑法学界所接受①。本来，实体正当原则是对刑法规范实质内容的总体性要求，但是，因为刑法规范是由语言建构的，而就其功能而言，语言不仅可以成为法律规范的技术性要素，而且还因其能够表达规范意志的内容而成为法律价值的载体，所以，正当性的要求只能通过语言来达到②。语言是法律规范意义的基础，所以，当某一规范的价值目标被确定之后，规范表达就具有了至关重要的意义。与控制人类行为和为司法者提供裁判依据这一目的相适应，立法者通常会有计划地组织构成法律规范的语言，以使规范语句的客观意义与规范意旨相一致，充分实现法律作为行为规范和裁判规范的功能。但是，观念一旦获得了语言的形式，它就具有了相对的独立性，语言将摆脱主体表达观念时的特定语境的制约，文本表明的东西不再与作者意味的东西一致。这预示着，"表达的困境"和"解释的需要"必将出现。即使是最高明的立法者，也不可能预见到未来生活的一切可能，所以，法律语言也必须有意构筑一定的柔性空间，给司法者发挥能动性留有余地。③

朱涛、柴冬梅在《刍议立法语言的"准确性"元规则及其实现——基于规范化的分析视角》一文中指出，立法语言是使用于法律、法规和规章文本中，传递立法意图和体现立法政策的信息载体。从规范化的视角观察，为实现立法权力、提高立法质量，对于法律形式用语的格调选择、次序的排列、字句的推敲等，皆应将"准确"与否作为判断的核心标准。在具体操作层面，一是准确选择法律用语，要求择定立法的方向和风格，把握立法语言专业性与通俗化的

---

① 所谓刑法的实体正当原则，也被称为刑罚法规内容妥当的原则，它是指"刑罚法规中所规定的犯罪和刑罚，在将该行为规定为犯罪上，具有合理根据，并且，该行为和犯罪之间是均衡适当的原则"。就此，日本刑法学者大谷实指出，罪刑法定原则本来是奠基于尊重人权的原则而提出来的，所以，要求对人权进行实质上的保障。根据实体正当原则，犯罪和刑罚即便在法律中被明确规定，但在其内容缺乏处罚的必要性和合理根据的时候，也是刑罚权的滥用，实质上是对国民的人权侵害。刑罚法规妥当的原则，应当在同刑法机能特别是法益保护机能的关系上加以理解。换句话说，以应当保护的法益的存在为前提，以该法益是否具有用刑罚法规加以保护的必要，罪刑均衡是否得以维持作为判断的基准。如此，刑法的实体正当性应该包含以下三项内容：（1）犯罪规定的正当。即立法者将哪些行为规定为犯罪，必须有正当的根据。对此，应当以行为的可罚性为标准，这里的"可罚性"既包括处罚的必要性，也包括处罚的可能性。（2）刑罚规定的正当。法律规定的刑罚种类必须具有与社会发展相适应的合理性，不能采用残忍、非人道、非必要的刑罚方法。（3）罪刑关系的合理。即刑罚的种类和轻重应当与犯罪的性质和严重程度相适应，做到轻罪轻刑、重罪重刑、罪刑均衡、罚当其罪。

② 也就是说，犯罪规定的正当性可以直接通过刑法规范的语言表达得到基本的判断，如果规范语言所提供的价值判断是合理的，那么它应当达到这样的程度：刑法规范对犯罪类型的描述必须能够反映此类行为的犯罪性质，即它能够准确揭示行为的社会危害性及其程度；凭借规范语言所作的描述，可以唤起人们对可罚性的认同。

③ 周少华："刑法规范的语言表达及其法治意义"，载《法律科学》2016年第4期。

均衡；二是准确使用法律用语，要求立法语言的表达保持中性，注重前后一致、逻辑周延和繁简适当。即从两个层面出发，回答两个问题：一是立法语言有没有约定俗成或者明文规定的标准？二是如何才能使立法语言合乎相应的规范？这两个问题彼此关联，是寻找和确定某种标准是否能衡量规范化的前提，而规范化则是最终对于合理标准的落实，目的是为立法内容找到合理的表现形式，最大限度地减少立法语言的分歧和错误。① 纵观历史和现实、理论与实践，可以肯定的是，对于什么是"好的"，立法语言的认识大体趋同，"准确""简洁""严谨"等词语在各种场合反复出现就是证据；不能肯定的是，诸如"准确""简洁""严谨"等是否可以成为立法语言规范意义上的标准？因为它们同时也被描述为立法语言的特点或者语体风格，而特点、风格和规范显然是对事物不同层面的阐释。像"准确""规范"这类对于语言运用的基本要求，就不宜作为美学意义上的语体风格的类型名。而"庄严、朴实"等美学体验则由于无法形成一致的理解，明显不具有标准意义上的可操作性。我们已经能够从理论上准确地识别出立法语言的优劣，并提炼出某些共性来规范部门立法和地方立法，却未能透过"语言"的现象去看"法律"这个本质。从立法技术规范的具体内容就可以看出，它对于词语、句子、标点、修辞的规定，与其说是立法语言的规范，不如说是对所有公文写作的要求。这也难怪，因为既有的理论研究成果要么没有准确定位立法语言，仅是以其为语料，讨论的其实是现代汉语的有关问题；要么将法律本体与作为其载体的立法语言混为一谈，将法律的特

---

① 1997年《中华人民共和国立法法》（以下简称《立法法》）起草时，学者们提出的《立法法（建议稿）》就曾专设一章"法的体例"，对法的名称、法的标题、法的语言、法的结构等提出了相应的要求，但由于条件不够成熟，未被立法机构采纳。2015年《立法法》修订时，对此继续留白。在法律未有明确规定的情况下，为保障规范性立法文本的质量，各级行政立法机构对其语言规范作出了具体要求。1987年国务院办公厅颁布的《行政法规制定程序暂行条例》第8条规定："整个法规应当结构严谨、条理清楚、用词准确、文字简明。"2002年施行的《行政法规制定程序条例》第5条规定："行政法规应当备而不繁，逻辑严密，条文明确、具体，用语准确、简洁，具有可操作性。"最具有代表性的则是2006年水利部发布的《中华人民共和国水利行业标准·水利立法技术规范（SL 333—2005）》。其中"法案语言"部分对立法语言提出了四项要求：（1）明确、准确。同一概念使用同一用语表述，避免产生歧义。不使用"约""近""左右"等表示近似数的词。能量化的指标，应当尽可能量化。（2）周密、严谨。应使用固定化、标准化的句式和词语。（3）平实、顺畅。避免使用生僻字词，专业术语要准确精当，避免不必要的修饰，不使用带有感情色彩的词语。（4）简洁、精炼。应当减少重复，一个问题宜从一个角度表述。该行业标准首次以"立法技术"为名，确立了非常细化的立法语言规则，它最重要的价值不在于其内容对于水利立法的指导约束，而是它创制了一种标准化的方式，说明立法语言规范是可以被明确的。此外，一些地方人民代表大会常务委员会制定的立法技术规范中对语言表述皆有明确的要求，如2007年广东省人民代表大会常务委员会发布的《立法技术与工作程序规范（试行）》，深圳市人民代表大会常务委员会于2014年年底出台的《深圳市人民代表大会常务委员会立法技术规范》。

点视为立法语言的规范。综合来说，立法语言的元规则就是准确。准确性因而被誉为立法语言的灵魂与生命，也是立法政策和立法意志记载、表达和传递的第一要义。理想的状态是：采用遣词造句准确无误、篇章布局合理严谨的法律文本，完整地表达立法政策和立法意志，消灭信息传递的误差，实现立法、守法和执法之间的协调与配合，使社会活动在立法者框定的范围内有秩序地和有效地进行。但实际上，在法律语义界限的设定中有多种因素渗入：一方面，法律是人们的主观法律理念在语言符号上的体现，而语言符号与思想、观念之间并不存在当然的对应关系，总会出现"词不达意""言不尽意"等语言的错位现象；另一方面，立法者在各个方面①的局限，也使得法律语义界限存在很大的张力、模糊性或不确定性，法律解释由此而生。因此，整个法律制度实际上并没有，也不可能形成绝对准确的语言系统。然而，目标的不能完全实现并不能阻止人们对目标的追求。立法者们仍然将"准确"作为制定法律（包括判例法）时的基本标准。具体到操作层面，即是要求法律起草时准确地选择和使用法律用语。（1）准确选择法律用语，其重心在于把握立法语言专业化与通俗化的均衡。法律所使用的词语兼具日常用语和法律术语的双重品性。日常用语是人们在日常生活当中进行交流时经常使用的话语系统，其词义相当丰富，是法律术语的源泉，作用在于帮助理解所指事物；法律术语是法律文件文本中表述某一概念的文字（词或词组），是创制规范、规范性文件的基本材料，如法律行为、法人、请求权等，它们是日常用语的转化和改造，以某种权威性限定和控制理解，能够增强法律条文表意的精准度和专业性。二者在法律文本中所占比例不同，但均必不可少，如果没有法律专业术语，法律就不成其为法律；而如果没有日常用语，法律就失去了建构的基础，术语的堆砌不能成为法律。在设计具体法律条文之时，应当依据传情达意的准确度确定使用日常用语还是法律术语，仔细辨别词语的含义、性质、适用范围，严格选择词义相近和差别细微的词语。既不能固守传统和理论所造就的晦涩难懂的法律语言，无端增大民众对法律理解的难度；也要避免日常用语的滥用而导致法律严谨性的丧失。（2）准确使用法律用语，还要求立法语言的表达保持中性，注重前后一致、逻辑周延和繁简适当。首先，立法要取得进步，必须舍弃激发情感的词语而使用中性的表述方式。具体而言，立法语言宜使用价值评判上中性的词汇，不宜使用感情色彩、政治色彩和道德色彩过于强烈的词汇；应杜绝文学上的夸张和比喻等修辞手法，更不得采用歧视性词语。其次，法律用语须前后一致，不同的

---

① 如对法律事实和所用语言的认知能力，对历史传统的了解程度，对社会政治、经济、文化现状的洞察力等。

概念不能用同一个词语来表达，同一个概念只能用同一个词语来表达，避免矛盾和混乱。如果法律中所使用的词语有几个含义或不同于通常的含义，那么在法律中应该指明这一词语的具体含义，以便保证对法律的正确理解。再次，立法语言的组织应遵循语法规则，强调逻辑严谨、名实相符、搭配合理。为此在句法结构方面，立法语言多用并列结构和复杂同位成分，宁可牺牲"可读性"也要保证表述的准确与严谨；在句式选择方面多用结构紧密的句式；在宏观层面，重视立法文本结构的布局，做到疏密有致，表述周延。最后，立法语言的遣词造句要简洁凝练，力戒冗词和废语。但简洁凝练应"简而理周"，既要有利于法的执行者和遵守者的理解，又不能牺牲法的内容的完整性、系统性，否则就不成为简洁，而是苟简、疏遗或残缺。为了保证法律用语的准确使用，从长远和根本的方面来看，要求立法者在提高专业素质的同时，也要致力于语言修养的提高。建议实现立法语言审查的制度化，明确将那些语言审查不过关的法律草案不予提交立法机关审议，以切实发挥语言审查程序筛查、过滤不规范立法语言的作用，保证立法的质量和效果。特别要指出的是，作为立法语言标准的"准确"允许甚至鼓励某种程度的模糊语言存在[1]。适度的使用模糊表达可以使得法律有一定的弹性去应付认识对象的复杂性、变动不居性和连续性，以一驭万，造成法网恢恢、疏而不漏的效果。[2]

1.6 法律语言的比较研究与翻译

随着市场对法律翻译人才需求的不断增长，法律翻译研究也亟待加强。为此，有必要对现有的法律翻译研究进行梳理和分析，以便总结既有成就，了解当前不足，明确未来方向。在中国，由于研究的对象不同，法律语言学一般分为国内法律语言学和国外法律语言学。国内法律语言学研究中国人使用的法律

---

[1] 模糊与准确并不绝对对立，在特定的条件下，模糊恰恰是高层次的清晰。客观来说，从信息接收、思维分析和语言表达这一系列基本环节来看，人们认识活动的有效性、多样性、深刻性，并非单纯来自明晰、精确的认识形式和语言表达形式，与之相反，各种模糊思维形式和语言表达，在人们交往活动和知识交流中，更具有广泛、完美和高效的特征。故法谚有云："极端确实，破坏确实。"法律问题与自然科学问题不同，与其注重极端精确，毋宁注重妥当。正如斯通（Stone）所言，"公司社会责任的含义固然模糊不清，但恰恰由于该词模糊不清而获得了社会各界的广泛支持"。而且，语言的"模糊"并非等同语言的"含混"，不能将文意不清简单地断定为模糊而大加抨击。语言的"模糊"是指语言的意义不确定，而语言的"含混"是指语言意义的冲突。模糊不一定带来含混和冲突，而含混必然带来模糊和不确定。对语言的含混应当进行歧义排除，而语言的模糊则往往成为重要的解释工具。立法语言的模糊性是为其确定性服务的，模糊语言的恰当运用可以使立法语言更准确。

[2] 朱涛、柴冬梅："刍议立法语言的'准确性'元规则及其实现——基于规范化的分析视角"，载《河北法学》2016 年第 6 期。

语言，国外法律语言学则研究外国人使用的法律语言。根据研究的语种不同，法律语言学还可以分为汉语法律语言学、英语法律语言学、俄语法律语言学、日语法律语言学等。汉语是中国人的母语，汉语法律语言学自然也就成为国内法律语言学的代表。至于英语、俄语、日语等都是外国人使用的语言，在我国自然就成为国外法律语言学研究的范围。我国的法律语言学的比较研究或国外法律语言学研究是从英语法律语言学研究开始的，所以谈到国外法律语言学在许多时候，说的就是英语法律语言学。它是我国国外法律语言学代表性的语种学科。这是因为俄语和日语等法律语言学在我国研究力量还非常微小，不能与英语法律语言学研究相提并论。我国的法律语言学的比较研究或国外法律语言学研究是在法律英语、法律俄语和法律日语等法律外语基础上发展起来的。它适应了我国对外法律交流和开展国际法律活动的需要，在开展国际双边和多边法律活动中发挥了重要作用。我国学者 2006 年以前在英语法律语言学研究方面共出版了五部专著，分别是吴伟平 2002 年出版的《语言与法律：司法领域的语言学研究》、刘蔚铭 2003 年出版的《法律语言学研究》、廖美珍 2003 年出版的《法庭问答及其互动研究》和 2005 年出版的《法庭语言技巧》、杜金榜 2004 年出版的《法律语言学》等。这些论著的问世使我国的英语法律语言学逐渐显示出学科的雏形，为我国法律语言学比较研究奠定了坚实的基础。另外，与英语法律语言学紧密联系在一起的，还有 2004 年陆文慧出版的《法律翻译》一书，这是我国第一部专门研究法律翻译的著作。该书以法律实践为基础，具体讨论了法律翻译的语言准确运用、模糊语以及翻译原则等问题。2006 年李克兴、张新红出版了《法律文本与法律翻译》一书，该书以美国的法律翻译实践为基础，比较了中国香港与内地法律术语与概念的异同，对比了英汉法律的文本类型和语言使用的特点，探讨和总结了新的法律翻译现象，提出了法律翻译的原则、策略和方法。这两部著作介绍英语法律语言并进行英汉法律语言比较研究、以西方语言学理论试图建构中国法律语言学体系、用西方语用学知识讨论中国法律实践。[①] 此外，董晓波编写的《法律文本翻译》旨在为国家新设立的翻译硕士专业学位的研究生和英语翻译专业本科生提供一套新颖、实用的提高法律翻译水平的学习资料，全书立足于高素质复合型法律翻译人才的培养与创新，着重于专业化与学术化的高度结合，理论与实践相得益彰。

潘庆云在《西方法律语言学初探》一文中，从国外法律语言学的渊源及学科的形成、学科的研究状况、研究对象及分支学科、各派学者对法律语言不同的切入角度、探索实践和理论诠释以及这门学科的价值取向和发展趋势诸方面

[①] 李振宇："中国国外法律语言学发展十五年述评"，载《边缘法学论坛》2013 年第 2 期。

对这门学科作一粗浅的探讨。① 朱振华在《论法律语言学研究》一文中，从国际法律语言学的研究、国内法律语言学的研究、当前法律语言学所面临的问题等3个方面对法律语言学研究进行了深入的分析。② 王武娟在《立法英语语义模糊探析》一文中，通过定性、定量两种方法探讨了法律英语的语义模糊性。以《儿童权利公约》和2001年修正的，《中华人民共和国民法典》（以下简称《民法典》）施行前的《中华人民共和国婚姻法》（以下简称《婚姻法》）（英文版）为研究对象，对法律英语中形容词、动词、名词和副词的语义模糊性进行分析和研究。研究表明，语义模糊广泛存在于各种语言形式中，法律英语模糊词语的翻译是法律翻译的难点。③

马庆林在《法律语言学、法律语言——兼谈法律英语的特点》一文中，结合法学各部门的某些语言实践，注意探索和总结法律语言的特点和规律。法律语言是指人们在立法、司法等实践中所使用的语言。作为一种语域变体，法律英语是英美法系国家经过长期的司法实践逐步形成的自己所特有的表达模式和规范，它包括了某些词汇、短语、习惯用语或特定的表达方式。该文着重探讨了法律英语的准确性和模糊性问题。④

祁冰在《法律语言的模糊及翻译》一文中指出，法律翻译依托中国日益深化对外交往、进一步推进政治体制改革和法制建设的有利背景，业已成为技术性翻译的一个重要分支。对于模糊语言的研究在近二十年来在中国进入了一个兴盛阶段，该文尝试探讨了模糊语言在法律文本和话语背景中的作用，分析了其各种表现形式，并在此基础上提出模糊语言的翻译策略。⑤

肖云枢在《法律英语翻译中汉语成语的运用》一文中，提出了以下四点看法：(1) 法律英语原文中已经使用成语或习惯用语的，为了更好地保存原文的语言风格，翻译时应当尽量引用相当的汉语成语或习惯用语。(2) 法律英语原文虽然没有使用成语或习惯用语，但是句子中的单词、词组，甚至分句在含义上与汉语中某个成语或习惯用语相同或接近的，为了使译文精炼起见，可以引用汉语成语或习惯用语。(3) 有时，英文原文中并没有接近于汉语成语的语句的直接表述，但是为了"顺着原文的意思，可在原文的字面之外，略加枝叶，以作扶持，使意思完整，易于理解"。(4) 根据情况，适当变通。如为了对偶

---

① 潘庆云："西方法律语言学初探"，载《修辞学习》2004年第1期。
② 朱振华："论法律语言学研究"，载《湘潮》（理论版）2008年第4期。
③ 王武娟："立法英语语义模糊探析"，载《疯狂英语》（理论版）2007年第6期。
④ 马庆林："法律语言学、法律语言——兼谈法律英语的特点"，载《西安外国语学院学报》2003年第3期。
⑤ 祁冰："法律语言的模糊及翻译"，华东师范大学2007年硕士学位论文。

或排比的修辞需要，其中已经使用现成成语的，其余部分可以采用别的四字结构，以形成呼应等。①

张法连是我国法律英语教学和研究的著名专家，其撰写的专著《中西法律语言与文化对比研究》，集作者二十几年在法律语言研究领域的见识，从法律语言作为法律人的基础课的角度，对法律语言进行了全面研究。不仅探讨了中西法律语言文化对比，法律语言与法律思维，以及法律语言翻译的标准、原则等问题，而且全面比较了中西法律语言研究的语言学、文化学、法律学三种不同路径的研究方法及其不同结果，还对如何应用法律语言从词句到篇章进行了较为透彻和详细的描述和探讨。

吴玮翔在《法律语言中本族语与外来语共存的根源》一文中，在对汉语、英语和日语部分法律语料（主要涉及立法语言中的词汇）进行实证分析的基础上，分析了法律语言中本族语与外来语共存的社会根源、法学根源。吴玮翔指出，就法律而言，吸收外来词语常与创造新词语相伴而行、相融而生，也与法律理念的形成、成熟过程相辅相成、同步而生。法律词语中有为数可观的外来语的一个重要原因是法律移植。法律制度移植的同时直接移植了法律概念和词汇。移植不同于对旧法吸收借鉴的历史继承。它是对同时代其他国家法律制度或国际惯例、公约的吸收与借鉴。由于国家间的政治、经济、文化、科教的交往日益频繁，再加上不同国家经济发展的不平衡，国内经济市场的国际化和社会的全球化、现代化，法制的现代化和国际化已成为时代的要求，国与国之间相互吸收借鉴法律制度和技术，也因此成为各国法制建设普遍的需要和惯例。从立法的角度看，通过法律移植、借鉴国际上先进的法律文化和法制思想甚至法律术语，不仅可以大大提高立法效率，节约立法资源，更主要的是有利于本国法律制度的国际化，加速国内的法制民主化进程，有利于国内经济市场和国际接轨。一个典型的事例就是中国"入世"前后，对涉及市场经济、知识产权和外资企业在华投资等内容的法律法规进行一系列的修订，以保证我国国内的立法适应国际经济的大环境。这说明法律语言的比较、借鉴与翻译显得特别重要。任何一种民族语言，都有其自身的特色和优势，相互学习、相互借鉴古已有之，在瞬息万变、日新月异的信息时代，法律制度和法律语言的相互学习和借鉴更是不可或缺。②

随着经济全球化步伐的加快，特别是中国加入世界贸易组织以后，以及因特网越来越普及，越来越多的外国公民来到我国从事经商、办厂、运输、

---

① 肖云枢："法律英语翻译中汉语成语的运用"，载《现代法学》1998年第4期。
② 吴玮翔："法律语言中本族语与外来语共存的根源"，载《河海大学学报》2007年第2期。

旅游、购物、结婚等活动，其中部分人由于主观或客观的原因，触犯了我国的刑事或民事法律，不得不在他们不熟悉的法律环境中进行诉讼。当然，由于相同的原因，我国公民也可能出现在外国的法庭上。因此法庭翻译研究也成为法律语言学的一个重要的研究领域。法庭翻译研究涉及的问题主要是：翻译的作用，翻译的准确性及其对判决的影响，法庭翻译的特点，加入翻译这个变量之后对法律专业人员与证人和被告之间的互动有无影响等。李克兴与张新红合著的《法律文本与法律翻译》（中国对外翻译出版公司 2006 年版）一书对法庭翻译进行了深入的探讨。

2 法律语言模糊性问题研究综述

法律语言模糊性问题是法律语言学的一个重要的研究论题，也是法学研究的一个重要内容。法律语言模糊性问题主要涉及法律语言模糊性与准确性的关系；法律语言模糊性的原因；法律语言模糊性的积极功能；法律语言模糊性的弊端以及克制等。

2.1 法律语言模糊性与准确性的关系

探讨法律语言模糊性与准确性的关系，首先要理解法律语言准确性的含义。周少华在《刑法规范的语言表达及其法治意义》一文中指出，法律语言的准确性和明确性不能混为一谈。实际上，明确性和准确性对法律语言的要求是并不相同的。根据《现代汉语词典》（第7版）的解释，"明确"的含义是"清晰明白而确定不移"，"准确"的含义是"行动的结果完全符合实际或预期"。由此我们可以认为，明确性是指法律语言的含义应该具有确定性，不能模棱两可；而准确性则是指法律语言的使用应当恰好能够承担其应该承担的意义，能最得当地表达本意，并能与其他词语合理搭配，"实事求是地反映客观事物的本来面目，不夸大，也不缩小"。一个法律用语很可能是明确的，但如果它并不能做到不多不少地传达出立法者使用它时所想要表达的意思，就很难称得上是准确的法律用语。与明确性语言对应的是模糊性语言，而与准确语言对应的则是错误用语或偏差用语。如果立法者在创立某个规范的时候没能正确地使用立法语言，而这个规范的客观意义又是确定无疑的，那么当该规范适用于具体案件时，就很可能导致非正义的或者是立法者意料之外的结果。在立法中，法律语言的准确性要求甚至比明确性更加重要。因为，"标准化的语言会导致可靠的、可预料的和标准的解释"，相反，不妥当的语言则会使法律的解释变得不可靠。准确使用法律语言，使语言的意义完全服务于、符合于规范的目的，才能保证法律价值在传达过程中不会"失真"，并使立法者眼中的法律和司法者眼中的法律在意义上保持一致。当司法者采用适当的方法对法律进行解释时，就会得出与规范目的相一致的结论，保证司法活动的合法性。从一般意义上理解，准确的语言应该同时具有明确性。但是对于法律语言来说，我们不能认为其中的模糊性语言都是不准确的，否则法律中的模糊性语言将丧失其存在的合理性。

既然模糊性语言也是立法上必不可少的手段，那么如果它的使用是恰到好处的，它就称得上是准确的法律用语，尽管它并不具有明确性。可见，准确性并不追求个别词语的绝对明确，在总体效果上，准确性追求的是，规范语言的完整意思符合规范的目的。当然，模糊性语言在法律文本中的必要性并不意味着可以对立法语言的明确性要求有所降低，而是要从具体和实际需要出发，在尽可能多地使用确切语言的前提下，有条件有限制地驾驭模糊性语言，使"确切"与"模糊"各得其所，以便最大限度地保持立法语言的准确性。何况，在具体的法律适用中，往往还需要通过法律解释手段使模糊性语言的含义明确化、具体化。即使承认模糊性语言在法律中是一种必要手段的人，也不得不承认明确性语言对维护法律权威的重要性。因为语言特别明确时，法院很难歪曲它的意思，所以，有时候某种程度的啰嗦同样并不是不规范，而是为了以语言技术手段保障法律的确定性，防止司法的任意性。尤其是在刑法中，以语言技术手段防范司法活动中的罪刑擅断，显得更为重要。①

我国较早论述法律语言模糊性与准确性关系的人是梁启超先生。梁启超先生1904年发表的《论中国成文法编制之沿革得失》一文中指出，法律语言有三个鲜明的特征，即"明白易知""用语准确""灵活周延"②。"明白易知""用语准确"是强调法律语言的内涵，而"灵活周延"则是强调法律语言的外延意义。法律如果全是晦涩难懂的文字，人民大众无法理解法律的内容和意义，就是没有做到"明白易知"。古代的法律就是这样，这个已经过时了。所谓"用语准确"就是要求法律语言不能过度模糊甚至有歧义，即法律语言不能既可以这样理解，也可以那样理解。培根指出：法律语言最重要的品质就是准确无歧义。所谓"灵活周延"就是要求法律语言的外延意义广泛，能够包容纷繁复杂和不断变化的社会生活和法律现象，在适用到具体案件的具体情况或者新型疑难的案件时，执法人员和司法人员可以根据法律原则和精神对法律条文进行解释，以克服法律的滞后性、僵硬性缺陷，以实现法律的包容性、适应性、稳定性和灵活性。表面上看，法律语言的两个特征"用语准确"和"灵活周延"是不相容的，实际上不是这样的。"用语准确"是强调法律语言内涵确定，没有歧义，而"灵活周延"是强调法律语言具有概括性、抽象性和包容性，其外延意义是不确定的，法官可以通过解释在具体案件中确定其含义以实现个案正义，并达到最佳的社会效果。梁启超引用培根的话说："最优良的法律是将法律的不确定性或模糊性控制到最小的程度，以留给执法和司法者能够根据具

---

① 周少华："刑法规范的语言表达及其法治意义"，载《法律科学》2016年第4期。
② "灵活周延"在这里可理解为不确定性或模糊性。

体案例进行解释的余地为必要。""将法律的不确定性或模糊性控制到最小"就是强调"用语准确","以留给执法和司法者能够根据具体案例进行解释的余地为必要"即要有解释的余地就是强调法律语言的"灵活周延",因此"用语准确"和"灵活周延"是完全可以兼顾的。梁启超认为,我国清朝的法律"用语准确"和"灵活周延"这两点都缺乏。清朝的法律用语过于繁杂,且不完备,与当今世界其他国家的法律相差较大。从"灵活周延"来看,更是相去甚远。法律语言根本不注意概括性、灵活性和周延性,皆"死于句下,无所复容解释之余地",随着时间的推移、社会的变迁,法的适用日益狭隘和困难,甚至无法适用,原因皆在于此。[①] 在梁启超看来,准确性和模糊性都是法律语言的特征。法律语言准确性要求法律条文内涵明确,不能过于模糊甚至有歧义。但同时法律语言也要"灵活周延",即要保持适度的模糊性、概括性和周延性,以便给执法、司法人员根据社会变迁和具体案件进行解释的余地。但法律也不能过于模糊,否则会损害法律的准确性。法律语言必要的概括性或不确定性能够更准确地反映未来社会的不确定性的现实,使法律更加周延、完善和准确。因此,法律语言要兼顾准确性和模糊性。实际上,梁启超强调法律语言具有准确性与模糊性的辩证关系,即对立和统一的关系。

贾吉峰在《浅析法律语言的准确性与模糊性》一文中,也认为法律语言具有准确性与模糊性的辩证关系,即对立和统一的关系。他指出,法律语言最重要的特点是准确。但是,在实践中,法律语言无法避免模糊性的存在。法律语言的准确性是从确切与模糊的对立统一中显示出来的,确切词语和模糊词语在法律语言中的使用具有一定的规律性,其目的是为准确达意服务,共同体现出法律语言的准确性。法律是公正而严肃的,法律语言必须字斟句酌,仔细推敲,应该既规范准确,同时又必须具有广泛的适用性、灵活性和权威性。既尽可能涵盖所有案例,又要利于个案的特殊处理,给个案研究以伸缩的空间。这就是说,在法律语言中也必须大量使用涵盖面广的抽象词汇和意义较为广泛的模糊词语。在法律语言中,准确词语的使用无疑保证了法律语言的准确性。但在特定情况下,使用模糊词语不仅可以起到准确词语不可替代的作用,还会使法律语言更加准确。但是需要指出的是,模糊词语用之失当,也会影响到法律语言的准确表达。因此,一定要注意准确性和模糊性二者的辩证关系。只有如此,才能最终确保法律语言的准确与严谨。事实上,在司法实践中,法律界人士有时采用模糊语言,避免肯定地表示自己的立场与观点,唯恐日后有不妥之处而无法弥补,从而有损于法律的严肃性与权威性。因此语言上的模糊和准确是一

[①] 参见梁启超:《梁启超法学文集》,范忠信选编,中国政法大学出版社2004年版,第182页。

对辩证统一的概念，即准确中存在着模糊，而模糊中又反映出了一定程度上的准确。准确性和模糊性是人类自然语言的两个重要特征，反映了人类的思维特点。无论是立法语言还是司法语言，都必须准确明白地叙述和说明，而法律语言准确的特点，是从准确与模糊这一对立统一体中辩证地体现出来的。法律语言描述的模糊性或不确定性有时并不是坏事，因为它能用较少的代价传递足够接收者理解的信息，给人以纲举目张，一目了然的感觉。它既提高了语言表达的效率，又增强了语言表达的灵活性。[①] 模糊现象是不以人的意志为转移而客观存在的。作为属于自然语言的法律语言必须要用到模糊词语，因为模糊词语在一定的条件下可具有精确的属性。在法律领域，有意识地、正确地运用模糊语言可以增强语言表述的严谨性，既可包容社会上纷繁复杂的现象与行为，又可给执法者和司法者在处理个案时对一些条文的解释留有回旋的余地。但应当强调的是，正如精确词语、精确表达不是万能的、普遍适用的一样，模糊词语、模糊表达的使用是以表意严谨为目的、为前提的。运用模糊语言，要注意模糊度。由运用模糊语言超出模糊度所引起的任何表意不明的现象都应当避免。[②]

2.2 法律语言模糊性的原因

刘蔚铭在《法律语言的模糊性：性质与成因分析》一文中指出，法律语言的模糊性成因复杂，表现形式多样，既有法律语言本身的模糊，也有民族、文化、政治、地理等差异引起的模糊；既有法律语言使用者的语言风格引起的模糊，也有社会利益之争引起的文意模糊。其中，法律语言本身，特别是法律术语的模糊构成模糊性法律语言的主体。法律专用术语可分为两类：概念确定的法律专用术语和概念不确定的法律专用术语。概念确定的法律专用术语文意清楚，外延明确，但数量很少，而概念不确定的法律专用术语数量很多，广泛地存在于模糊性法律语言的方方面面。这类专用术语外延模糊且富有弹性，概念具有不确定性。一个典型的例子就是"死亡（death）"一语。"死亡"作为日常生活用语时，其中心区域的意义是清楚的。《现代汉语词典》（第7版）将其

---

① 比如，《中华人民共和国宪法》（以下简称《宪法》）对设立特别行政区有以下的规定：国家在必要时得设立特别行政区，在特别行政区内实行的制度按照具体情况由全国人民代表大会以法律规定。"必要时"、"具体情况"这些措辞都是模糊性词语。因为"必要"与"不必要"之间，"具体"与"不具体"之间，都存在着模糊性。从另一方面而言，特别行政区的建立是"一国两制"方针的具体落实，是国家政治生活中的大事，将会牵扯到诸多方面，国家是很慎重的。因此法律用语应该留有余地，并使法律保持权威性和较长时间的稳定性。因此法律语言中的准确性与模糊性是辩证统一的。

② 贾吉峰："浅析法律语言的准确性与模糊性"，载《中北大学学报》（社会科学版）2010年第5期。

解释为"失去生命";《朗文当代英语辞典》（1995 年英文版）将其解释为 the end of life of a person or animal。然而作为法律专用术语,"死亡"（death）绝非日常用语表示"失去生命"那样简单。它的边缘地带异常模糊,弹性大,其概念开放,不确定因素非常多,由此引起的后果也非常严重。究竟什么是"死亡"？法学界没有完全统一的标准。这一问题涉及脏器移植手术。医生要在捐出器官者"脑死"或"心死"之后,才能将其器官移植给他人。如何界定捐赠器官者已返魂无术,令医生安心知道没有杀了一个人而去拯救另一个人,的确是个具有争议的问题。目前确定死亡的标准有二:"心死"和"脑死"。心死的定义很简单,即心脏停止跳动,然而由此带来的问题并不简单。脏器移植的目的在于拯救有希望存活下来的人的生命,而等心脏完全停止跳动,死者的器官会迅速腐坏,不能再用作移植。"脑死"现已成为国际标准,但其判断标准也颇为复杂,至少需要符合五个条件:严重昏迷、瞳孔放大或固定、脑干反应能力消失、脑波无起伏、呼吸停顿,而且要连续出现六小时而毫无变化。在实践中准确判断"脑死"绝非易事。到 2019 年年底,联合国 189 个成员方中有 80 个承认脑死亡的标准。我国学者建议制定脑死亡法。再如日常生活经常发生的"性骚扰"（sexual harassment）这一于 20 世纪 90 年代才从国外传入我国的外来词汇,它亦是一个模糊法律用语。除了取证难和立法依据难寻外,最难的就是对"性骚扰"的界定。目前不仅在中国,就是在其他国家,对性骚扰都无统一界定。①

董晓波《立法语言模糊性:一个法社会学视角》认为,准确历来是立法语言的灵魂,也是立法者尽力追求的主要立法原则之一。但是,由于种种因素的限制,使用模糊性语言却是在制定法律时不可回避的事实。从法社会学的角度看,法律现象的复杂性、人类认识的局限性决定了立法语言必须使用模糊性词语。这虽属不得已为之,但是全人类共有的现象。西方学者曾就 abortion（堕胎）是否构成"杀人罪"这一问题进行研究和讨论,结果是不了了之。根本原因就在于胎儿与受精卵之间没有明确的边界。这种边界不明的现象在法律活动领域屡见不鲜:英国法律中为了区分夜盗罪（burglary）与为抢劫而侵入住宅罪（house breaking）,立法上采用了"night"一词,然后将其解释为"日落后一小时至日出前一小时";然而各地所处时区不一样,实际中难以把握"day"与"night"之间的界限。即便是"罪"与"非罪"这样的最常见、最重要的法律概念,人们对它们的主观认识也只有相对的大致的边界,没有绝对的说一不二的边界。②

---

① 刘蔚铭:"法律语言的模糊性:性质与成因分析",载《西安外国语学院学报》2003 年第 2 期。
② 董晓波:"立法语言模糊性:一个法社会学视角",载《河南大学学报》2007 年第 2 期。

康响英在《论法律语言的模糊性及其成因》一文中认为，有多种原因造成法律语言的模糊性。(1) 法律语言本身的特征。索绪尔不同意把语言看作是名称和事物的简单联系。无论在哪种语言中，有些"词"很难说出具体指的是什么。法律语言中存在许多这样的"词"，它们所指对象模糊，我们找不出它们与客观事物的"一对一"的直接而明确的联系。例如，法律术语"obscenity"（猥亵罪）、"insanity"（精神错乱）、"justice"（公正）、"freedom"（自由）、"morality"（道德）、"right"（权力）等就不如 dog（狗）那样有明确可指的"词语对象"，但这些法律术语确实有意义。而要对这些抽象术语进行定义，必须借助于模糊语言或模糊词汇。(2) 法律的概括性。法律没有能力把具体纠纷中层出不穷的事实组合包罗无遗。有限法律规范不可能尽数对应所有的社会行为，并且在立法过程中往往难以十分准确地对事物进行一一界定，它们存在互相重叠，互相渗透的近似或朦胧之处，立法者不可避免地要运用模糊性的表达法，以期包容无法准确界定的事物，使法律具有广泛的适用性、概括性与包容性。换言之，客观事物自身的模糊性与立法者对客观事物认识的不确定性致使立法者无法运用语言准确定义、指称或描述。"明示一事物则意味排斥他事物"，明确界定或罗列全部情节，不但会给执法者带来被动，而且会留下法律漏洞，被人钻空子。(3) 社会的发展和科技的进步。历史上法律发展的步伐总是滞后于社会和科技发展的速度。由于人们认识世界的能力是逐渐发展起来的，因此在社会和科技发展推动法律演变的过程中必然会存在一些"空白"地带，即"模糊"地带。① (4) 给执法者一定的自由裁量权的必要。法律原则、法律规则和法律概念是法的三要素。而法律原则如"公平原则""诚实信用原则"等，与道德原则之间历来都存在斩不断、理还乱的紧密联系，它们支配的范围有不少重叠和交叉的地方，这些模糊词语的运用使执法者有机会发挥自身的聪明才智，让道德良知原则与法律的"公平、公正"原则相结合，以弥补法律的缺陷，不断完善法律制度。②

杨文野、丁俐在《论法律语言的模糊性》一文中指出，法律语言模糊性的产生，不仅有客观原因，也有主观因素。(1) 语言本身的特性。大千世界存在着无穷无尽、不断变化的事物。我们想用有限的语言去描绘它们，几乎是不可

---

① 例如，精神操纵术能妨碍人类的意志自由，在此状态下被控者犯罪是否该负法律责任？对垂危病人施行安乐死是不是"杀人"？通过电脑在网上签名是否与亲笔签名在法律上有同等效力？克隆人的出现会不会改变现行"父母"的定义？一个国家的大气污染影响到了邻国，它该不该负责任？如果该负，责任有多大……如此众多的问题把法律引进此前从未涉及的种种领域，使得原有的法律概念变得模糊起来。

② 康响英："论法律语言的模糊性及其成因"，载《求索》2005年第4期。

能的。正如英国语言学家霍克斯所说:"空间和时间事实上是一个连续体。没有固定的不可改变的界限或划分,每种语言都根据其自身的特殊结构去划分时间和空间。"因此,语言具有概括性的特点,这种概括性体现在一些词语的概念上是模糊的。语言作为一种表达思想、传递信息的载体,使得意义成为语言的核心概念。但社会生活包罗万象,意义与对象并非完全一致①。(2)认知能力的局限性。马克思主义哲学把认识发生的自然因素和社会因素结合起来,确认人所特有的实践活动是认识发生的现实基础。实践活动所属的环境是相对静止的,但实践活动却是不断发展、永不停息的,导致人类受自身观察、感知、生理以及想象、理解等能力的局限,往往既不能正确认识自己所处的自然世界,也不能全面认识生活于其中的社会,更加不能详尽地预测未来。在一定的历史时期内,人们不可能对所有的法律现象毫无遗漏地作出界定或为其定性,对法律现象认知的模糊性必然反映在法律语言的模糊表达中。换而言之,人类有限的认知能力和潜在的法律现象之间存在一个空白地带,该空白地带尚没有准确的法律语言来界定或描述。因此,人类认知能力的局限性是导致法律语言可能存在模糊性的原因之一。(3)司法实践的要求。首先,从立法者的角度。法律对由其调整的社会生活应具有较为全面的涵盖性。但立法者不可能预见一切可能发生的情况并据此为人们设定行动方案,其制定的法律不可避免地存在缺漏和盲区,即涵盖的不全面性。因此,为了扩大法律涵盖的各种社会关系,立法者需要借助语言的模糊性来实现,以有效地保持法律的稳定性而避免出现朝令夕改的现象。其次,从法官自由裁判权的角度。社会总处于不断发展变化的状态中,所以法律具有相对滞后性,越是活跃的社会关系就越难为法律所完全控制或覆盖,就越有可能突破法律的限制。因此在现代社会,法官不再是法律机械的、被动的执行者,而应当成为促使法律进步与社会稳定的能动者。在我国2020年修正的《刑法》第四章侵犯公民人身权利、民主权利罪中,多次出现"严重"和"特别严重"等词,这些其实都是模糊概念,法律没有给出此类词语的具体含义。也就是说,并没有确切地定义"严重"与"特别严重"的区别与界限②。法官在面对不断发展变化的社会现实时能在保持法律自身稳定性的

---

① 譬如,2018年修正的《中华人民共和国公司法》(以下简称《公司法》)第7条明确规定,公司营业执照应当载明公司的经营范围。甲公司实际从事蔬菜的销售,其工商登记簿上记载的经营范围为农产品销售。在此,"农产品"便是一个模糊的概念,因为农产品包括种植业、畜牧业、渔业产品。在工商登记簿经营范围一栏里出现的"农产品"作为法律语言即存在模糊性,为甲公司扩大实际经营范围提供了可能。

② 以《刑法》第249条为例,该条规定,煽动民族仇恨、民族歧视,情节严重的,处三年以下有期徒刑、拘役、管制或者剥夺政治权利;情节特别严重的,处三年以上十年以下有期徒刑。这时法官便可以根据犯罪嫌疑人的主观恶性、行为的社会危害性等相关犯罪构成要件来衡量情节的轻重,确定罪与非罪,罪重与罪轻,切实做到罪刑相适应。

前提下,通过补充模糊语言的内涵,将适应社会发展需要的新内容和新价值吸收到法律中来,法律因此而不断地发展,法律的变与不变这个两难命题也得到一定程度的均衡。①

伍巧芳在《法律语言模糊性的法理分析》一文中指出,法律语言模糊性的产生,不仅有客观原因,也有主观原因。了解这些原因对灵活处理法律语言的模糊性不无裨益,对于深刻领会法律的精髓也会带来许多启示。法律语言模糊性产生有以下原因:(1)对事物认识的不确定性。对于客体之间无限丰富而细微的差异,语言无力以准确的方式将其意义表现出来。世界上的事物比用于表现和描绘它们的词汇要多得多。因此,无论人的认识如何深化,模糊性是永远存在的。然而,法律对由其调整的社会生活应该具有较全面的涵盖性。各种社会关系及其涉及的各种法律现象是发展变化的,与社会生活之间有或大或小的脱节,立法者不可能预见一切可能发生的情况并据此为人们设定行动方案,其所制定的法律不可避免地存在缺漏和盲区,即涵盖不全性。因此,为了扩大法律涵盖的社会层面,立法者需要借助语言的模糊性来实现,以有效地保持法律法规的稳定性而避免朝令夕改现象的发生。(2)法律语言本身特点的规约。语言是法律的载体,是法律最主要的表现方式,从立法到司法,从法律文本到法律实施,人们无不运用语言作为交流的中介。语言的非精确性,即模糊性是语言的本质属性之一。语言的模糊性是造成法律语言模糊性的主要因素。首先,许多法律术语缺乏具体的"词语对象"。法律语言中许多词所指对象模糊,找不出它们与客观事物一对一、直接而明确的联系。② 其次,法律术语具有不确定性。法律语言中存在不少概念、定义不统一的术语,这也导致了法律语言的模糊性③。法的模糊性问题不仅是法学领域的普遍问题,而且是法学领域的核心问题。法律语言的模糊性是法律工作者力求消除却难以消除的现象。在澳大利亚和英格兰约40%的法庭活动需要对特定的立法条款的意义作出裁决。法律语言的模糊性由此可见一斑。(3)立法原则的要求。随着社会物质生产和人类思维能力的发展,立法者制定法律所追求的目标已不满足于经验的法制化,而

---

① 杨文野、丁俐:"论法律语言的模糊性",载《南通航运职业技术学院学报》2012年第1期。
② 如法律术语中的精神错乱、公正、自由、道德、权力等,是非常抽象的,要对这些抽象术语进行定义,必须借助其他模糊概念,但这些模糊词语本身也需要语义上的阐释,如此循环往复,法律语言基本上成为抽象概念的集合体。
③ 例如,2018年修正的《中华人民共和国刑事诉讼法》(以下简称《刑事诉讼法》)第199条规定,在法庭审判过程中,如果诉讼参与人或者旁听人员违反法庭秩序,审判长应当警告制止。对不听制止的,可以强行带出法庭;情节严重的,处以一千元以下的罚款或者十五日以下的拘留。该条款中的"情节严重的"就是一个模糊性词语。

力图尽量扩大法律的涵盖范围,增加其适用性。现在立法者越来越多地重视和采纳模糊语言,以进一步扩大法律的涵盖面。法律条文的有限性和人类社会行为的多样性迫使立法者用概括的语言去包罗具体的行为,概括性有助于增强法律的包容性、灵活性和周延性,但同时也增强了模糊性。① 现实生活中存在的法律现象千差万别,各种各样,不能仅用简单的数据来体现,也无法用确切的语言来表述。面对这些现象,要在进行抽象、概括、归纳、判断、推理的基础上,制定具有普遍指导意义的法律条文,就必须借助概括性强的模糊语言。②

2.3 法律语言模糊性的积极功能

杨德祥在《法律语言模糊性对法律制度的影响》一文中指出,模糊性和准确性一样,是法律语言的特征,是法律语言难以消除的现象,贯穿于立法、司法、执法活动的整个过程,对法律制度既具有积极的功能,又有消极的影响。法律语言的模糊性使原本僵化、刻板的法律体现出灵活、弹性的特点,对法律制度产生了深刻的影响。具体来说,法律语言的模糊性的积极功能表现在以下方面:(1)法律语言的模糊性维护了法律的稳定与统一。法律规范不可能是僵化的、没有活力的,它除了具有严格的规范性,客观上不可随意变动,还应有主观上的灵活性。因为法律规范不论如何严密,也不可能涵盖到社会生活的各个方面。现实生活中,法律、法规在制定之后,往往会因客观情况的变化而使许多在制定时符合时代需要的条款经过一定时间后失去自身价值,况且在法律的适用中也可能出现不可预知的情况。为了使法律能够更好地得到贯彻实施,于是在不违背法律原则的前提下,在法律规范中设立一定的模糊条款,供法官根据事实情况灵活运用,有利于弥补法律的空白或漏洞。这种立法技术层面的举措使得法律与现实生活的发展更易达到一种契合,也有助于司法机关在适用法律的时候能够从这种模糊性中寻求到有效维护法律运行,促进立法目实现的途径。此时,法律语言的模糊性就成为保持法律的稳定性,最终维护法律权威

---

① 如《刑法》第20条第3款规定:"对正在进行行凶、杀人、抢劫、强奸、绑架以及其他严重危及人身安全的暴力犯罪,采取防卫行为,造成不法侵害人伤亡的,不属于防卫过当,不负刑事责任。"该条款中"其他严重危及人身安全的暴力犯罪"便是法律语言模糊性的一种表现。由于现实生活中暴力犯罪表现形式多种多样,各种暴力犯罪层出不穷,法律难以一一加以表述,为了弥补这一不足,该条款在列举了典型暴力犯罪法律现象后,再加以"其他严重危及人身安全的暴力犯罪"这一模糊语,就使得该条文论述严密。又如,按照《婚姻法》的规定,准予夫妻离婚的条件是"感情确已破裂",但感情已破裂是个非常复杂的问题,有各种各样的表现形式,很难给出一个精确的定义,只能用概括性的词语表达。

② 伍巧芳:"法律语言模糊性的法理分析",载《江西社会科学》2009年第6期。

性的重要保障。① 语言的有限性和模糊性使得几乎没有一部法律是完全明白清晰的，而立法语言的模糊性恰恰使其具有一定的开放性，这种开放性使法官在面对不断发展变化的社会现实时，能够在保持法律自身稳定性的前提下，通过补充模糊性语言的内涵，将适应社会发展需要的新内容和新价值吸收到法律中来，法律因此不动声色地发展着，法律的变与不变这个两难命题也得到一定程度的均衡。在模糊出现的地方，正是需要价值补充的地方，法官则是当之无愧的价值补充者。(2) 法律语言的模糊性有利于准确表达立法原则的概括性，实现立法的科学性。客观存在的法律现象千差万别，无穷无尽，有的无法量化，有的无法用确切的语言表达。立法的科学原则要求一方面必须正确处理超前、滞后与同步的关系，要尽可能选择最佳的立法形式、内容，要顾全全局并做到全面、系统，与此同时还要区分轻重缓急，合理安排；另一方面，要注意各种法之间的纵向、横向关系的协调，法的内部结构协调一致；要注意立法的可行性。面对这些要求，要在进行抽象、概括、归纳、判断、推理的基础上制定具有普遍指导意义的立法原则就必须借助概括性强的模糊性语言。法律语言的模糊性为法律解释提供了可能，从而使概括的、抽象的规则适用于具体的行为和个案②。(3) 法律语言的模糊性为辨证推理的使用提供了契机，使法官有可能创立新的法律原则，进一步推动法律的发展。辨证推理是指在两个相互矛盾的，都有一定道理的陈述中选择其一的推理。在司法实践中，立法者事先没有预见或不可能遇见到的情况不时出现在法官面前，如何处理这一案件存在着不同的理由和方法，或者法律虽有规定，但如果法律的规定是原则性的、模糊的，以至可以根据同一规定提出两种或多种对立的处理理由时，就需要法官通过辨证推理的方法，根据一定的价值观和法律信仰进行选择。此时，他必须从政策、公理、公共道德、习俗等方面出发，综合考虑与平衡，在相互冲突的价值之间

---

① 以美国联邦宪法为例，立法者使用了大量诸如"平等保护""正当程序""公民自由""言论自由"等模糊性表达，而这正是其自1787年制定以后，在保持宪法稳定性的前提下，使其不断随社会的发展而发展，维护法律统一的重要原因。

② 法律解释之所以必要，主要是由于以下原因：首先，虽然法律规范应当内容清晰，界限分明，没有歧义，务求表达清楚，意义确切，造句严谨，文字鲜明、正确，但概括性和抽象性是制定法的一个基本特点，制定法是针对一般的人或者事的行为规则。只有经过法律解释，抽象的、模糊的规则才能适用于具体的行为和案件。其次，制定法具有稳定性，法律一经制定，就必须保持相对的稳定性，不能朝令夕改。法律语言的模糊性为法律的解释提供了可能，使法律无须修改就可与社会发展保持一致，适应社会需要。最后，人的能力是有限的，所制定的法律不可能是完美无缺的。实践中，法律条文相互重叠、冲突、矛盾，文字表达不清，该规定而未规定的情况难以避免，尤其是法律语言模糊。此时，只有经过法律解释，法律才能趋于完善。因此，法律语言的模糊性客观上孕育了法的发展的一个特殊机制，即在不断地解释过程中，法的内容得以充实、丰富和富有时代感。

确定具有优先地位的价值，从而根据案件的具体情况作出具有最佳社会效果的裁定和判决。因此法律文本中模糊语言为法官辨证推理的使用提供了契机。①

黄萍在《试析立法语言的模糊现象》一文中指出，精确性堪称立法语言的灵魂与生命，但在实践中，立法语言却呈现大量的模糊现象。这主要是因为立法语言作为自然语言的一种，逃脱不了自然语言模糊性的樊篱。作为法律语言，法律本身的专业特点又使其必然呈现模糊性。然而，立法模糊语言有时会发挥其积极的语用功能，增强立法的精确性以及扩大立法的适用性以此来克服法律本身的一些局限。黄萍认为，立法模糊语言增强了立法的精确性。精确与模糊本身就是一对相悖的概念，绝对的精确是不存在的，要准确地反映和表述客观事物和现象必须使用模糊语言，这也就是所谓的"以模糊求精确"。因此在立法中，表达难以确定的或无须确定的时间、空间、数量、频度、程度等细节时，模糊语言就发挥了它的语用功能。立法模糊语言扩大了立法的适用性。法律需要很强的概括性，可以被反复地适用，这是法律自身的特点和要求。②

周广然在《谈确切词语和模糊词语在法律语言中的作用》一文中指出，一方面，由于立法语言所表述的法律和法规是调整整个社会的法律规范，因此不仅要求准确、具体，同时还要求周密而完备。这就决定了立法语言既要选用确切词语，也要选用模糊词语。因为立法语言所表述的各种法律行为各自的本质属性是不能随意改变的，所以凡是与认定合法与非法、罪与非罪、轻罪与重罪、有权利与无权利、有义务与无义务等有关的内容都必须使用确切词语，但是，另一方面，由于社会生活的复杂性和多变性，作为规范整个社会的法律条文，无论使用什么样的确切词语都无法把这千变万化的形形色色的行为方式、行为对象、行为结果、客观情节、主观态度等全部、具体、准确地规定在法条之中。也就是说，反映这些具体内容的概念的外延是无法准确而明晰地划定的。因此，在表述这些内容时，就必须适当选用一些具有一定概括性的模糊词语，以便使这些法律概念的外延扩大到法律所需要的范围。只有这样，才能体现出法律疏而不漏的特点。如果把所有法律条款中的模糊词语全部去掉，或者改用确切词语，势必会失去法律语言的准确性和严密性。这样一来，就势必会使现实中大量的违法犯罪行为不能受到应有的法律制裁，使大批违法犯罪分子逍遥法外，社会局面也将不堪设想。由此可见，模糊词语在法律语言中的作用就是要把法律所规范的范围扩大到法律所需要的程度。因而，模糊词语对立法语言是不可或缺的。③

---

① 杨德祥："法律语言模糊性对法律制度的影响"，载《云南大学学报》（法学版）2006年第4期。
② 黄萍："试析立法语言的模糊现象"，载《边疆经济与文化》2006年第8期。
③ 周广然："谈确切词语和模糊词语在法律语言中的作用"，载《政法论坛》1988年第6期。

袁华平在《法律英语的模糊性特征及其功能探讨》一文中指出，模糊语言在法律英语中的使用虽然受到限制，但其作用还是很重要的。(1)使语义更准确、精当，确保法律语言的周密和严谨。由于法律、法规带有强制性，任何组织和个人都不能随意变更和修改，而且一般时效较长。在此情况下，法律采用精确语言来概括可能出现的问题和解决的办法，就可能因形势的发展而给执法和司法带来障碍。所以，法律往往采用具有弹性、内涵丰富的模糊语言，不仅覆盖面广，而且语义更加准确、精当，疏而不漏，使之能更准确地表述法律，最大限度地保护公民的权利和打击犯罪。① (2)增强语言表达的灵活性和语言的效率。由于模糊语言能增加语言表达的灵活性，它就成了人们实现其交际目的的主要工具。在法律事务中，特别是在外交场合，为了避免把话说得过死、太绝，而拴住自己的手脚，说话人往往运用模糊语言来表达自己的观点②。(3)体现法律的人文精神。法学本质上是人学，法律在适用过程中必须注意到法律本身对人的尊重和关怀。如在涉及强奸、猥亵、侮辱、诽谤等行为的刑事或民事案件中，必然要涉及当事人隐私的内容。对这部分内容进行精细的描写，必然有悖于社会公共道德和社会良好风尚，是对受害人感情的再一次刺激和对其隐私权的严重侵犯，往往会造成恶劣的影响。这时，模糊语言的使用就可以避免这种严重后果的出现。总之，法律语言具有具体、简洁、严谨、清晰的特点，但是，适当地使用模糊语言会使法律条文更准确、精当，确保法律语言的周密和严谨，增强了语言表达的灵活性，提高了语言表达的效率。③

---

① 例如，某国《婚姻法》第37条第2款就离异双方对子女生活费有这样的规定：关于子女生活费和教育费的协议或判决，不妨碍子女在必要时向父母任何一方提出超过协议或判决原定数额的合理要求。(Article37: The agreement or court judgment on the payment of a child's living and educational expenses shall not prevent the child from making a reasonable request, when necessary, to either parent for an amount exceeding what is decided upon is the said agreement or judgment) 这里的"必要时 (when necessary)"; "合理要求 (a reasonable request)"均为模糊语言。如果孤立地看这些词语的语义都比较抽象、模糊，但若联系实际来审视，就感到恰如其分，非常贴切，其内涵丰富，表达也周密、严谨，比用精确的数字表示更准确，也更符合社会生活的实际情况。

② 例如，在《中华人民共和国和美利坚合众国联合公报》中有这么一段：……and that it intends gradually to reduce its sale of arms to Taiwan, leading, over a period of time, to a final resolution. (……它(美国)准备逐步减少它对我国台湾地区的武器出售，并经过一段时间导致最后的解决。) The two sides will maintain contact and hold appropriate consultations on bilateral and international issues of common interest. (双方将就共同关心的双边问题和国际问题保持接触并进行适当的磋商。) 对于究竟何时停止向我国台湾地区出售武器，用gradually reduce (逐步减少)，而未说明具体时间。Maintain contact (保持接触) 和 hold appropriate consultations (进行适当的磋商) 都是模糊词语，用来表示一些未定的概念，但在这里用却是恰如其分，非常贴切。考虑到国际风云变幻，这些模糊语言比用精确的数字表示更准确，也更有灵活性和执行力。

③ 袁华平："法律英语的模糊性特征及其功能探讨"，载《当代教育论坛》2007年第9期。

江振春在《法律语言中模糊语言的语用功能分析》一文中指出，法律语言中模糊语言具有很强的语用功能。（1）准确化功能。当人们孤立地、静止地考察事物时，往往容易看到事物的确定形态，获得事物的精确认识；而联系地、发展地考察事物时，事物的性质、状态和类属就不那么确定了，因而容易出现认识的模糊性。法律工作者要准确地反映和表述客观事物和法律现象就必须使用模糊语言。模糊和精确似乎是两个相悖的概念，而事实上，由于人的思维具有模糊性的特征，客观事物和法律现象虽然有时是清楚和明确的，但是人们却利用模糊判断和推理来准确把握事物和现象的内在本质。Channel认为模糊语言具有提供适量信息的功能，信息适量就意味以模糊求精确。但是"适量"本身也是模糊的，何谓"适量"缺乏科学的标准①。模糊与精确是对立统一的，在一定条件下向其对立面转化，这是辩证的规律在语言学中的正常反映。（2）补缺功能。在立法中，立法者有时恰恰运用模糊语言的功能来弥补法律语言的缺欠，甚至能够克服法律的一些局限性。语言词汇中的模糊性在某些情况下是一种障碍，在另一些情况下却是优点。立法者主动地、有意识地采用模糊的方法使颁布的法律具有很强的张力和适用性②。法律文本中模糊语言具有很大的弹性。正因为在现实中有些认识对象难以精确把握，立法者放弃对之加以精确把握的徒然努力，而只在立法中设置几条相对明晰的界限后再加兜底的模糊条款以弹性规制。以法律的弹性或模糊语言应付认识对象的复杂性、变动性和连续性，以一驭万，造成法网恢恢、疏而不漏的效果。在这里，法律的这种弹性或使用模糊语言的目的是解决立法者认识能力的有限性与认识对象的无限性、复杂性和变动性之间的矛盾。模糊语言可以增强法律语言的灵活性，从而使法律更具适应性、灵活性和周延性。模糊功能使有些法律概念的外延不确定，或者使它的概念具有伸缩性，从而使之表现出开放性和张力，进而使法律表现出较大的适用性、周延性和完备性。因此就立法而言，模糊性有时恰好是一个优点，因为它能够确保在立法条文不经常修改的情况下，法律对社会变化表现出更强的适用性，而且这种模糊性可能恰好更有适用性。③

---

① 语言学家Grice提出了"适量"的量化原则：第一，你所表达的信息量符合一定要求，即符合目前信息交换的目的。第二，你所表达的信息量不应该超过此要求。所以，在法律语言中，只要提供了适量的信息，满足了信息交换的功能，即使运用了模糊语，这也是以模糊求精确的一种方法。

② 例如，紧急避险超过必要限度造成不应有的损害的，应当负刑事责任，但是应当减轻或者免除处罚（《刑法》第21条第2款）。放火、决水、爆炸、以及投放毒害性、放射性、传染病病原体等物质或者以其他危险方法致人伤害、死亡或者使公私财产遭受重大损失的，处十年以上有期徒刑、无期徒刑或者死刑（《刑法》第115条第1款）。其中"必要限度""不应有的损害""减轻""其他危险方法""重伤""重大损失"等都是模糊词语，这样的模糊词语在法律法规中随处可见。

③ 江振春："法律语言中模糊语言的语用功能分析"，载《南京审计学院学报》2004年第3期。

2.4 法律语言模糊性的弊端以及克制

徐凤在《法律语言的模糊性及其克制》一文中指出，精确性和模糊性是人类自然语言的两个重要特征。法律语言是精确性语言和模糊性语言的集合，法律语言正是在准确性和模糊性之间求得平衡的。法律语言适当的模糊具有正当性，但不加区分的、不加克制的模糊则有损法律的统一、尊严和权威。因此，我们应该看到法律语言模糊性的弊端，并对法律语言的模糊性特别是不适当的模糊予以克制。法律语言尽管是精确性语言和模糊性语言的集合，但精确性语言还是应占绝对优势地位的。人们之所以强调和追求法律的精确性，是因为法律语言的模糊性会导致法律的不确定性，而法律的模糊性和不确定性的局限和危害甚多。对此，法律的文字表述应当尽可能具体明确，使之具有可操作性和实际可行性。法律条文中如果原则性的规定太多，不仅容易造成有法难依，难以解决社会生活中需要依法解决的实际问题，而且还会损害法制的尊严和权威。再则，由于法律比较原则，不同的人往往会对法律产生不同的理解，甚至有人会钻法律的空子，违反立法的原意和初衷。法律语言的过度模糊所导致的结果就是将"剩余立法权"或"剩余立法解释权"授予了司法机关或行政机关，即间接的授权立法。这种授权立法在没有任何约束和控制的情况下，无疑是极为危险的，它极易导致行政权和司法权的专断和专横①。我国在法制建设之初所遵循的立法原则是"宜粗不宜细"，这一原则反映了立法者希望法律简单明了、便于普及的良好愿望。法律语言应该简单明了，这种要求无疑是合理的。"宜粗不宜细"的初衷是为了法律的普及，但实践证明，往往事与愿违②。由于现代社会的复杂性，法律也必然是复杂的，而不可能是简单明了的。由于法律必须以切实可行的、符合法律系统的方式回应大量的、不断变化的问题和冲突，法就只能变得更加复杂。法的复杂性是现代国家的社会复杂性的镜子。因此，制定"简单、粗线条"的法律这一美好的愿望必须抛弃。而这就要求对法律语

---

① 在历史上，曾经出现过这样的教训。在德国魏玛宪法时期，立法机关事实上几乎把自己的立法权全部转让予行政机关，不仅无限制地授权行政机关制定普通法律，而且也授权行政机关修改宪法，这一规定使法律和行政法规之间的分际从此泯灭，最终造成了希特勒的独裁。因此在德国，鉴于这一教训，一直对授权立法非常慎重，以至于衍生出"授权立法的明确性原则"。

② 由于法律很粗糙，而有关机关在司法和执法时为了有章可循，不得不出台大量的司法解释、"实施细则"和规范性文件予以细化，这样就造成了法律（狭义）的粗糙和司法解释、规章以及规范性文件的细致，人们在执法、司法和守法时，不得不援引这些司法解释、规章以及规范性文件，而不再援引法律（狭义），长此以往，法律（狭义）就会被架空，变得空洞无物。"宜粗不宜细"是一种良好的但不切合实际的愿望。

言的模糊性予以克制，而不是大量地、不加节制地使用模糊性语言。①

江振春在《法律语言中模糊语言的语用功能分析》一文中指出，虽然法律语言中的模糊语言具有准确化功能、补缺功能等多种正功能，但是它的负功能也是显而易见的。法律文本中模糊语言具有以下负功能：（1）法律语言中存在的模糊语言有时使法律法规在现实中难以操作，不能操作的法律法规就如同一纸空文。（2）模糊的法律法规在法制不健全、司法人员素质不高的国家中，给那些司法人员留下了"权力寻租"的机会和空间。（3）模糊的法律通过事后选择这种或那种可能的解释，给予公诉人和法院变相制定法律的权力。（4）不适当的模糊的法律法规将损害公民的自由和权利。美国当代法学大师德沃金曾说模糊的法律将公民置于一个不公平的地位，即或者冒着危险去行为，或者接受比立法机关所授权的限制更为严格的限制。孟德斯鸠曾说过："法律不要过于模糊和玄奥，而应像一个家庭父亲般的简单平易，因为它是为具有一般理解力的人们制定的。"所以，我们要努力避免法律语言中模糊语言的负功能所带给我们的影响，我们可以通过三种方法来消除或克服模糊语言的负功能：（1）法律解释。法律解释成为法律语言语义扩张，确定概念新界限的首要手段，也成为克服模糊语言弊端的有力工具。（2）通过法律程序对原有的不适当的模糊的法律进行修改或废除。法律应该随着时代的变迁和社会生活发生的变化，适时作出修改或废除，这也体现了法律应该与时俱进的特点。大陆法系的国家主要通过这种方法来消除这种模糊性。（3）通过类似判例创造法律的方式来确定法律语义的新的界限，法官在新的判例中对已存在的问题进行阐释，努力消除这种模糊性，这在英美法系国家最为常见。②

杨德祥在《法律语言模糊性对法律制度的影响》一文中指出，虽然模糊性在法律语言的存在和运用中是不可避免的，但法学家们长期以来视精确性为法律语言的灵魂与生命，是立法者尽力追求的主要立法原则之一。过于模糊的法律只能使民众无所适从。同时，这种缺乏判断标准的法律无异于允许执法人员作出主观任意的或专断的判断。因此在制定各种法规时，必须充分考虑到词语的模糊性与伸缩性，尽量避免由于语言的模糊所产生的以下的消极作用。（1）法律语言具有的模糊性有可能使法律偏离法治的标准，甚至沦为

---

① 徐凤："法律语言的模糊性及其克制"，载《首都师范大学学报》（社会科学版）2013年第1期。

② 江振春："法律语言中模糊语言的语用功能分析"，载《南京审计学院学报》2004年第3期。

专制的工具①。但法治理想应当包括对最低限度模糊性的承诺。尽管以一项详尽具体的法律取代一项模糊的法律，并不必然使社会朝法治理想推进一步，但只要模糊的立法为专制统治提供了可乘之机，法治就不可能完全得到实现。因此，现代法治国家为防止行政权的滥用，皆明确规定国家机关的职权由宪法和法律授予，其权力必须依法行使，一切机关、组织、个人都必须以法律为根本活动准则，其目的就是防止违背法治原则，防止专制和擅断。（2）法律语言过于模糊，有可能使法律脱离原来的立法目的，甚至相互冲突，造成适用上的不便。每一部法律都有其价值层面的特定追求，而过于模糊的法律规范则可能使法律在适用时脱离其原有的立法目的，而被执法者作为一种恣意妄为的工具加以使用，这种模糊性便成为自由裁量权的滥用或非法使用的一种伴生物，不能很好地实现法律的功能。并且，法律由于其抽象性、概括性而产生的模糊性，可能造成针对不同情况各法规的适用不一致而导致相互冲突的情况，这也容易使得执法者在适用法规时无所适从。更有甚者，如果由于法律语言的模糊无法明确透过解释途径来包容新生事物，在法律不轻言修改的前提下，便有产生法律漏洞的可能。因此，法律语言过于模糊，必然影响立法表达的规范化，而立法表达的规范化是良法形式标准的核心问题。因为一部良好的法律客观上要求法律格式、体例安排合理，法律规范的结构设计准确之外，还要求法律语言的使用得当，法律的模糊性条款应当适度。（3）法律语言的模糊性容易使公民无法明确自己的权利和义务，引起诉讼，甚至殃及无辜。法律是调整人类社会关系的一种工具，因此必须明确每一法律关系各方具体的权利义务，才能起到"定分止争"的作用，达到社会稳定的目的。人们能通过法律找出自己行为的指向，按照法律的要求享有权利、履行义务，以此来划定个人与个人、个人与社会之间的界限。在这种情况下，法律语言的表达必须是明确的，如果这时的表述仍然模糊不清，人们就无法确知其真正含义，或对其含义争执不清，从而引起法律纠纷。在刑法领域，这种模糊性就可能混淆罪与非罪，从而危害公民安全，侵犯公民的权利与自由。因此，刑法的罪刑法定主义要求对什么是犯罪以及对犯罪处以何种刑罚都由刑法条文明确予以规定，法无明文规定不为罪、

---

① 孟德斯鸠在他的《论法的精神》中谈道："中国的法律规定，任何人对皇帝不敬就要处以死刑，因为法律没有规定什么叫不敬，所以任何事情都可拿来作借口去剥夺任何人的生命，去灭绝任何家庭。"他列举了两个例子：一个例子是有两个编邸报的人因报道不实，被指控为对朝廷不满，两人因此被处死；另一个例子是一位亲王由于疏忽，在未批的上谕上面记了几个字，于是被断定对皇帝不敬，而遭灭族。孟德斯鸠因而认为罪之不明，足以使一个政府堕落到专制主义中去。因此，一个社会距离法治的程度与法律的模糊程度息息相关，就如社会距离法治的程度和政府官员忽视法律程序的程度相一致一样。

不为刑。明确性作为罪刑法定主义之"法定"化的题中应有之意,就成为罪刑法定主义的重要派生原则。因此,刑法条文必须清楚地规定犯罪与刑罚之间的关系,使用清晰的语言描述犯罪的要件,对于概括性或模糊性的表述尽量不用或者少用。因为罪刑法定原则,比方说,由于模糊的、不精确的法规而受到侵犯的话,那么我们能够自由地去做的事情就同样是模糊的、不精确的,我们的自由的界限便是不确定的。在这种情况下,人们对行使自由就会产生一种合理的担心,从而导致对公民自由的限制。[1]

2.5 法律文本中模糊语言的翻译

肖云枢在《法律英语模糊词语的运用与翻译》一文中指出,在英语的词汇系统中,有些词语的含义是确切的[2],而有一些词语,其含义带有明显的模糊性[3]。语言具有精确性和模糊性的双重特性,这是由语言的客观属性决定的。法律英语用词最重要的特点是准确。所以,法律英语的翻译,首先的标准是准确,即通常所谓的"信",这是不言而喻的。但是,法律语体的精确性、严密性并不能否认模糊词语在法律文书中出现的事实。在法律文书翻译中,遇到模糊词,要根据上下文,反复进行推敲,选择适当的词语进行表达,从而使译文准确而得体。一般来说,在法律英语中,对模糊词可以采取以下几种翻译方法:(1) 对等译法。语义虽然存在模糊性,而且英汉两种语言中词语的模糊性也不尽相同,但这并不妨碍这两种不同语言之间的直译。事实上,在有些情况下,尤其是在法律文件起草人可能是有意使用模糊词语时,我们可以采取模糊对等翻译,即用一种语言的模糊词语去翻译另一种语言的模糊词语[4]。(2) 增词法。所谓"增词法",就是指根据原文的精神实质,为使译文更忠实通顺地表达原文的思想内容,而增加适当的模糊词语,而不是机械地保持原文与译文之间在词量上的对等[5]。(3) 变异译法。有时,一种语言中用一个词表达模糊概念,

---

[1] 杨德祥:"法律语言模糊性对法律制度的影响",载《云南大学学报》(法学版) 2006 年第 4 期。

[2] 如 "five miles" (5 英里)、"ten kilograms" (10 千克)、"six o'clock in the morning" (早晨六点) 等,对这类含义确切的词语,我们称之为确切词语。

[3] 如 "toward" (将近)、"proper" (适当的)、"many" (许多)、"serious" (严重的) 等,对这类含义不确定的词语,我们称之为模糊词语。

[4] 例如,英语中的 "perfect" "common" "general" 三个模糊词语,分别可译成 "完善的" "共同的" "一般的"。

[5] 例如,The procuration of women and girls for purposes of prostitution, and the causing and encouraging of such persons to prostitute themselves, are offences punishable by terms of imprisonment. 介绍妇女为娼以及致使并鼓励妇女卖淫均为犯罪,应判刑期不等的徒刑。译文中增添了具有模糊语义的词组"不等"。

可在翻译时却用另一种语言的非对等词来表达相同的模糊概念，这就是模糊变异译法。在法律英语中，有时出现具有虚指作用的数词，这时可采用此法翻译①。(4) 根据具体情况，灵活处理。翻译就是用一种语言来表达已用另一种语言表达出来的思想，它涉及的两个方面就是对一种语言的正确理解和用另一种语言来准确地表达。由于英汉两种语言的差异所在，对于法律英语中模糊词语的翻译，有时候可以在不影响理解的基础上，灵活处理。比如，在一种语言中用的是语义精确的表达方式，而在翻译时却可根据具体情况，译为模糊词语，即化精确为模糊。反之，原文中用的是模糊的表达方式，翻译时却可化模糊为精确。例如，It is two and two make four that the corporal punishment administered by the defendant was minimal, and not excessive. 很明显，被告所施加的体罚属最低限度而并未过当。"two and two makes four" 是确切词语，这里译作模糊词语"很明显"。②

李康熙、李为山在《分析法律英语模糊词语的运用与翻译》一文中指出，尽管法律英语中模糊词语的运用存在一定的限制，然而其本身依然具有不可取代的作用，并且通过模糊词语的运用也能够保证法律条文中语言的准确性与严谨性。那么，在法律英语中，模糊词语的翻译也需要掌握一定的技巧。(1) 保持语意相同。保证法律英语翻译的语意相同也就是将原来的模糊词语与模糊词语进行对等翻译，尽管这种翻译上的对等并不是绝对意义的"相同"，然而基于模糊的角度而言却有很大的相似度，同时这也是对法律英语中的模糊词语进行翻译的主要方式之一。(2) 功能相同。法律英语翻译要保证功能相同，也就是在翻译的过程中保证译文和原文在阅读上体现相同的功能。通常这种形式的翻译会运用于法律英语中模糊词语表达调节、保护等词语功能时③。(3) 变异翻译。在进行法律英语翻译时，需要用到一个词对模糊的概念进行表述，在翻译时却通过另外一个对等的词语对该概念进行表述，这种翻译方式被称作变异翻译。法律英语经常会有一些代表虚拟作用的数量词，那么遇到这种情况便可

---

① 例如，The state constitution provides that it is lawful for the citizens to carry guns. In recent years hundreds and hundreds of innocent people have died of this and one need not look for a lesson. 该州法律规定，公民携带枪支是合法的，正因为如此，最近几年成千上万无辜的人惨遭身亡，教训历历在目。hundreds and hundreds of 的意思是"几百"，这里译作"成千上万"，这是模糊变异译法。

② 肖云枢："法律英语模糊词语的运用与翻译"，载《中国科技翻译》2001年第1期。

③ 例如，In accordance with the provisions of the criminal law does not apply to the death penalty trial for expectant mother. (按照我国刑法规定审判时怀孕的妇女不适用死刑) 在此句中"expectant mother"在翻译时便作了简化，按照原意翻译为"准妈妈"，但是这种表达方式在法律中并不能和中国文化相融合，所以在翻译成中文时则要翻译为"孕妇"。

通过变异翻译的形式进行翻译①。(4) 结合实际情况灵活处理。因为英文和汉语之间存在很大的差异,所以在对法律英语中模糊词语的翻译时则要考虑实际的语言环境,要与上下文进行结合,并反复推敲,选择最为恰当的词语对原文进行表述。②

---

① 例如,People can't carry guns, or there will be hundreds of people who are at risk. (公民身上不能携带枪支,否则会有成百上千的人面临危险) 在该句中 hundreds 本来的释义为"几百",而在这里却被译为"成百上千",这也就是模糊词语的变异翻译。
② 李康熙、李为山:"分析法律英语模糊词语的运用与翻译",载《海外英语》2017 年第 1 期。

3 法律语言模糊性的对立面：法律语言的准确性

法律语言的准确性和模糊性都是法律语言的特征。如"原告""被告""诉讼证据"等就是准确的法律语言；而"情节轻微""数额巨大"等就是模糊的法律语言。准确性是法律语言的灵魂与生命。或者说，精确是法律的生命线。与科技、文学等其他语言相区别，法律语言最为显著的特征就是它的准确性或精确性。法律语言之所以对精确性有较高的要求，与法律工作的特点不无关系。比如，全体公民的行为规范、人们的行为准则，是通过立法语言表达出来的，法律语言通过法律严谨地表现出来，要求公民不容置疑地遵守，它因此也成为行政、司法人员的执法和司法的依据。法律语言在词语的选用上不仅充分体现了庄严与权威，同时也力求语言无懈可击，精确严密，否则，就不利于法律的实施。因此法律语言应该尽量避免使用那些意义模棱两可或外延较大的语词。研究法律语言的准确性和模糊性，我们首先应当对"法律语言"的概念作一界定。

关于法律语言的定义有很多，目前在我国关于法律语言的定义主要有以下几种：(1)"法律语言是贯穿于法律的制定、研究和运用过程中的语言文字表意系统"[1]。(2)"法律语言是民族共同语在一切法律活动（包括立法、司法和法律解释）中具体运用的语言"[2]。(3)"法律语言是以民族共同语为基础，在立法和司法等活动中形成和使用的具有法律专业特点的语言"[3]。上述定义都强调了法律语言运用于法律活动的特点和从属于语言的范畴的特征，毋庸置疑，法律语言从属于语言的范畴，但上述定义中仅将法律语言的适用范围界定在立法和司法范畴，其对法律语言的定义过于狭窄。随着社会的发展，法律调整范围的扩大，它已不仅运用在立法和司法领域，同时更多地向行政和经济领域扩展，它的使用对象不仅局限于立法和司法范畴，还包括行政管理事务、经济活

---

[1] 刘红婴：《法律语言学》，北京大学出版社 2003 年版，第 9 页。
[2] 王洁：《法律语言学教程》，法律出版社 1996 年版，第 1 页。
[3] 邱实：《法律语言》，中国展望出版社 1989 年版，第 1 页。

动、外交活动及法律教学等,所以应对法律语言做广义的定义,由此法律语言可以定义为,法律语言是以本民族语言为基础,运用在立法、执法、司法及一切运用于法律领域的符号表意系统。

虽然法律语言属于语言的范畴,但由于其适用对象的特定性,也表现出与一般语言的差异性,主要表现在法律语言词汇和句子的单义性和一般语言词汇和句子的多义性。在一般语言词汇中,许多词汇具有多义性和词义的灵活性。即一个词语可能有多种意义表示,或者由于其一字多音,不同的发音又表示不同的意义。而法律语言虽然源于语言,但严格限制词汇的多义性。法律语言中单音词汇占绝对优势,并且通过对这些法律用语的词汇的界定使每一个词汇仅表示唯一的意义,避免产生歧义。① 除了法律用语中词语不能出现歧义外,整个句子也不能出现歧义。② 此外,一般语言在不同语境中有不同的表达含义,对语境的依赖性较高。③ 而法律语言的句法要求严格,通常不依赖于语境就可以清晰地表达其意义,法律用语中的每一个词汇、句子的结构是清晰的、独立的,无须借助于更多的语境和语法分析就能够确定其意思④。必须指出,在法律用语中如果语言有歧义,则提供有歧义的法律用语的一方将承担法律责任。⑤ 总之,法律语言对准确性要求较高,语境依赖程度较低,法律语言的句法非常严格,其结构严谨,表述清晰,不能产生任何歧义,而一般语言则依赖于语境表达意义,容易产生歧义。⑥

---

① 例如,汉语中的"还"字是个多音字,"还欠款"就会有两种理解,一种是还(hái)欠款,另一种是还(huán)欠款,这样会产生歧义和纠纷,而在法律语言运用中可表述为"偿还欠款""尚欠款"等,这样可以消除歧义。

② 例如,供货商向买家发出要约:"这种衣扣五元五十粒"。这句话可理解为"五元钱"能买"五十粒",也可以理解为"五元五角"能买"十粒"。因此法律工作者甚至普通人在创制法律语言时要仔细推敲,反复斟酌,不能出现歧义。

③ 如"咬死了猎人的狗"就有两种理解:A."猎人的狗被咬死了";B."猎人被狗咬死了",到底是何种意义就依赖于语境。再如"我想起来了",可表示"我想起身了",也可表示"我想到了",也取决于"语境"。

④ 例如,在刑法中对故意杀人的处罚表述为"故意杀人的,处十年以上有期徒刑、无期徒刑或死刑",这一条款清晰地表述了对故意杀人的处罚刑种和处罚范围,不依赖于任何的语境。

⑤ 例如,河南一单位向广州一家商场购买了一批服装,要求在春节前到货。后来货物未能如期到达,河南方面想退货,打电话征求广州方面的意见。广州方面回电:"不要退货。"河南方面就把货退回来了。而广州拒绝接收。于是引来了一场官司。原来广州商家的意思是:"别退货"。河南方面理解为:"不要,退货"。结果是河南的单位败诉,广州商家赔偿由此造成的损失。

⑥ 肖宝华、孔凡英:"浅析法律语言",载《南华大学学报》(社会科学版)2005年第1期。

3.1 法律语言准确的必要性

法律语言的准确性是同法律语言的模糊①性相对应的一个概念，它指的是法律语言的每个语词都应当明确、严密、贴切，以便使立法者或执法者所选择词语意义与其试图传递的特定信息高度吻合。准确之所以被作为立法语言应用中最基本的要求和最重要的标准，是因为立法者希望能对社会大众造成最为特殊的影响，即实现对社会大众的个体行为甚至群体行为的预期控制。准确是立法语言的灵魂，是法律本质的内在要求。有时即使一字、一词、一个标点之差，都可能影响到法律的正确实施，后果不堪设想②。具体来讲，法律语言准确性的必要性可体现在以下三个方面。

（1）法律语言的准确性是法治的要求。法律工作的特点决定了法律语言的用词必须精确。在一个法治社会里，法律具有最高的权威，任何人或组织都必须在法律的范围内活动，不得逾越法律的界限，否则就要受到国家强制力的制裁。基于此，立法者要通过准确运用法律上的语言文字将国家的立法思想和具体的法律内容表达得恰如其分，使得无论是执法者抑或是全体公民均能清楚地

---

① 模糊与歧义是不同的概念，但歧义是产生模糊的原因之一。在法律语言中，适当使用模糊词语是允许的，有时也是必要的，但在运用过程中，必须注意词语的模糊性与词语歧义的区别。模糊词语是表述外延不明确的概念的词语，如情节严重、合理的注意义务等，没有可供参照的确定的标准来界定范围，因此它们是模糊词语；而词语的歧义则不同，它是由于一个词有一个以上的含义而引起的，但词语的各含义之间界限是明确的，如一借款纠纷，被告向原告借2000元钱，数月后，被告欲先还500元给原告，但被告到原告家时，只有原告之父在，原告的父亲应被告的要求，写一收条"还欠款500元整"。后原告要求被告偿还剩余1500元欠款时，被告坚持收条含义为"还"（hái）欠款500元整，即已还1500元，仅500元未还，双方争执不下，诉诸法院。此案的问题，其实正是由于"还欠款"一词的歧义而产生的。依原告解释，"还欠款"应读作"还"（huán）欠款，"还"为动词；而依被告解释，"还欠款"应读作"还"（hái）欠款，"还"为副词。双方的分歧，不是产生于"还欠款"一词的外延界定，无论依何方解释，这一词的外延是明确的，双方争执的原因其实在于"还欠款"一词有两种不同的含义，而这两种含义之间并无相通之处，这就是因词语的歧义性造成纠纷的显著案例。模糊词反映了人的思维方式，在一定条件下，它的高度概括性可以起到更准确、更全面的作用，如果说模糊词语在法律语言中的正确运用有其必要性的话，那么在法律语言中，对这种因语义棱两可引起的歧义性是要绝对避免的。

② 以《宪法》的修改为例，2004年3月14日《宪法修正案》通过时，曾删除了一个逗号。为了删改这个逗号，全国人民代表大会主席团向代表们提交了长达四百五十余字的解释和说明。修正案草案表述为："……可以依照法律规定对土地实行征收或者征用，并给予补偿。"在审议时有代表提出，规定中的"依照法律规定"，是只规范征收、征用行为，还是也规范补偿行为，应予明确。大会主席团经研究认为，宪法修正案草案规定的本意是："依照法律规定"既规范征收、征用行为，包括征收、征用的主体和程序，也规范补偿行为，包括补偿的项目和标准。为了避免语言理解上的歧义，建议在最终的定稿中将草案规定中"并给予补偿"前面的逗号删去。去掉一个逗号就清晰地表达立法原意。而一个逗号之差，直接关系到公民、集体财产能否得到有效的保护。

了解作为一国的公民,他们拥有何种权利和义务,进而了解法律许可哪些行为、禁止哪些行为、如果违法将承担什么后果。立法语言的准确性向来是立法者的追求,也是立法者维护法治的手段之一。

法治是"已成立的法律获得普遍的服从,而人们所服从的法律本身又应当是被制定得良好的法律"。① 法律获得人们普遍服从必不可少的一个前提条件是法律应当为人们所熟知。人们应当对与自己有关的各种法律都尽可能多地去了解,以方便人们把握和规范自己的行为。而人们要了解法律的具体内容,知道何种行为是可取的、何种行为是禁止的,就要求立法语言必须是清晰的、明确的。唯有如此,才能使得法律获得普遍的遵从。否则,如果对同一个法条产生了诸多不同的理解,那么就有可能产生法律适用上的混乱,从而有损于法律的权威,同时也影响人们对于法律的遵守。

法律语言的准确运用可以促进法治的进程。通常我们所说的法治指的是民主的制度化和法律化,是任何机关和人都依法办事,法律得到普遍的遵守,其中的法律必须为体现公平和正义的良法。在法治进程中,法律语言的准确运用会起到助推器的作用。法国法学家托克维尔说:"美国几乎所有的政治问题都迟早要变成法律问题,所有的党派在他们的日常活动中都要借助于法律语言。"② "如果一个社会崇尚法治,那么法律语言会成为广受推崇的语言"。③ 在依法治国过程中,如果由于对法律语言把握不准,立法条文语义含混、逻辑不清,就会产生歧义,影响法律的权威,降低人们对法律的信仰,动摇人民对国家的信任、对政府的信任和对法治的信任。法律文书是具有法律效力的文件,如果由于司法执业者缺乏对法律语言的推敲,大量使用含混的语言,意思表达混乱甚至矛盾,就会降低司法机关的公信力。这些问题在一定程度上影响了法律的正确执行和适用,亵渎了法律的尊严,损害了国家司法机关的声誉,必将阻碍依法治国的进程。相反,法律语言的准确运用和表达则可以提高法律文件的权威性,为实现依法治国、建设法治国家打下坚实的基础。正如德国法哲学家哈夫特指出,"只有具备语言上的准确性,法学才能完成其在国家和社会中的使命。法律工作者必须将其表达的准确性铭记在心。""法律语言最好是确切的、简洁的、冷峻的和不为一种激情所左右的,以便把人类的共同生活调控到法治秩序的轨道上"。④

---

① [古希腊]亚里士多德:《政治学》,吴寿彭译,商务印书馆1965年版,第217页。
② [法]托克维尔:《论美国的民主(上卷)》,董果良译,商务印书馆1988年版,第310页。
③ 朱光潜:《西方美学史(上册)》,人民文学出版社1964年版,第128页。
④ [德]阿图尔·考夫曼:《法律哲学》,刘幸义,等译,法律出版社2004年版,第174页。

（2）法律语言的准确性是国家机关依法行使权力保护公民权利的要求。在立法工作中，凡属对法律事实、法律行为的叙述说明和对具有法律意义内容的认定，都要清楚明白，不能含混不清，必须使用含义确切的词语。如果立法时所用词语表义含混或有歧义，必然会给法律的实施或国家机关依法行使权力带来障碍，影响法律的权威性与公正性。

虽然国家机关依法行使权力的最终目标是保护公民权利，但国家机关的权力与公民的权利之间的关系一直以来是各界关注的热点问题。要处理好这两者之间的关系，必须寻找到一个合理的平衡点，既能使得公民基本权利得到有效保护，又能使得国家机关的权力得到高效地行使。而这些都离不开立法语言的准确性。唯有使立法语言准确地表达立法原意，才能在国家权力与公民权利之间划出一条明确的界限，可以有效地防范国家机关工作人员滥用职权侵犯公民的自由、权利，使得国家权力能被正确运用，从而作出民主、公正的决策，公民的不恰当的行为能被及时纠正，法律的权威性能得到有效保障。如果法律语言不准确，即法律语言是不清晰的，这就意味着国家公权力和公民的私权利的界限不清晰，国家公权力有可能进入公民的私权利领域，却无法受到法的制约，从而导致国家公权力的滥用，不利于公民权利的保护。众所周知，法律工作是由每一个执法者直接与人打交道，其工作的每一个环节都直接关系到当事人的权利甚至命运，特别是刑事案件，直接关系到当事人有罪无罪、轻罪重罪，关系到当事人一生的荣辱祸福，生杀予夺。所以，在法律语言的使用上，选词用句更要客观、准确，否则就可能失之毫厘，谬以千里，从而产生难以想象的后果。

（3）法律语言的准确性是纠纷高效解决的需要。首先，准确的法律语言起到定分止争的作用，有助于当事人双方正确地理解法律的内容，从而促进当事人双方自行依据法律的相关规定，结合具体的现实因素，协商解决双方存在的争议与矛盾。

其次，如当事人协商不成案件诉至法院以后，准确的法律语言有助于司法者准确地理解立法原意，从法的精神与原则出发，结合具体的案件事实，正确地选择应当适用的法律，公平合理地作出裁决，调和争议双方当事人的矛盾。因此，准确的法律语言有利于提高法适用的效率，从而更快、更合理公正地解决纠纷。[①]

[①] 杨颖："立法语言：从模糊走向明确"，载《政法论丛》2010年第6期。

3.2 法律语言准确性的总体要求

法律语言准确性的总体要求是法律语言必须具有科学性、客观性和逻辑性。

（1）法律语言应当具有科学性。马克思认为，法最终是由一定社会的物质生活条件决定的。法是掌握政权的阶级制定的，当然要体现掌握政权的阶级的意志和利益，但掌握政权的阶级也不能为所欲为，为了维护其执政地位，掌握政权的阶级也要遵循社会发展规律，因为社会发展规律体现了包括掌握政权的阶级在内的社会全体成员共同的利益。如我国已从计划经济转向社会主义市场经济，那么我国的法律也要体现市场经济的规律，要建立符合市场经济内在规律的法律体系，这才符合我国全体人民的共同利益。而社会发展规律根植于一定社会的物质生活条件。因此，法最终是由一定社会的物质生活条件决定的。而一定社会的物质生活条件就蕴含着一定社会的发展规律，法律的准确性就要求法律要体现由一定社会的物质生活条件所决定的社会发展规律。任何违背社会发展规律的事情都将注定不能长期存在与发展，法律也不例外。所以为了实现法律的准确性，法律语言的内容必须是科学的，是符合自然规律与社会发展规律的。

法律语言的内容应当具有科学性，要求立法机关进行科学立法。所谓科学立法是指在立法过程中要尊重和体现自然规律与社会发展规律。正如马克思指出的，立法者应该把自己看成是一个自然科学家。实际上，马克思就强调法律的科学性，要求在立法过程中要尊重和体现自然规律与社会发展规律。但如何尊重和体现自然规律与社会发展规律，还须作更为细致的认识分析。认识科学立法，首先要认识何为"科学"。"科学"（science）一词源自拉丁语 Scientia，即"知识"和"学问"。古希腊时期的科学概念，不仅包括自然科学知识，也包括人文社会知识，即不仅包括自然规律还包括社会发展规律。然而近代以来，伴随着人类改造自然界能力的不断增强，关于自然科学的知识积累远远超过人文社会科学，人们开始把科学等同于自然科学。在认识论上，科学实际上是一个复杂的概念集合体。对应科学概念的含义，科学立法要求立法过程中尊重和体现自然规律和社会发展规律，主要包括两个方面：一个方面是立法需遵循所调整的社会关系的客观规律，要注意人与自然的和谐以及人类社会发展的规律[1]。这实质上是强调立法的客观理性，是一种立法的理念和精神。另一个

---

[1] 例如，我国处于并将长期处于社会主义初级阶段，这就决定了目前我国不能实行"吃大锅饭"的共产主义制度，只能建立社会主义市场经济制度，因此我国必须建立符合社会主义市场经济内在规律的法律体系。

方面是立法要遵循立法工作本身的规律。这又分为两点：一是科学立法是一种科学合理的立法制度安排，其实质是专业化、规范化的知识积累；二是科学立法体现为立法技术的科学运用，这是工具意义上的，强调立法表现形式的科学化。

法律要受客观规律的影响和制约，并且不符合客观规律的法律一定会为符合规律的法律所取代。在最终的意义上，法律是被社会经济条件决定的。所以，立法必须遵从经济社会发展等客观规律。马克思指出：立法者"在任何时候都不得不服从经济条件，并且从来不能向经济条件发号施令。无论政治的立法或市民的立法，都只是表明和记载经济关系的要求而已"。[①] 同时，立法还必须遵从法律自身的规律，如章节条之间匀称协调、法律内容层层紧扣、法律规定周延细致、法律规则之间协调衔接、法律体系内在和谐等。只有如此，法律才能顺应自然和社会的要求，进而有效规制社会生活、调整社会关系，建构起理想的社会秩序。[②]

（2）法律语言必须具有客观性。法律作为一种调节人们行为的社会规范，它是由立法机关通过语言文字的形式向人们传达的，它告诉人们必须作出什么样的行为，什么样的行为是被允许的，什么样的行为是被禁止的。它是人们行为的指引，因此，它的内容不能是虚无缥缈的或者不可能实现的，而必须是客观的，否则将没有任何现实意义。例如，法律只能要求人们在行为时必须尽到"合理注意"的义务，在行使自己的权利时尽最大的可能不损害他人的利益，但是，法律不能要求人们去注意那些完全不可能预见到的事情，那将使人们长期处于过度紧张的情绪之中，从而不利于社会的安定和发展。

法律语言必须具有客观性，要求立法应当坚持从客观实际出发的理念。从实际出发、实事求是，是马克思唯物主义的基本原则。马克思在《共产党宣言》中指出，资产阶级的法"不过是奉为法律的你们阶级的意志，而这种意志的内容是由你们这个阶级的客观物质生活条件来决定的。"彭真曾指出："客观实际产生法律，实际是母亲，法律是儿子。"他对民法起草工作的同志提出："只有从我国客观的实际情况出发，按照社会主义法制原则，制定出我国的民法，才能行得通。"立法应当从客观实际出发要求法律必须符合当代我国最基本的国情与客观实际情况。任何时代的立法，都必须立足于那个时代特定的国情和客观实际。当前，我国立法要体现中国特色社会主义的发展道路，维护人民民主专政政权；体现社会主义初级阶段的基本特征，契合全面深化改革和全

[①]《马克思恩格斯全集（第四卷）》，人民出版社1965年版，第121-122页。
[②] 谢爱林："论法律语言的特点"，载《南昌大学学报》（人文社会科学版）2007年第1期。

面建成小康社会的要求；体现不同地区、不同民族、不同阶层的特点与利益，统筹兼顾各地区经济、社会、文化的现实情况。在立法中坚持问题导向，要从客观实际出发，以解决实践中存在的问题为出发点和目标，来决定立什么样的法。立法要及时解决经济社会发展中的迫切需要解决的问题，及时回答社会普遍关注的热点问题，增强立法的针对性。立法解决客观现实问题，在我国著名的例子如"醉驾入刑"的规定。"醉驾入刑"的规定，对有效解决醉酒驾车这一突出社会问题、保护人身财产安全，产生了十分显著的效果。因此，立法必须从经济政治文化和社会发展的客观需要与可能出发，正确反映社会的公共需求，只有符合了中国最基本的国情、最大的客观实际，才具有中国特色，才能站得住、行得通。

（3）法律语言应当具有逻辑性。语言作为法律的载体、思维的工具，必然受到法律表述内容和表述手段的制约。在立法工作中，无论草拟单个的法律文件还是编撰系统的法典，都要求逻辑结构具有严密性和系统性。司法语言在语言运用过程中所表现出来的语言逻辑力量，与立法语言的逻辑本质特征共同构成了法律语言学的特质之一。司法人员审理案件时，要运用语言和逻辑进行判断和推理，或证明、或反驳、或问话、或陈述、或辩论，都要用符合逻辑的语言去说服对方。对概念的阐述，对事实的判断、推理等过程，无不与逻辑发生密切的关系。①

法律对于全体社会成员具有普适性，而法律规定又都是通过语言表述出来的。如果立法中使用的语言不规范，逻辑不严谨，必然会导致法律适用的混乱。立法语言应该是"字斟句酌"的，人们对立法语言的审读也应该是"吹毛求疵"的。法律语言具有逻辑性才能使立法原意能够被准确地表达出来，才能使立法原意被人们正确地领悟。法律语言只有逻辑严密、无懈可击，才能为人们的行为提供一个具体的确定的标准，让人们依据这个标准而去作为或者不作为，才能对人们已经作出的行为或者不作为进行法律上的衡量，从而做到依法行事、依法治国。反之，法律语言不具有逻辑性，法律的意义就可能模糊，甚至有歧义，则会使得人们事先无法预料自己作为或者不作为的法律后果，而不知如何行事，不利于社会的和谐稳定。更有甚者，会使得有些不良居心之人利用法律的漏洞从事有损他人、集体、国家利益的行为，不利于社会的正常秩序和健康发展。因而，法律语言的逻辑性也像法律语言的科学性和客观性一样，成为法律语言准确性的总要求之一。

为了使法律语言具有逻辑性，法律语言中出现了大量的法律专业术语。法

---

① 徐家力："法律语言学诌议"，载《北京政法职业学院学报》2012 年第 2 期。

律语言是语言的一个社团变体，其词语体系主要由法律专业术语、法律工作常用语和民族共同语中的其他基本词和非基本词构成。法律语言词汇来自民族共同语中的一般用语，但为了显示法律的权威性、庄严性，法律语言中多为正式词汇而极少用通俗语或俚语。为了明确规定权利、义务、行为等，避免歧义的发生，对某些民族共同语的一般用语进行改造，赋予了它特定的法律含义，使之成为用法固定、逻辑严密的法律专业术语。①

正确的逻辑思维首先要求法律概念明确。由于法律是普遍适用于全体社会成员的行为准则，因此立法中概念的明确就具有尤为重要的意义。就概念形式来讲，每个概念既有反映其对象属性的内涵，也有反映其对象范围的外延。内涵与外延是概念的两个基本逻辑范畴，所以明确概念就是要明确概念的内涵与外延。传统逻辑学以不同的逻辑方法——如定义、划分等来揭示概念的内涵，明确概念的外延，同时确定不同概念之间的相互关系。

正如前文所述，表述法律的过程就必然需要语言逻辑的有效介入，使法律法规符合逻辑规则和要求。语言逻辑自始至终是立法的一项重要技术，是衡量一部法律准确和完善程度的重要标准。因此，立法工作中必须很好地重视语言逻辑的运用。建议提高立法者（群体）的语言逻辑素养，可以把优秀的语言逻辑学者吸收到立法队伍中去，也可以让立法者们接受语言逻辑教育和训练。在对法律草案进行审议过程中，专门组织语言逻辑学家对法律草案进行语言逻辑方面的审查，避免矛盾、纠正错误、弥补漏洞，从而使法律更加准确完备。②

3.3 法律语言准确性的具体要求

如何才能实现法律语言的准确性呢？具体来说，要想实现法律语言的准确性，法律语言必须符合一定的标准。一是明确，二是统一，三是严谨，四是庄重，五是简明。这五者缺一不可。唯有法律语言明确，才能表达清晰无歧义；唯有法律语言统一，才能前后和谐一致；唯有法律语言严谨，才能使法律无懈可击；唯有法律语言庄重，才能彰显法律权威；唯有法律语言简明，才能利于人们的理解和遵守。

（1）明确。立法语言明确是立法语言准确性的要求之一。陈望道先生在《修辞学发凡》一书中指出，为达到把意思分明地显现在法律语言上，努力的

---

① 夏远利：《法律语言中词语的模糊语义现象》，载《成都大学学报》（社会科学版）2005 年 3 期。
② 李包庚：《立法语言逻辑技术略论——兼评 97《刑法》》，载《开封教育学院学报》1999 年第 4 期。

途径不外乎两种：第一是力求内容本身的明确；第二是力求表出方式的明确。①立法语言应当字斟句酌、反复推敲、精雕细刻、准确无误，力求使阅读者能作出符合原意的理解。

为了使法律语言明确清晰，在法律语言中广泛使用法律专业术语。法律专业术语的数量虽然不大，但它们的使用频率高、能量大，并且地位独特，因此为了便于普通人民群众的准确理解，立法机关或司法机关通常对法律文本中的法律专业术语进行文义解释。解释机关一般按照词句的日常意义解释立法语言。但如果日常语言在成为法律专有术语后，其特殊意义与一般日常用语不同，则按照法律上的特殊意义解释②。此外，立法者要注意同义词语或近义词语的选择与规范。有些近义词，如"罚款"与"罚金"、"二审"和"再审"、"定金"与"订金"等，乍看起来差别不大，仔细考究，法律含义并不相同，一定要严加甄别，谨慎使用。为了使法律语言明确清晰，立法者要仔细辨别词语的含义、性质、适用范围，严格选择词义相近和差别细微的语词。我国现行法律中许多法律语言不符合明确性的要求。现举例如下。

从《刑法》来看，该法第6条"中华人民共和国领域"的界限含糊不清，如国际列车是否属于这个范围就没有明确的说明。我国《刑法》第48条"极其严重"以及第49条"特别残忍手段"等就带有一定程度的主观心理评价的内容，对于某一行为是否属于这二者的范围没有举例说明，也没有一个明确的标准。我国《刑法》第65条的"刑罚执行完毕"的含义不明确，是主刑执行完毕还是附加刑执行完毕，或者是二者都执行完毕并不确定。我国2018年《刑法》第98条、第234条、第388条中的"近亲属"包括哪些人，以及在该法中各个法条中"近亲属"的内涵是否一致，这些都是不明确的。

从2018年修订前的《中华人民共和国公务员法》（以下简称《公务员法》）来看，该法第11条中"良好的品行"就没有一个明确客观的标准来衡量。该法第48条中的"工作表现突出""有显著成绩和贡献""其他突出事迹"，第49条中的"成绩显著""显著经济效益或社会效益"等，关于"突出""显著"这一类表程度的词语也没有一个准确的说明，它们都是在客观事实的基础上或多或少地带着一些主观的心理感受在里面，而每个人对于"突出""显著"等表示程度的词的感观、评价都有着一定的差别。该法第68条的"近姻亲关系"也是一个不容易界定的概念，该法或相关司法解释也没有专门对这个概念作出

---

① 陈望道：《修辞学发凡》，上海教育出版社1979年版，第53页。
② 如民法上的善意购买人，就不能按日常语言理解为"慈善心肠的购买者"，而是指购买人不知道或者不应当知道出卖人没有所出卖物品的所有权。

阐述或者解释，对于适用该法条的人来说，必然产生认识上的困惑以及多种理解。

从《刑事诉讼法》来看，"重大的犯罪案件""重大刑事案件""重大违法行为""特别重大贿赂犯罪案件""重大社会影响"等立法语言中的"重大""特别重大"等表示程度的副词在该法中出现的频率比较高，然而，关于"重大""特别重大"与"不重大""不特别重大"之间的界限在哪里，法律却并没有给出明确的答案。"主要犯罪地""死者家属"等具体内涵究竟是什么也有待明确①。再如，2017 年修正的《中华人民共和国民事诉讼法》（以下简称《民事诉讼法》）中，"重大涉外案件""重大影响的案件""主要遗产所在地""特殊原因""特殊情况""简单的民事案件""因故"等立法语言中的"重大"与"非重大"、"特殊"与"非特殊"、"简单"与"非简单"之间的分水岭是什么，"因故"的"故"包含了哪些情况，"主要遗产"是以遗产的价值还是数量来衡量都不明确。

2017 年修正的《中华人民共和国行政诉讼法》（以下简称《行政诉讼法》）中的"重大、复杂案件""利害关系"，2021 年修订的《中华人民共和国行政处罚法》（以下简称《行政处罚法》）中的"情况复杂的"，2013 年修正的《中华人民共和国消费者权益保护法》（以下简称《消费者权益保护法》）中的"严重缺陷"，在这些立法语言中，"重大""复杂""严重"的标准是什么？什么样的关系是"利害关系"？这些问题，仅仅通过该法法律语言本身的表述，我们是找不到准确答案的。2007 年颁布的《中华人民共和国反垄断法》（以下简称《反垄断法》）中的"滥用市场支配地位"，对什么样的情况是合理利用，什么样的情况才构成"滥用"没有界定；2003 年颁布的《中华人民共和国行政许可法》（以下简称《行政许可法》）中的"具有管理公共事务职能的组织""重大利益"，对于"公共事务"及"重大利益"没有界定；1986 年颁布的《民法典》施行前的《中华人民共和国民法通则》（以下简称《民法通则》）第 32 条中的"共有"，是"按份共有"还是"共同共有"，或是既包括"按份共有"又包括"共同共有"，也没有加以明确说明。

（2）统一。立法目的就是要完整表述立法者的意图，并且使执法者、司法者、守法者能够准确理解其含义，从而有效地适用和宣传法律。要想达到立法的预期效果，则对立法语言的首要要求便是准确、规范，在同一或上下规范性法律文件中，使用的词语要前后统一，同一概念、同一意思用一个固定词语来

---

① 如"主要犯罪地"的确定是犯罪数量最多的地方还是所犯罪中最重大的犯罪行为所在地、"死者家属"是否包括旁系血亲等。

表达，而不是使用同义词或近义词。法律语言准确意味着立法者应当用清晰的立法文字表述法律的内容。每一个词语所表达的概念的内涵和外延应当是确定的。要做到一词一义，不同的概念绝不能用同一个词语来表达，同一个概念只能用一个词语来表达。如果所使用的词汇具有若干种含义，应在立法的文本中指明该词汇的具体含义。换句话说，立法语言，尤其是同一部法律的用语，表达同一意思或者描述同一现象时，应当使用同一术语。只有在需要加以区分的场合，才能使用相似或者不同的术语。同一概念应用同一个词来表达，不同的概念不应用同一个词来表达，这样才能避免使用词汇的混乱。文学作品中，忌讳反复使用同一词汇描写或者叙述相同场景。立法语言的语体要求相反，相同情况必须用相同的词汇表述，这是法律的准确性的必然要求。正如孟德斯鸠所言："重要的一点，就是法律的用语，对每一个人要能够唤起同样的概念。"①但是在现有法律规范中，用词随意，语言不统一，造成了很多不必要或不适当的模糊状况。现列举如下。

1999年颁布的，《民法典》施行前的《中华人民共和国合同法》（以下简称《合同法》）中，建设工程合同是有名合同之一，列于第十六章，共19个条文，两个相关司法解释（最高人民法院《关于建设工程价款优先受偿权问题的批复》和最高人民法院《关于审理建设工程施工合同纠纷案件适用法律问题的解释》，以下简称《批复》和《解释》）共33条，合起来共52个条文。在这些条文中主体用语不统一，出现了发包人、承包人、转包人、分包人、施工人、实际施工人等概念，这些称谓中，某些概念存在冲突，或存在易致混淆的地方，或事实上表达一个意思，却用了多个难理解的不同的词汇，让司法者和当事人捉摸不定。

在《刑法》中，表示"再次犯罪"这个意思的，第71条、第89条中使用的是"又犯罪"这个语词，第77条、第86条使用的是"犯新罪"这个语词。此外，我国刑法中表示"由于某个行为发生了某个后果"这个意思的，有"引起""使""致使""导致""造成"等语词，并且这些语词的使用很混乱，具有很大的随意性，没有规律可循。该法第294条第1款、第3款、第5款表述的是"黑社会性质的组织"，而该条的第2款表述的是"黑社会组织"。该法表示"获得利益"这个意思的，第303条等多处使用的是"营利"这个语词，第152条、第154条、第228条、第265条、第326条、第363条等多处使用的是"牟利"这个语词。有学者经过分析发现，虽然立法使用了不同的词，但这些

---

① ［法］孟德斯鸠：《论法的精神（下册）》，张雁深译，商务印书馆1963年版，第339页。

同义词的含义没有任何不同，实际上属于等义词。① 如果属于同义词就理应统一。

在1999年颁布的《中华人民共和国国防法》（以下简称《国防法》）中，关于"军人的义务和权益"一章有10处使用"现役军人"，有3处使用"军人"。"现役军人"与"军人"是否同一概念？难道现役军人与军人有所不同？同一法律中同时使用两个不完全一致的概念，又不作任何解释，颇令人费解。还如《行政诉讼法》第2条中的"行政机关及行政机关工作人员"与第3条中的"行政机关及其工作人员"；《公务员法》第1条中的"提高工作效能"与第12条第（2）项中的"提高工作效率"不一致，"效能""效率"是否有区别，如果有区别，区别在哪里；如果没有区别，为什么语言不统一？《民事诉讼法》第115条中的"人民币十万元以下""人民币五万元以上一百万元以下"，对于罚款明确表述出了罚款的币种，而《行政处罚法》中却没有明确地说明币种。

（3）严谨。严谨是法律语言的重要特征，也是法律准确性的要求之一。严谨是由语言的本身要求和法律本身的特点所决定的。法律语言的严谨是指法律语体中所用的词句在意义上必须准确严密、无懈可击。法律语言的表述必须完备周密无任何歧义，只有这样才能确保法律的强制性、权威性和严肃性。法律语言的严谨主要通过选词择句两方面体现，包括在词语的选用上要符合现代汉民族共同语的用词规范，做到合理搭配恰当用词；注意分辨意义相近的词语，以根据具体的语境选用最恰当的词语；还要注意保持词义在特定语境中的单一性，避免出现歧义，以确保法律语言的准确性和严密性。

法律条文使用规范准确的立法用语，要做到结构尽量严谨，在内容表达和结构安排上都要按照规范的内在逻辑进行。首先，在叙述内容时要规范、严谨，句式结构准确、完整，避免出现疏漏和歧义，即在条款的内容安排上要做到法律规范的基本要素齐全，且本条内容具有相对独立性；其次，在整体的结构安排上要逻辑严密，按照一定逻辑顺序排列，不能出现逻辑混乱或无序，还要防止出现内容遗漏。总之立法语言不能违反语言的一般语法规则，依然应强调逻辑严谨、名实相符、搭配合理。但在现实法律规范中，法律语言不严谨或逻辑不严密比比皆是，列举如下。

最高人民法院、最高人民检察院《关于办理淫秽物品刑事案件具体应用法律的规定》第1条规定："制作淫秽录像带5－10盒以上，淫秽录音带10－20盒以上，淫秽扑克、书刊、画册10－20副（册）以上，或者淫秽照片、画片

---

① 王政勋："论刑法解释中的词义分析法"，载《法律科学》2006年第1期。

50-100张以上的……"语言表述明显不符合数理逻辑①。

《刑法》第 67 条的标题为"自首",而该条第 3 款却是对"坦白"的描述;第 91 条第 2 款中的"企业、集体企业",将二者作为并列的概念,然而二者却并非并列的关系,而是包含与被包含的关系,企业包含了集体企业;第 104 条"国家机关工作人员、武装部队人员、人民警察","国家机关工作人员"与"人民警察"是包含与被包含的关系,而非并列关系;第 143 条"足以造成严重食物中毒事故或者其他严重食源性疾病的""或者其他"表明这个词前面的内容与后面的内容应当属于同一种事物,然而该句中,前面的内容是事故,后面的内容是疾病,不属于同一种事物,法律语言不合逻辑、不够严谨。

我国《刑法》第 20 条第 2 款防卫过当规定中"正当防卫明显超过必要限度造成重大损害"的表述,就属于同一条文内部的自相矛盾,从而与刑法用语的严谨性相去甚远②。我国《刑法》第 15 条第 2 款规定的"过失犯罪,法律有规定的才负刑事责任",也会给人以"过失犯罪还可能因法律无规定而不负刑事责任"的误导,改为"过失行为,法律有规定的才负刑事责任"在逻辑上无疑会更为顺畅。

我国《刑法》第 160 条规定:"在招股说明书、认股书、公司、企业债券募集办法等发行文件中",公司与招股说明书、认股书、企业债券募集办法之间以顿号隔开但是它们之间显然并非并列关系,结合该立法语言意图表达的意思来看,应该为"在招股说明书、认股书、公司及企业的债券募集办法中"。我国《刑法》第 239 条"以勒索财物为目的绑架他人的,或者绑架他人作为人质的",前者是以绑架他人作为人质为手段勒索财物,与后者并非并列关系,可更改为"以勒索财物或者其他为目的绑架他人"。我国《刑法》第 253 条之一侵犯公民个人信息罪中"向他人出售或者提供公民个人信息",出售也是非法提供给他人信息的方式之一,因而二者并非并列关系,而是包含与被包含的关系,可更改为"出售或者以其他方式非法提供公民个人信息"。

从《民法通则》来看,第 104 条标题为"特殊主体保护",其中,"婚姻、家庭、老人、母亲和儿童受法律保护。"然而,"婚姻、家庭"与"老人、母亲、儿童"却并不是同类,且前者并不是法律所保护的主体中的某一种;第 105 条"妇女享有与男子平等的民事权利"中,将"妇女"与"男

---

① 因为"以上""以下"等逻辑关系的数理起点只能是确数,而不能是约数,只有"之间""之中""之际"等逻辑关系才能和约数对应。

② 既然称为"正当防卫",则一定是满足了包括限度条件在内的正当防卫的所有条件,相反,既然是"明显超过必要限度造成重大损害",就不可能再是"正当防卫",显然如此的法律语言不合逻辑、不够严谨。

子"放到同一个比较平台上，然而，同"男子"相对应的主体应当是"女子"，而非"妇女"。从《婚姻法》来看，第 5 条"不许任何一方对他方加以强迫"、第 15 条"一方不得对他方加以限制或者干涉"，与"一方"相对应的词应当是"另一方"，与"他方"相对应的词应当是"己方"，结合具体的语境，"己方"一词并不适宜，因而这两个条款中的"他方"都应更改为"另一方"。

（4）庄重。庄重是由法律语言的性质所决定的。法律语言的庄重主要是指在法律语体中选词造句应呈现出庄重文雅、严肃规范的格调。法律规范是由国家制定和认可的，具有普遍的约束力和无上的权威性；司法文书是国家法律的具体化，一旦生效，则具有和法律同样的权威性。法律语言作为国家法律和司法文书的语言表达形式，当然要具有庄重性，这样才能和法律的权威性保持一致。"法律语言的庄重性主要通过书面语词的大量使用、大量法律术语的使用来实现。"① 董必武同志认为，法律是一种庄严慎重的东西。因为，①法的国家强制性。法区别于其他社会规范（如道德、宗教等）的特征是法是以国家强制力保证实施的。②法的普遍约束力。法适用于社会各个阶层的所有个体和社会组织，对所有社会主体都利益攸关。③法的制裁的严厉性。② 因此，法律用语应该庄严肃穆、冷静理性③。

边沁指出："立法科学要取得进步，必须舍弃这种'激发情感'的语词，使用中性的表述方式。"④ 庄重，就是要求法律语言应该表达人的理智，而不是表达人的感情和想象，避免口语化。换句话说，就是要求法律语言使用一种准确的、道德上中性的词汇，不宜使用带有感情色彩的词汇，不宜对法律中的用语加上各种无用的外表装饰，也不应使用文学上的夸张语言和比喻手法，摒弃带有政治色彩和道德色彩的褒义词和贬义词，不得采用歧视性及含有轻视、贬低、辱骂等意味的语词，不宜使用口语、俗语或方言土语，更不应使用隐语、诙谐语和双关语。

法律是国家机关制定的具有国家强制性的社会规范，应当是庄严慎重的，这就决定了立法语言要庄重严肃、威严冷峻，少用华丽辞藻而务求朴实无华。法律语言不同于文学、新闻、广告语言。从语言色彩的角度讲，如果说文学语言是五彩缤纷的，那么，法律文本就是黑白的。立法是一项理性的活动，而不

---

① 肖宝华、孔凡英："浅析法律语言"，载《南华大学学报》（社会科学版）2005 年第 1 期。
② 董必武：《董必武政治法律文集》，法律出版社 1986 年版，第 338 页。
③ 杨颖："立法语言：从模糊走向明确"，载《政法论丛》2010 年第 6 期。
④ ［英］边沁：《道德和立法原理导论》，时殷弘译，商务印书馆 2000 年版，第 9 页。

是对社会生活中某些现象的感情冲动或美好想象。它冷静地传达立法意图，不显现语言的激情或浪漫色彩。也就是说法律语言庄重要求法律语言要少用华丽辞藻。法律语言要有一种严肃的意境、庄重的气势，营造出一种中规中矩、朴实无华的氛围。在修辞上要有庄严美、整洁美、精炼美、明确美，杜绝朦胧美、含蓄美、悬念美、曲折美。其目的在于使人清清楚楚、明白无误地懂得立法者的真实意图。①

一般语言在描述中通常运用大量的感情词汇，用强烈表达其意境的形容词加以修饰以突出其表达的效果。法律语言则较少使用表达感情色彩的修饰词汇，强调表达的简练和清晰。一般语言在使用中大量使用修辞手法以突出表达效果，如夸张、比喻、借代和拟人等，而法律语言由于其庄重性，则拒绝使用修辞手法，力求语言的朴实简练。例如，在一般语言中说明一个应该判处死刑的罪犯时通常用罪大恶极、十恶不赦、不杀不足以平民愤等，而在法律语言中则要求根据犯罪的性质、量刑的情节，按照罪刑相应的原则进行庄重表述。② 但在现实的法律规范文件中，法律语言不庄重的情况还比较多见，现列举如下。

从《刑法》来看，第 20 条的"行凶"，第 49 条以及第 108 条的"审判的时候""犯罪的时候"（可改为"审判时""犯罪时"），第 104 条"勾引"（可改为"引诱""利诱"等），第 289 条的"打砸抢"，第 293 条的"强拿硬要""起哄闹事"，第 294 条的"为非作恶""称霸一方""欺压、残害群众"，第 308 条的"打击报复"，第 362 条的"通风报信""造谣惑众"，第 423 条的"贪生怕死"等，这些法律语言要么过于口语化、要么带有明显的感情色彩，不够中性，与立法语言应当庄重的性质不相符合。

再如，《宪法》第 55 条第 2 款规定："依照法律服兵役和参加民兵组织是中华人民共和国公民的光荣义务。"其中"光荣"是人的感觉问题，只要是法定义务，即使他觉得不光荣，他也必须履行；只要不是法定义务，不管有多光荣，也可以不参与。类似于"光荣义务"一类的文学风格的语言不应当成为法律语言。③

（5）简明。简明性是古今中外公文语言的重要特征，其中尤以法律公文更为突出。法律语言的简明性包括两项内容：一是简，二是明。简明是法律语言的极高境界。用最少的语言表达最丰富的内容就是简明，法律语言的简明要以

---

① 褚宸舸："论立法语言的语体特点"，载《云南大学学报》（法学版）2009 年第 2 期。
② 肖宝华、孔凡英："浅析法律语言"，载《南华大学学报》（社会科学版）2005 年第 1 期。
③ 刘大生："中国当前立法语言失范化之评析"，载《法学》2001 年第 1 期。

明白为前提，只简不明，不能完成其表义任务，无论是法律条文的制定还是司法文书的写作，都要力求言简意赅，通俗明白。法律语言的简明性不仅体现在用语上，而且主要是体现在叙事、说理、说明等语言表达的功夫上。法律工作者在写作法律文书时，必须做到语言简明、意思准确、一目了然。法律涉及社会生活的方方面面，卷帙浩繁，简洁的语言表达尤为重要。简明是法律语言的语体要求，追求法律的简明是中国法律传统的一大特点，也是西方法学家所追求的，孟德斯鸠提出在制定法律时"其词文必须简要，就是连小孩也可以看懂"①。

边沁指出："更为必要的是，法律的风格应该和它们的条例一样简单；它应该使用普通语言，它的形式应该没有人为的复杂性。如果说法典的风格与其他著作的风格有什么不同的话，那就是它应该具有更大的清晰性、更大的准确性、更大的常见性；因为它写出来就是让所有人都理解，尤其是让最低文化水平阶层的人理解。"②边沁在此正是强调法律语言简明的问题。法律语言的简明就是强调在制定法律条文、写作司法文书和言语表达时，选词造句应做到言简意赅、通俗明白。法律来源于社会又服务于社会，法律必须为社会广大人民群众所理解，因此，法律语言不追求修饰华丽，以追求准确明白为目标，注重简明平实。法律语言的简明主要通过合乎规范的用语、恰当的用词、恰当选用文言词句来实现。③

立法用语要尽量简明，不应有装饰性语言，要做到言简意赅。当然，不能为了追求形式的简洁，而出现内容的纰漏，应当在保证法律严密完整的前提下，不使用拖沓冗长或重复性的词汇和语句。言简意赅的用词符合语言经济原则，力争用最精炼的语言表达最丰富的内涵，避免冗长浩繁、重复累赘，以节省立法资源④。法律语言简明精炼是立法者永恒的追求。⑤但现行法律中仍然存在许

---

① [法]孟德斯鸠：《论法的精神》，张雁深译，商务印书馆1982年版，第736页。
② [英]边沁：《立法理论》，李桂方，等译，中国人民公安大学出版社2004年版，第191页。
③ 肖宝华、孔凡英："浅析法律语言"，载《南华大学学报》（社会科学版）2005年第1期。
④ 杨颖："立法语言：从模糊走向明确"，载《政法论丛》2010年第6期。
⑤ 如我国《宪法》原第13条规定，"国家保护公民的合法的收入、储蓄、房屋和其他合法财产的所有权。国家依照法律规定保护公民的私有财产的继承权"，2004年3月14日《宪法修正案》修改后为："公民的合法的私有财产不受侵犯。国家依照法律规定保护公民的私有财产权和继承权。"从修改前后条文的对比，不难看出法律语言对简明凝练的追求。再如1950年《婚姻法》规定："夫对于其妻所抚养与前夫所生的子女或妻对于其夫所抚养与前妻所生的子女，不得虐待或歧视"，句子语言表达冗长。现行《婚姻法》改为："继父母与继子女之间，不得虐待或歧视"。使用"继父母""继子女"的专业术语表达后，语句就简明了许多。

多法律语言不简明的情况，现列举如下。

从《刑法》来看，第31条、第153条第2款、第158条第2款、第159条第2款、第160条第2款等涉及单位犯罪的条款中，"并对直接负责的主管人员和其他直接责任人员判处刑罚"，这一立法语言稍显啰唆，不够简洁，可直接使用"并对直接责任人员判处刑罚"；第91条第1款第（2）项中，"劳动群众集体所有的财产"，"劳动群众"一词略显多余；第163条第1款及第2款、第164条第1款中，"公司、企业，或者其他单位的工作人员受贿罪"和"公司、企业，或者其他单位的工作人员行贿罪"。前者的罪名可改为"非国家工作人员受贿罪"，后者可改为"非国家工作人员行贿罪"，用"非国家工作人员"就可以涵盖"公司、企业，或者其他单位的工作人员"的内容，并且会显得更有周延性且更加简明和准确。第329条"抢夺、窃取国家所有的档案的"，这一表述不仅有失立法语言的简明性，还造成了歧义①；第358条"组织他人卖淫或者强迫他人卖淫的"，不如"组织、强迫他人卖淫的"这种表达方式简洁；第399条"徇私枉法、徇情枉法"，这种表述显得重复而多余。

从《民法通则》来看，第61条"实施民事行为损害国家的、集体的或者第三人的利益的"，这里跟在主体后的三个"的"字让整句话的简洁性、流畅性受到了损害，改为"实施民事行为损害国家、集体、第三人利益的"会更好；第117条"侵占国家的、集体的财产或者他人财产的"，不如"侵占国家、集体或者他人财产的"这个表述方式简洁。

从《行政处罚法》来看，第8条"暂扣或者吊销许可证、暂扣或者吊销执照"，对比"暂扣或者吊销许可证、执照"这个表述方式，前者更为烦琐。从《行政诉讼法》来看，第2条"行政机关和行政机关工作人员"，变为"行政机关及其工作人员"会更加简洁。从《公务员法》来看，第43条"可以按照规定破格或者越一级晋升职务"，越一级晋升职务也是破格晋升职务的一种，把这二者并列，显得累赘，直接表述为"可以按照规定破格晋升职务"会更简明；第77条"因公牺牲、因公死亡"，二者表达的是同一个意思，没有必要重复表达。总之，用最少的语言清晰表达最丰富的内容就是简明。如果法律语言晦涩难懂、重复烦琐就会使得法律职业人和普通民众之间容易产生信息不对称，相反，简明法律语言的运用会增进普通民众对法律的

---

① "国家所有的档案"有两种理解，一是国有档案，二是国家全部的档案，根据立法意图，这里应当是前一种理解，因而表述为"抢夺、窃取国有档案的"更为简明。

理解，不仅提高法律语言表达的效率，并有利于提高国家执法和公众守法的效率。①

3.4 法律语言准确性和模糊性的辩证关系

正如前文所述，对法律语言的准确性的含义，目前并没有令人信服的界定。"准确"，在《现代汉语词典》（第7版）中被解释为"行动的结果完全符合实际或预期"，如"准确的时间""这些词语用得很准确"。有人认为，法律语言的准确性，主要是指每个词句都必须确切严密，都要符合法律内容的科学性和思维的逻辑性。一是力求内容本身的明确；二是力求表达方式的明确。还有人认为，法律语言的准确性当指法律语言所表达的意思严格符合法律事实、标准或真实情况，从法律语言中的定量表述来说，要"精"，而从法律语言中的定性表述来说，要"准"。同样，关于法律语言模糊性的含义，目前也没有统一的令人信服的界定。"模糊"一词，在《现代汉语词典》（第7版）中被解释为"不分明；不清楚""使模糊"，如"模糊人影""字迹已经模糊了"。有人认为，法律语言的模糊性是指某些法律条文或表述在语义上不能确指，一般用于涉及法律事实的性质、范围、程度、数量无法明确的情况；在外延上，法律模糊语言包括：第一，使用模糊附加词，如"约""等""以内"等；第二，使用模糊副词，如"严重""恶劣""适当"等；第三，采用模糊蕴含表达。②

模糊性是法律语言的客观属性，而准确性是法律语言的基本准则。语言的准确性是指在一定的语境中，用明确而贴切的词语清楚地表达一种现象或事物；而语言的模糊性则指词语表达的概念或范围的边界是不确定的一种自然属性。法律语言的准确性与模糊性都是法律语言的特性。也就是说法律词语既有准确词语，也有模糊词语。伍铁平在其《模糊语言学》中指出，语言的模糊性是指语言所指事物或现象的界限的不确定性，即其界限不是泾渭分明。由此可见，模糊性就是人们认识中关于事物类属边界或性质状态方面的亦此亦彼性，即所谓模糊词语是指那些语义局部（边界）模糊的词语③。模糊词语产生的根源，实质在于客观事物自身的模糊性和人对客观事物认识的模糊性。客观事物本身的模糊性，这是自然的普遍现象。同时人们认识事物把握对象时，有时也无法运用语言准确定义、指称或描述。在一些情形中，一个事

---

① 张月娜："浅论法律语言简明化对法律之治的重要性"，载《知识经济》2011年第21期。

② 罗士俐："法律语言本质特征的批判性分析——准确性、模糊性抑或严谨性"，载《北方法学》2011年第4期。

③ 如高、矮、好、坏、轻、重等。

物要么属于集合 A，要么属于非 A，不存在既是 A 又是非 A 的情况，对于这类界限分明的对象，人们可以用准确语言对其进行表述。但是，现实世界中还有大量的客体是没有明确界限的，存在大量的既是 A 又是非 A 的现象①。法律语言的准确性和模糊性是对立统一的关系。从法律语言模糊性的视角来看，所谓"对立"就是不恰当地使用模糊词语会影响法律语言的准确性；所谓"统一"就是在特定情况下使用一些模糊语言，可以使法律语言达到实质上的准确性。因此在法律语言中，准确与模糊并不绝对矛盾和对立，有时反而相辅相成、相得益彰。作为法律语言的另一个特点，模糊性恰恰是为了更好地体现法律语言的准确性。

3.4.1 不恰当地使用模糊词语会影响法律语言的准确性

（1）不恰当地使用模糊语言，会导致无法明确当事人的权利和义务。在民事和经济案件中不恰当地使用模糊词语，会导致无法明确当事人的权利和义务，容易产生诉讼纷争。法律是调整人类社会关系和维护社会秩序的重要工具，因此必须明确每一法律关系各方具体的权利义务，才能起到"定分止争"的作用，达到维护社会秩序和实现社会稳定的目的。在现代社会每个人都渴望自由，但都不能超越固定的界限。人们能通过法律找出自己行为的指向和限度，按照法律的要求享有权利和自由，同时也按照法律的要求履行义务和承担责任。这就要求法律必须明确划定个人与个人、个人与社会之间的界限，在这种情况下，法律语言的表达必须是明确的，如果这时的表述仍然模糊不清，人们就无法确知其真正含义②。如果各方当事人对法律语言的含义理解不同、争执不清，势必引起法律纠纷。③

（2）不恰当地使用模糊性词语，有可能导致影响对法律事物性质的界定。如果语义越过法律语言所允许的模糊度，或者说法律语言不适当地模糊就会破坏法律语言的准确性。也就是说，在法律用语中，模糊词语的运用一定要注意适度。当词语的模糊性在模糊度的范围内时，是法律语言所允许或提倡的模糊

---

① 例如，"高"和"矮"之间、"轻"和"重"之间即不存在截然分明的界限。这时，人们不得不用模糊语言对其进行表述。几乎所有的法律问题，如法律还是道德、权利还是义务、合法还是非法、罪还是非罪、公权还是私权、抽象还是具体、宏观还是微观等最后都会终极到界限的模糊性问题上。

② 周庆生、王洁、苏金智：《语言与法律研究的新视野》，法律出版社 2003 年版，第 261 页。

③ 例如，甲公司与乙公司签订一项河沙买卖合同，合同约定，甲公司向乙公司购买河沙 30 车，款到发货。而"车"是一典型模糊词语，其外延包括很广，界定困难，它不仅可以指代火车、汽车、自行车，甚至连板车也可以包括进去，各方根据自己的意思去解释时，只要仍包含在这个模糊范围内，就都是正确的。与此相类似的一个例子是一房屋装修合同纠纷。合同约定，装修方须用优质地砖为房主装修，但什么是"优质"？"优质"与"非优质"的界限在哪里？难有定论。因此"优质"一词确为一模糊词语，对其不同理解成为纠纷和诉争的原因。

词语；当词语的模糊性超出模糊度时，则是法律语言不允许并必须唾弃的模糊词语。例如，"犯罪嫌疑人曾因流氓两次被劳教"这句话就有两种理解。一是"因流氓，两次被劳教"，二是"因流氓两次，被劳教"。再例如，我国《刑法》讨论稿第100条中如此表述"……（三）抢劫船舰、飞机、车辆的"，但"车辆"是一模糊词语①，因此，用这一模糊词语显然不当。定稿时改为"……（三）抢劫船舰、飞机、火车、电车、汽车的……"明确了"车辆"具体指"火车""电车""汽车"，缩小了车辆的外延，使概念更加具体确切。从上述例子可以看出在法律中模糊词语的运用是有严格限制的，在法律中事物的性质需要界定的，必须用严谨准确的词语进行确定，内涵一定要清楚，外延务必明确，否则导致影响对法律事物性质的界定。再如一份判决书这样写："被告人某某的行为致人伤害，已构成故意伤害罪。"这里"致人伤害"一词用的就不严谨，是致人什么样的伤害？重伤？轻伤②？还是轻微伤？③ 因此伤害一词内涵的确立，不仅可能涉及罪与非罪的鉴别，还可能牵扯此罪与彼罪的区分，错误地使用了这一模糊词语，就会导致影响对法律事物性质的界定。

3.4.2　恰当地使用模糊词语可以使法律语言达到实质上的准确性

模糊性是自然语言中的一种客观存在和本质属性，同时也是一种语用现象。模糊语言有其独特的语义特征，丰富的语义内涵和微妙的语用功能。实践表明，在许多情况下使用模糊语言不但不会影响表达的准确性，反而增强了语言的表达效果。在特定情形下，模糊语言能和准确语言一样准确地传载信息，完成人们思想和信息的交流。合理地使用模糊语言不仅能使语言的表达更为自然、得体，也更能准确周延地传递信息，并取得良好和独特的表达效果。法律是体现统治阶级意志，由国家制定或认可并由国家强制力保证实施的行为规范的总和。长期以来人们普遍认为：法律之目的即为"定分止争"。因此作为法律外在形式的法律语言其法定原则就是语言的准确性，即要求法律语言务必清晰明确，以达明确各方权利义务的要求。然而，在法律条文中以及司法实践中，法律语言运用模糊词语的现象俯拾皆是。可以说，法律语言除了准确性、规范性等特点外，还有一个显著特点就是模糊性。有些法律文件的制定者、起草者、法官，有时对某些条文的具体实施以及运作或者对个别案件中的某个具体行为把握不

---

① "车辆"的外延包括甚广，电车、汽车、火车、自行车、板车等都可算做"车辆"，但这一罪名属于危害公共安全类犯罪，很明显抢劫自行车、板车等没有危害公共安全的后果。

② 根据我国刑法规定致人轻伤是刑事自诉案件，即受害人不起诉，人民法院不主动受理。

③ 而我国，一般情况下，只有致人轻伤以上（包括轻伤）才追究刑事责任，而轻微伤一般只作民事纠纷处理。此外，是肉体伤害还是精神伤害？我国故意伤害罪的伤害固然既指肉体伤害，又指精神伤害，但如果只是单纯的精神上的伤害，也可能触犯的是其他罪名，如侮辱罪、诽谤罪等。

准时，常常会有意使用一些模糊语言。恰当地使用模糊词语可以使法律语言达到实质上的准确性。

（1）恰当地使用模糊词语可以使法律规范更加灵活、周密和完备。正如前文所述，语言的模糊性是语言的基本属性之一，各种自然语言无不具有模糊性[1]，法律语言当然也不例外。法律语言的模糊性是法律人对一般模糊语言有意识挑选后的一种特殊应用。在法律实践中，模糊语言往往被法律人用来弥补法律语言在内涵表述方面的种种局限性。法律现象既复杂又难以穷尽，这也决定了模糊词语在法律语言中存在的必然性和必要性。法律文本中的模糊性语言可以弥补法律的漏洞与不足。某些情况下，模糊语言的使用，反而会让法律语言显得更为准确、周密和灵活。由于模糊语言能增加语言表达的灵活性，它就成了人们实现其交际目的的主要工具。在法律事务中，特别是在外交场合，为了避免把话说得过死、太绝而拴住自己的手脚，说话人往往运用模糊语言来表达自己的观点[2]。

法律语言的模糊性是法律现象复杂多变性的客观要求。无论多么准确的语言都难以界定所有的法律现象和行为，更不可能涵盖不可预见不断变化的社会生活。在立法过程中，立法者难以用准确的法律语言对未来发生的所有的法律现象和法律概念进行一一界定，因此立法者不可避免地采取模糊的表达方法，以期包容无法界定的所有的法律现象和事物，从而使法律具有更加广泛的适用性、更加完美的周延性。因此，恰当地使用模糊词语可以使法律规范更加灵活、周密和完备。

立法者必须有选择地使用模糊语言，究其原因，一方面，就立法者而言，由于时代条件、环境因素、认知能力、价值评价等方面的制约，在一定历史时期内，不可能达到对法律现象的全面了解和认知。另一方面，为了使法律规范保持相对稳定性，跟上形势的发展，避免由于社会变化而造成法律与现实脱节，以便使法律规范具有一定的弹性和灵活性，客观上要求法律语言具备一定的模糊性，以此来包容难以准确界定的法律现象，使法律具有广泛的适应性。此时合理使用模糊语言不但不会损害法律的准确性，相反倒可能有助于在不确定中寻求到确定性和准确性。

---

[1] 董宗杰："俄语中的模糊语言现象"，载《外语学刊》1993年第1期。
[2] 例如，在《中华人民共和国和美利坚合众国联合公报》中有这么一段："……It intends gradually to reduce its arms sale to Taiwan, leading, over a period of time, to a final solution"（……它（美国）准备逐步减少它对中国台湾地区的武器出售，并经过一段时间导致最终的解决。）其中 "gradually"（逐步）；"a period of time"（一段时间）；"final"（最终）都是模糊词语。因此制定者可以利用模糊语言主动地、有意识地使所颁布的法律，双边协议或国际条约具有更强的张力和适应性，这些模糊法律语言的表述也因此而显得更加灵活、严密和周全。参见戴拥军："《合同法》模糊词语的英译研究"，载《外语学刊》2012年第1期。

  模糊性在语言及其相关领域的作用是独特的,甚至在人们普遍认为准确的领域,诸如数学、法律、经济、医学等,也存在着模糊性。语言是为客观世界的需求而存在和改变的,要想符合千变万化的客观世界的要求,语言必须有一定的灵活性。言语交际常常要受到话题、内容、交际对象、语言环境等客观因素的影响。有时为了自我保护或尊重对方,营造一种融洽的交际气氛,说话人往往避免把话说得太直、太白。由于模糊语言能增加语言表达的灵活性,它就成了人们实现其交际目的的主要工具①。因此恰当地使用模糊词语可以使法律规范更加灵活、周密和游刃有余。

  人们始终认为准确和严谨是法律语言的灵魂。世间事物绝非界限分明、非此即彼的。法律事务作为世间万物之一也概莫能外。复杂而又难以穷尽的法律现象,决定了模糊性在法律语言中的存在,也决定了模糊性法律语言的价值。法律来源于社会,又服务于社会,社会生活中的客观事物和法律现象是无限的,而有限的法律语言无法涵盖或涵摄社会生活的各个方面和层出不穷的各种情况。从语言符号本身看,语言本身具有概括性,概括性决定了语言的模糊性。在具体的语用环境中,当不能准确而完整地表达法律现象时,就需用概括性语言。我国有学者初步统计我国《刑法》法条,从《总则》到《分则》运用模糊词语共一百余条,占比较大②。

  由于法律现象是无限的,而语言是有限的,不可能将无穷尽的法律现象一一列举出来。或者说,无论多么准确无误的语言,都难以把所有具体行为方式、动机、结果等全部收罗进来。因而,有限的语言符号要想承载、传递和表达无限的法律现象,达到以简代繁,以少驭多的目的,就必然要使用概括性的模糊词语。法律现象本身的复杂性,是模糊性存在的土壤。法律调整人们的行为规范,它涉及生命、财产、家庭、婚姻等人们生活领域的方方面面,其范围波及国内国外,其时效因各种因素而变。而这些客观存在的法律现象又是千差万别、无穷无尽的。人们对这些现象进行抽象、综合、概括、判断、推理等逻辑思维时,有时难以准确地确定某一思维对象的内涵和外延。这种法律现象或思维对象的表达,就不得不借助带有模糊性特征的词语,以准确地反映法律现象的复杂性及其难以穷尽并不断变化的现实情况。

  此外,社会生活在不断发展变化,法律事务或法律现象也是变化万千的。法律一旦制定就要在一定的时期内起作用,不能频繁变动。在具体的法律现象没有出现之前,要想让语言作出科学的预见,给予非常具体的准确的判断也是

---

① 王宏:"模糊语言及其语用功能",载《外语教学》2003年第2期。
② 王洁:《法律语言学教程》,法律出版社1997年版,第45页。

不现实的。所以在某些法律现象未出现之前，为了使法律本身具有灵活性、周延性和完备性以及法律的相对稳定性，就需要模糊语言加以概括性制约，以使可能出现的新的法律现象涵盖在目前的法律文本的规范中。①

法律语言的模糊性有利于准确表达立法原则的概括性，实现立法的科学性，使法律更加周密、科学和完备。立法的科学原则要求必须正确处理超前、滞后与同步的关系，要注意立法的可行性。客观存在的法律现象千差万别，无法用确切的语言表达。面对这些现象，要在进行抽象、概括、归纳、判断、推理的基础上制定具有普遍指导意义的立法原则就必须借助概括性强的模糊语言②。

模糊性语言的运用可以提高法律语言的灵活性，使法律具备较强的适应性。模糊语言高度的概括性留下了广泛和充分的空间，给执法者一定的自由裁量权，使他们有机会利用自身的智慧，遵循"自由、公平、秩序、效率"的原则，弥补成文法的局限与不足，从而确保法律规范既周密又完备、疏而不漏，最大限度地打击犯罪，维护社会秩序。③

因此虽然在法律语言中要求大量使用准确词语，然而，法律语言并不排斥模糊词语，因为模糊词语在一定的语言条件下，它所体现出的内涵清晰度，有时即使是准确词语也是难以达到的。由于法律、法规带有强制性，任何组织和个人都不能任意变通和修改，而且一般时效较长。如果在此种情况下，法律采用准确词语来概括可能出现的问题和解决的办法，就可能因形势的发展而给执法和司法带来障碍。所以，在此情况下，法律往往采用具有弹性或灵活性且内涵丰富的模糊词语，不仅覆盖面广，而且语义更加准确、精当，疏而不漏，最大限度地保护公民权利，维护社会秩序。

虽然法律语言非常强调准确性，但法律语言的模糊性或不确定性有时并不是坏事，因为它能用较少的代价传递足够接收者理解的信息，提高语言表达的效率又增强语言表达的灵活性，同时使法律规范更加周密、灵活和完备④。

---

① 文旭："语义模糊与翻译"，载《中国翻译》1996年第2期。
② 如美国联邦贸易委员会（FTC）在制定有关反不正当竞争法时使用了"unfair methods of competition"（不正当竞争方法）的字样，而没有一一列举何谓"不正当竞争方法"，充分体现了立法原则的概括性。而立法中"when necessary"的使用要比准确的数字在适用法律时发挥更大的作用，更有说服力。
③ 董晓波："略论立法语言的模糊及消除"，载《外语与外语教学》2004年第2期。
④ 如《宪法》对设立特别行政区有以下规定："国家在必要时得设立特别行政区，在特别行政区内实行的制度按照具体情况由全国人民代表大会以法律规定。"其中"必要时""具体情况"这些措辞都是模糊词语。因为"必要"与"不必要"之间，"具体"与"不具体"之间，都存在着模糊性。从另一方面而言，特别行政区的建立是"一国两制"方针的具体落实，是国家政治生活中的大事，将会牵扯到诸多方面，国家是很慎重的，因此措辞应该留有余地，而不能说得太死。

我国《婚姻法》第 37 条第 2 款就离异双方对子女的生活费有这样的规定：关于子女生活费和教育费的协议或判决，不妨碍子女在必要时向父母任何一方提出超过协议或判决原定数额的合理要求。如果孤立地看这些词语的语义都比较抽象、模糊，但若联系实际来审视，就感到恰如其分，非常贴切，其内涵丰富，比用准确的数字表示得更准确，也更有说服力。因此，模糊词语的恰当运用，不仅使语义更准确地反映法律现象或社会生活的实际情况，而且表达也更具有灵活性，使法律规范更加周密和完备。

（2）恰当地使用模糊词语可以使法律语言更加简洁、庄重。正如前文所述，简洁、庄重是法律语言准确性的要求。立法和司法活动是极为严肃的社会活动，因而各类法规与司法文书所用的语言都具有庄重严肃性。法律语言的庄重风格是由其庄重文雅与平易通俗的对立统一共同体现出来的。在法律文书中根据需要恰当地使用模糊词语，可以替代那些不易明言也不必明言的内容，使文风庄重、质朴；使语言表达更简洁、委婉、含蓄和得体①。

法学本质上是人学，法律在适用过程中必须注意到法律本身对人的尊重和关怀。在涉及强奸、猥亵、侮辱、诽谤等行为的刑事或民事案件中，必然要涉及当事人隐私的内容。如果法律文书对这部分内容进行精细的描写，必然有悖于社会公共道德和社会良好风尚，还可能造成对受害人的再一次情绪刺激和对其隐私权的严重侵犯。这时，模糊语言的使用就可以避免这种严重后果的出现。② 因此，模糊性语言在司法实践中还可以起到对个人隐私保护的作用并体现法律的人文关怀，同时也体现了法律语言的简洁、庄重③。

用模糊的方式有利于提高语言表达的效率，也使法律语言更加简洁、庄重、准确。大家都知道语言符号有局限性，其传达的信息和符号所寓指的对象之间永远不可能达成完全同一的关系。模糊语言能有效弥补人类语言表现力不足的缺陷，留给人们一个可供把握的空间，有利于更加准确地反映客观现实。这种

---

① 例如，刑事案件的起诉书和判决书的理由部分，有时也使用一些模糊词语。如"被告人何××、陈××携带凶器，在公共场所寻衅滋事，侮辱妇女，情节恶劣，其行为均已构成流氓罪。"这里虽用了许多模糊词语，但简洁准确地概括了被告人的犯罪事实。

② 贾蕴菁："法律语言精确性与模糊性相应相异析"，载《北京市政法管理干部学院学报》2002 年第 3 期。

③ 例如，"被告人张某多次到厂传达室信架上窃取多位年轻女工的来信，私自开拆，偷阅内容后写上淫秽话语，绘淫秽图画，再将信装回信封封好，放回信架。""……李某用下流的语言调戏侮辱陈某，并对陈某婚前不贞的事实大肆辱骂，……当晚陈某卧轨自尽。"在以上两个法律文书中，作者用模糊语言进行了巧妙的概括，既完整地对案情进行了描述，又隐去不宜叙述的内容，这正是模糊语言的用处所在。也就是说，在该法律文书中，虽然用了许多模糊词语，但简洁、清晰、准确地描述了被告人的犯罪事实。

情况在描写人物特征的法律文书中最为常见，尤为突出的是公安机关缉拿犯罪嫌疑人的通缉令或寻找案件线索查找无名尸的启事①。因此法律条文或法律文书的准确性并非仅靠精确词语才能实现，有时恰当、合理地使用一些模糊词语反而能够更加准确地传递信息，增加法律语言的表达效果。

3.4.3 法律语言要注意确定性和模糊性之间的平衡

庞德说："法律必须确定，但又不能静止不变。因此，所有的法律思想都力图协调稳定性与变动性这两种彼此冲突的要求。一般安全中的社会利益促使人们去探寻某种据以彻底规制人之行动的确定性基础，进而使一种坚实而稳定的社会秩序得到保障。但是，社会生活情势的不断变化却要求法律根据各种社会利益的压力和种种危及安全的新形式不断作出新的调整。因此，法律秩序就必须既稳定又灵活。"②"法律秩序必须既稳定又灵活"就要求法律语言要注意确定性和模糊性之间的平衡，法律语言的确定性实现法律秩序的稳定，而法律语言的模糊性则实现对法律秩序进行灵活的调整。

我国现行法律中的下列相关条款就足以说明问题。如《刑法》第398条规定："……非国家机关工作人员犯前款罪的，依照前款的规定酌情处理。"在此所谓的"……酌情……"就是立法语言之模糊性与不确定性的具体表现，目的是通过赋予司法人员以一定自由裁量权的方式从而使该项法条能够应对复杂多变的社会情境。再如2001年修正的《中华人民共和国民族区域自治法》（以下简称《民族区域自治法》）第14条规定："民族自治地方的建立、区域界线的划分、名称的组成，由上级国家机关会同有关地方的国家机关，和有关民族的代表充分协商拟定，按照法律规定的程序报请批准。"本条中"上级国家机关""有关地方的国家机关""充分协商""法律规定的程序"等用语皆属概括性用语，具有不确定性或模糊性。之所以如此，就在于在此种情境中，如果语言表述过于具体、确定，那么就无法确保该项法律对民族区域自治所涉及的各个相关层面进行全面调整的灵活性，即法律语言的模糊性实现了对法律秩序进行灵活的调整。③

---

① 以查找无名尸体的启事为例，"……路旁发现一女性无名尸体，该人身高一米六五，体态微胖，肤色较黑，年龄二十岁左右，短发，圆脸，上穿红T恤，下穿黑色短裙，无其他随身携带物……"在这一段启事中，一连用"微胖""肤色较黑""二十岁左右""短发""圆脸"等数个模糊词语，形象地描述了女尸的主要特征，使人们可以准确地运用模糊性思维来进行准确的分析、认识和判断。反之，如果硬要用准确词汇进行描述，例如把"短发"改为"发长65厘米"，把"微胖"改为"体重65公斤"，反而让人难以把握，达不到预期效果。

② ［美］罗斯科·庞德：《法律史解释》，邓正来译，中国法制出版社2002年版，第2页。

③ 刘爱龙："立法语言的表述伦理"，载《现代法学》2006年第2期。

当然，法律也不能过分模糊。德沃金对法律的含糊不清之危害有过剖析，他认为含糊的法律从两个方面侵犯了正当程序的道德和政治理念：首先，它将公民置于这样一个不公平的地位，即或者冒着危险去行为，或者接受比立法机关所授权的限制更为严格地对他的生活的限制；第二，它通过事后选择这种或那种可能的解释，给予公诉人和法院变相制定法律的权力。①

　　准确性和模糊性都是人类自然语言的客观属性。在一定的条件下，语言的模糊语义和准确语义可能相互转化。虽然模糊性是自然语言的基本属性，但是从其特点来看模糊现象还是具有准确性的一面。同世界上的一切矛盾对立的双方无不在一定条件下向它的对立面转化一样，法律语言的模糊性和准确性这一对矛盾中的双方也在一定的条件下向它的对立面转化。换句话说，同世界上的一切矛盾对立着的双方无不在一定条件下相互转化一样，法律语言中既有表达准确的词语，也有表达模糊的词语，这一对矛盾中的双方也在一定的条件下向它的对立面转化。②

　　模糊语言，无论在科技文献，法律或医学用语，还是各行各业用语中都随处可见。语言应当是准确的，尤其是法律语言。而现实社会往往是纷繁复杂的，即使某部法律的内容再完备，也不可能包容现实生活中的所有情形，包括对未来的预测。因此，在制定法律时，措辞要有一定的回旋余地，而不宜把事情说得非常绝对。制定、颁布并实施法律的目的固然是规范人们的日常行为，使人们有法可依，从而形成一个良好的社会秩序，但同时也应使法律具有可操作性，使人们准确地适用法律。在这种情况下，立法者不可避免地要运用模糊的表达方式，力图使立法留有余地，以此来包容复杂多样且不断变化的社会现实，从而使法律规范具备广泛的普遍性和适应性。这就决定了立法者在制定法律时要注意确定性和模糊性之间的平衡。③

　　长期以来，人们认为法律语言都应崇尚准确而力避模糊。因此，任何模糊或不准确都应该尽量加以避免。而模糊，是语言的基本特性之一，是一种普遍现象。对这种现象没有必要回避，也无法回避。一方面，模糊性是现实世界的基本特征和常规现象，作为客观地反映现实世界的语言必然会带有模糊特性；另一方面，出于语言表达的策略考虑，人们也常常故意使用一些语义模糊的词

---

① ［美］罗纳德·德沃金：《认真对待权利》，信春鹰，等译，中国大百科全书出版社2002年版，第292页。
② 贾吉峰："浅析法律语言的准确性与模糊性"，载《中北大学学报》（社会科学版）2010年第5期。
③ 罗士俐："法律语言本质特征的批判性分析——准确性、模糊性抑或严谨性"，载《北方法学》2011年第4期。

语以适应不同的现实需要。实际上，语言的模糊性是语言具有弹性或灵活性的表现。语言的模糊性与准确性，就像"硬币的两面"，是语言系统不可或缺的两个重要组成部分。

尽管立法者尽力追求法律的针对性和准确性，模糊性仍然是难以消除的现象，模糊性贯穿在法律活动的整个过程，法律语言正是在准确性和模糊性之间求得平衡。在某些情况下使用模糊的表达方式是有好处的，即"用概括的语言认定一个问题，然后允许法庭或者行政机关根据具体案件的情况和社会情势的变化加以详细的说明"①。法律语言有时需要准确，有时需要模糊。准确时模糊不得，模糊时准确反而得不到所需的效果。法律语言的准确性与模糊性共同处在这一矛盾的统一体中，构成法律语言的两种既相互对立又相互联系的属性。我们在研究时要两者兼顾，只有这样，才能全面而深入地研究法律语言中复杂的模糊现象。②

法律语言作为法律的外在表现形式，其自身的特点决定了在其使用过程中既要用精确性来体现法律的权威，又要用模糊性来体现法律的周密。法律语言表达的模糊性是有特定的原因和表现形式的。在司法实践中，模糊性语言受特定的使用环境制约，并且是有条件地使用。在法的制订过程中，立法者要恰当合理地使用模糊性语言，将社会生活中纷繁复杂的现象与行为通过法律条文给予尽可能合理地涵盖，增强法律的适应性和包容性，并且给执法者和司法者根据社会情势的变化和个案的具体情况进行合理的解释空间和留有回旋的余地。法律语言中的准确性和模糊性是辩证统一、相辅相成的。意思表达的准确与完备，常常是由确切词语和模糊词语共同完成的。二者的合理搭配使得法律条文的表述更为周密和完备。"立法语言表述的确定性与模糊性之间的矛盾，是内蕴于立法过程中的一对辩证矛盾，是语言自身的本质特征在法律上的特殊表现。因而，片面追求立法表述的确定性和模糊性都是错误的、不现实的。亦即是说，确定性和模糊性作为立法语言表述的两个维度，各自具有自身不同的限度。"③因此立法者必须正确解决、处理好立法语言表述的确定性与模糊性之间的矛盾，在立法语言表述的模糊性和确定性之间寻找到一种折中的衡平。这就要求立法者在立法语言的表述中既要确保法律规则及其体系的相对确定性，又要维持语言的适度模糊性以应对现实社会法律生活的纷繁复杂和未来情势的变更，从这个意义上看模糊的法律语言实现了对复杂且不断变化的社会法律现象的准确的表述。

---

① 文旭："语义模糊与翻译"，载《中国翻译》1996 年第 2 期。
② 刘爱龙："立法语言的表述伦理"，载《现代法学》2006 年第 2 期。
③ 刘爱龙："立法语言的表述伦理"，载《现代法学》2006 年第 2 期。

法律语言最重要的特点是准确。但是，在实践中，法律语言无法避免模糊性的存在。法律语言的准确性是从确切与模糊的对立统一中显示出来的，确切词语和模糊词语在法律语言中的使用具有一定的规律性，其目的是为准确达意服务，共同体现出法律语言的准确性。① 模糊现象是不以人的意志为转移而客观存在的，作为属于自然语言的法律语言必须要用到模糊词语，模糊词语在一定的条件下可具有准确的属性。在法律领域，有意识地、正确地运用模糊语言，可以增强语言表述的严谨性，既可包容社会上纷繁复杂的现象与行为，又可给一些条文的解释留有回旋的余地。但应当强调的是，正如准确词语、准确表达不是万能和普遍适用一样，模糊词语、模糊表达的使用是以表达准确、包容、周延和完备为目的。运用模糊语言，要注意模糊度。运用模糊语言超出模糊度所引起的任何表意不明的现象都应当避免和纠正。②

　　模糊词语在法律语言中的使用虽然受到限制，但其作用还是很重要的。恰当使用模糊词语可以确保法律语言的准确和严谨。模糊词语在法律语言的运用不仅符合语言本身的特点和规律，而且能极大地满足法律现象和社会生活各种实际情况的要求。充分了解法律语言中模糊词语的积极功能，充分掌握模糊词语灵活周延完备、语言容量巨大、含义深刻丰富等特点，发挥它的不可代替的积极作用，既是当今社会发展的需要，也是法律发展完备的需要。在西方法学的历史上，曾经出现过属于分析实证主义法学流派的一个激进的分支，即所谓的"概念法学"。概念法学的思想家们试图用准确的语言和严密的逻辑结构建立一个完备的法典体系。他们把成文法的准确性推向极致：法典从内容到表述都十分准确、严密和完备，涵盖了社会生活中可能出现的所有法律现象和法律问题。但客观世界、社会生活，以及法律所调整的社会关系不是静止的，永恒不变的。社会生活的变动性和复杂性要求恰当地使用一些模糊语言，以便使法律更加周密和完备。③

　　但是语言的歧义或模棱两可则是要尽量去避免的。模糊词语是语言学的一种现象，它反映了自然语言的一种本质特点，而语义上的模棱两可或歧义只能是不严谨、不周密的表现。从语法上讲，这是一种病句类型，在以严谨、准确为特点的法律语言当中出现这种情况，极有可能改变当事人权利义务的归属和

---

① 贾吉峰："浅析法律语言的准确性与模糊性"，载《中北大学学报》（社会科学版）2010 年第 5 期。

② 罗士俐："法律语言本质特征的批判性分析——准确性、模糊性抑或严谨性"，载《北方法学》2011 年第 4 期。

③ 罗士俐："法律语言本质特征的批判性分析——准确性、模糊性抑或严谨性"，载《北方法学》2011 年第 4 期。

各方利益的划分，进而影响法律本身的准确和庄重。从某种意义上讲，法律的主要内容就是明确界定法律主体的权利和义务，那么这种权利和义务的界定必须是准确无争议的。否则，非但不能起到稳定社会关系和社会秩序的目的，反而会引起更多的纷争。与此相应，法律语言的根本特点，就在于其准确性。虽然法律语言中也必须有模糊词语，但模糊词语的运用，只能是有助于加强其准确性，而不能是相反，这就要求模糊词语的运用必须适时得体，只有这样，模糊词语在法律语言中才有其必要的地位。无论在立法还是司法实践中，模糊法律语言容量很大，表现的形式也较为复杂，它的使用有条件地受特定的语言环境的制约，使用不当会造成严重后果。①

总之，模糊性和准确性一样，都是法律语言的属性。"法律语言的精确性是相对的，其模糊性才是绝对的"。② 法律语言的准确性是"法"的主要原则之一，是所有法律工作者的一致追求。立法者尽力追求法律的针对性和准确性，执法者和司法者也尽力用准确的法律语言阐述法律思想、撰写法律文书，但是，模糊性仍然是法律语言难以消除的现象，贯穿于立法、司法和执法活动的整个过程。法律语言中有意使用的一些模糊词语不仅不会损害法律的准确性，相反会准确地传达信息，有助于在不确定中达到确定性和准确性，从而使法律更加周密和完备，从而更好地维护法律的尊严。从二者的关系看，模糊性是绝对的，而准确性则是相对的。法律语言力求在准确性和模糊性之间求得平衡。也就是说，法律语言该准确时要准确，但该模糊时要恰当地使用模糊语言，这是高超的立法策略和技术。如果该用模糊语言而使用准确的语言，就将法律的准确走向了极端，就会造成法律的僵硬，使法律缺乏"活力"。而此时使用模糊语言，就使法律更具有灵性和张力，更加周密和完备。

---

① 贾吉峰："浅析法律语言的准确性与模糊性"，载《中北大学学报》（社会科学版）2010 年第 5 期。

② 夏远利："法律语言中词语的模糊语义现象"，载《成都大学学报》（社会科学版）2005 年 3 期。

4 法律语言具有模糊性的原因分析

正如前文所述，法律语言作为一种具有规约性的语言分支，有其独特的语言风格特点。而其中最重要的特点就是准确性。但是，相对应的，法律语言的另一个特点或属性就是模糊性。语言是我们沟通和交流的工具，承载了人类的思想感情和价值判断。法律是国家专门机关制定的以权利和义务为主要内容并以国家强制力保证实施的社会行为规范。法律是人类的创造性活动，与语言的关系非常密切。法律通过语言形式表现出来。立法语言作为法律规则的载体，是法律信息最直接的外在形式。即使在判例法的国家，判例也是通过语言文字表现出来的。

英国哲学家大卫·休谟指出："法与法律制度是种纯粹的语言形式。法的世界肇始于语言：法律是通过词语订立和公布的，法律行为和法律规定也都涉及语言文字和公开的表述或论辩，法律语言与概念的运用，法律文本与事实关系的描述与诠释，立法者与司法者基于法律文书的相互沟通，法律语境的判断，等等，都离不开语言的分析。"[①] 英国著名法学家丹宁勋爵也指出："要想在与法律有关的职业中取得成功，你必须尽力培养自己掌握语言的能力。"[②]

法律是人们行为的规范或准则，是维持正常社会秩序的根本保证。法律以保障公民生命、健康、安全、财产、自由以及追求幸福的权利为最终价值目标。在法治社会里法律具有极高的权威，为了维护法律的一致性、确定性、安定性和权威性，法律语言应该尽量准确。但是，由于各种原因，法律语言除了具有准确的特性以外，还具有模糊的特性。法律语言的模糊性与法律语言的准确性一样，都是法律语言的本质属性和显著特征，是法律语言难以避免和根除的法律现象，贯穿于立法、执法和司法的全过程。因此，研究法律语言的模糊性，分析法律语言模糊性的原因，有助于我们透彻理解法律语言的本质属性，并有助于我们在立法、司法过程中发扬法律语言模糊性的优势，克服法律语言模糊性的弊端，因而不仅具有重要的理论价值，而且也具有重要的实践价值和现实意义。以下探讨法律语言具有模糊性的原因。

---

① David Hume：《Treatise of Human Nature》，(1739)，Bd Ⅱ, p. 263. 转引自刘平："强制执行立法研究"，中国政法大学 2008 年博士学位论文，第 145 页。

② ［英］丹宁勋爵：《法律的训诫》，龚祥瑞，等译，群众出版社 1985 年版，第 2 页。

4.1 语言本身的特性

"造成法律文本模糊的原因很多：有来自语言自身的因素，也有来自社会文化背景的因素，而来自语言自身的因素是造成法律文本模糊最主要的因素"。① 宇宙间各式各样的事物千差万别，既彼此联系又彼此相异，人们的认知能力所能企及的只是万事万物现象的部分而已，不可能对各种事物之间的界限作出永恒而清楚的界定。人类世界最为复杂的东西之一莫过于语言的"不确定"或"模糊性"。试图给某一词、某一概念下一个完整而令诸学者心悦诚服的定义，只是始作俑者的理想而已，个中原因应归咎于语言本身的不确定性或模糊性。②

语言本身具有模糊性，无法准确地将所要反映的事物一一再现出来，它所能表达出来的意义往往与所要反映的事物有裂缝，二者很难达到同一性。加上法律文字语言的运用还要遵循固定的程式，表达方式、所用词汇大受钳制，要找到准确反映立法意图的法律文字非常困难。

模糊性就是人们认识中关于事物类属边界或性质状态方面的亦此亦彼性，也就是中介过渡性。《韦氏英语大词典》给模糊一词所下的定义是"the state of being vague, indefinite, unsettled, or uncertain; lack of clearness; ambiguousness, haziness"（呈模糊状的，不明确的，不确定的，或不能判定的；不清楚的；模棱两可的；迷惑的）。而模糊性从狭义上讲，专指语义界限不清。从广义上讲，模糊性是不确定性、不准确性、不清晰性的概括词，是与确定性、准确性、清晰性相对而言的。因此，模糊语言具有不确定性、不准确性、相对性、亦此亦彼性等。

从常理讲，语言表达应当力求准确清晰，但实际上，无论是汉语，还是英语，乃至世界上任何一种语言，都存在着一种自然的模糊现象。关于语言的模糊性问题，从 20 世纪初开始，已经有不少学者开始探索和研究。英国著名的哲学家罗素于 1923 年发表了一篇论文《论模糊性》。他认为，整个语言都或多或少是模糊的，并进行了大量的举例论证。美国语言学家龙菲尔德于 1933 年出版了一本书《语言论》，指出语言的模糊性是大量存在的。他指出，我们可以给某个植物或动物下一个准确的定义，但是我们不能给"爱"和"恨"下一个准确的定义，而这些没有准确意义的词在词汇里占绝大多数。③ "二战"后英国最

---

① 刘蔚铭："法律语言的模糊性：性质与成因分析"，载《西安外国语学院学报》2003 年第 2 期。
② 熊德米："模糊性法律语言及其翻译"，载《边缘法学论坛》2006 年第 2 期。
③ 参见张蕾："论法的模糊性及其正面价值"，重庆大学 2008 年硕士学位论文，第 8 页。

著名的法官和享有世界声誉的法学家阿尔弗雷德·汤普森·丹宁（Alfred Thompson Denning）在出版的《法律的训诫》一书中指出："有时候你可能无法——不是由于你的过错——使自己表达得更清楚，这可能是语言本身的弱点。它可能不足以表达你想要说明的意思，它可能缺乏必要的确切性。"① 美国语言学家威廉·阿尔斯顿在出版的《语言哲学》一书中指出："消除一个给定术语的模糊性，这是一个不切实际的目标。当人们着手使某一术语更加准确时，结果发现，他们用来消除所论及的模糊的那个术语本身又是模糊的。"②

北京师范大学的伍铁平教授是我国模糊语言学研究的开创者之一，他所著的《模糊语言学》是我国第一本系统阐述语言模糊性问题的著作。在该著作中，他指出："语言的非准确性，即模糊性是语言的本质属性之一。"③ 伍铁平认为，语言模糊性与语言的概括性、多义性是不同的，但是语言的概括性、多义性是语言模糊性其中的原因④。

法律要通过语言或词语来表达，作为语言大类中的一种，法律语言中不可避免地存在着大量的模糊语言。从人类语言本身的特性或属性来探讨法律语言的模糊性，具体来讲主要有以下几个方面的原因。

4.1.1 语言的离散性、有限性与客观物质世界的连续性（渐变性）、无限性之间的矛盾

有些模糊现象之所以模糊，究其原因是由于事物本身（所指对象）的模糊性造成的，即对象本身就模糊。由事物和特征所构成的世界是连续的，而词语所表示的观念和意义却是离散的。词语意义反映外在世界时，产生内涵模糊、界限不清，在所难免。可以说，这种模糊现象的存在是很普遍的。从逻辑层面来看，语言包含法律语言，法律语言是语言的一部分。因此语言本身的特性会"遗传"或反映在法律语言的特性上。

从语用学的视角来看，语言是用来反映客观世界的，但与客观世界的连续性（渐变性）相比，语言是离散的；与客观世界的无限性相比，语言是有限的。语言的离散性，是所有语言都有的重要属性，表明语言或词语在反映连续

---

① [英] 丹宁勋爵：《法律的训诫》，龚祥瑞，等译，群众出版社1985年版，第4页。
② [美] 威廉·阿尔斯顿：《语言哲学》，牟博译，三联书店1998年版，第206页。
③ 伍铁平：《模糊语言学》，上海外语教育出版社2000年版，第132页。
④ 伍铁平举例说，人的种族、国籍、性别、年龄、性格、相貌、身高不同，但都可称为"人"，这是人的概括性，而非模糊性，但人在形成的过程中，人和猿人的界限不清楚，这却是模糊现象。"高"既指抽象的高度，如"水平高"，又指具体的高度，如"身材高"，这是词的多义性，但身材多高算高？它同矮没有固定的界限，这是模糊现象。

渐变的事物和现象时，通常分割成一段一段加以表述或反映。① 实际上，语言的有限性和语言的离散性存在着因果关系，但从根本上讲，都是由事物的发展的连续性或渐变性造成的。② 如一个生命体从出生到成长再到衰老是一个连续不断的过程，但是我们只能用离散的有限的语言如"幼年""成年""老年"来表示一个生命体所处的不同阶段，而且事物从一个状态到另一个状态往往很难划出一个明显的界限，可以说"幼年""成年""老年"之间的界限是模糊的。再如一天时间的变化是连续的，但是我们通常用"早晨""上午""下午"和"晚上"来表示一天的不同时段，任何相邻的两个时段如"早晨"和"上午"之间界限就不是绝对分明的。除了汉语以外，实际上世界上的任何语言都是离散和有限的，如英语单词"town""city""metropolis"分别表示城镇、城市和大都市，但是它们之间也没有泾渭分明的界限，也就是说"town""city""metropolis"三者之间是渐变的，它们之间的界限是模糊的。

认知语言学家发现自然类的边界往往是模糊的，相邻范畴常常不是由严格的边界截然分开，其边缘成员往往混入对方的类别。如，"鸟"范畴的典型成员有百灵、大雁、云雀、夜莺，而企鹅缺少鸟类的典型特征——有羽毛、会飞，处于范畴的边缘，造成人们认知过程中"鸟"边界的模糊。

下面举一个法律语言方面的例子，来说明法律现象的渐变性如何使抢劫罪中关键要件"使用暴力"这个词语逐渐变得模糊。

在法律实践中，抢劫罪和抢夺罪是两个不同的罪，抢劫罪是比抢夺罪更为严重的犯罪，受到法律更为严厉的惩罚。抢劫罪和抢夺罪的区别在于犯罪分子在抢走受害人财物的过程中是否使用暴力。使用了暴力就构成抢劫罪，反之就属于抢夺罪。但抢劫罪和抢夺罪之间也没有泾渭分明的界限，因为"使用暴力"这个词是模糊的，"未使用暴力"和"使用暴力"是一个渐变的过程。有关"使用暴力"（或未使用暴力）实施抢劫（或是抢夺）可能出现以下几种情形：第一种情形，犯罪嫌疑人用刀架在受害人的脖子上抢去受害人脖子上的金项链；第二种情形，犯罪嫌疑人在后面猛推受害人，在受害人倒地后一瞬间夺走受害人脖子上的金项链；第三种情形，犯罪嫌疑人和受害人迎面而过，犯罪嫌疑人故意用肩膀擦碰受害人，在受害人与其理论时，趁其不备快速夺走受害人脖子上的金项链。以上三种法律现象中，第一种情形"使用暴力"非常明确，没有争议。但第二种情形，特别是第三种情形中犯罪嫌疑人是否使用暴力

---

① 石安石：《语文研究》，语文出版社 1994 年版，第 95 页。
② 王顺华："立法语言若干问题研究——以刑法文本为中心的考察"，苏州大学 2006 年硕士学位论文，第 29 页。

就有点模糊了。而世界上的很多事物包括法律现象都具有这种渐变性或连续性，离散的有限的语言无法将它们一一清晰地表达出来。"不管我们的词汇是多么详尽完善、多么具有识别力，现实中始终会有一些为严格和明确的语言分类所无能为力的细微差异与不规则的情形。虽然许多概念可以被认为是对存在于自然世界中的关系和一致性的精神映象，但是对现实所做的这种精神再生产，往往是不准确的、过于简化的和不全面的。"①

虽然随着社会的发展和人类文明的进步，特别是语言学的发展和人类认知能力的提高，人类的表达能力越来越强，人类语言的词汇和结构越来越丰富多样，人类对客观世界的认识和描述也越来越全面和透彻。但是由于客观事物是无限的，而且客观世界瞬息万变，各种新生事物不断产生，且在时间和空间维度不断地发展变化，人类有限的语言只能尽可能地大致反映或描述客观事物存在和发展的一些重要的过程和状态，而无法"再现"无限的客观世界连续不断的发展过程和状态。也就是说人类仍然无法奢望用离散的、有限的语言，将各种连续的不断发展和变化的认知客体，特别是认知客体间的微小的差异一一展现和反映出来。正如维特根斯坦语言哲学派的代表维斯曼认为："人类根本不可能有关于未来可能产生的各种情况的所有结合方式的知识。既然人们不可能预测将来可能发生的所有情况，就不可能在所有情况下明确划定概念的边界。"②

4.1.2 人类语言的词语中心意义明确，但边缘意义却是不明确、不确定的

英国著名的法学家哈特从语言结构学的角度，提出了著名的语言"空缺结构"的理论。哈特指出："任何选择用来传递行为标准的工具——判例或立法，无论它们怎样顺利地适用于大多数普通案件，都会在某一点上发生适用上的问题，将表现出不确定性或模糊性特征。"③ 哈特认为人类任何语言中的词语的意义都存在着一个意义中心和意义边缘地带。在中心，意义是明确的，但在边缘地带，意义是模糊的，越边缘意义越模糊。④ 也就是说，人类语言的词语意义有中心

---

① [美] E. 博登海默：《法理学：法律哲学与法律方法》，邓正来译，中国政法大学出版社1999年版，第484页。
② 参见 [日] 中山龙一："二十世纪法理学的范式转换"，周永胜译，载《外国法译评》2000年第3期。
③ [英] 哈特：《法律的概念》，张文显，等译，中国大百科全书出版社1996年版，第127－129页。
④ [英] 哈特：《法律的概念》，张文显，等译，中国大百科全书出版社1996年版，第124－135页。

意义和边缘意义之分,中心意义明确,但边缘意义是模糊的、有争议的①。

虽然法律语言有许多专业术语,但仍然有大量的日常用语。假设有这样一个法律条文:"禁止车辆进入公园",对于"车辆"这个词语就是日常用语。"车辆"这个词语其中心意思是明确的,"车辆"肯定包括轿车、卡车、摩托车等普通机动车,但其边缘意义却是不明确的,救护车、自行车、儿童车、玩具车等是否属于该法律条文所指的"车辆"就模糊了,有争议了。再如"重婚"是法律专业术语,是指"有配偶者与婚外的异性以夫妻名义持续稳定地共同生活"。这里有许多日常用语如"以夫妻名义""异性""持续稳定地共同生活"等,这些词语的中心意义是明确的,但边缘意义却是模糊的②。因此法律概念存在着中心意思与边缘含义,越接近边缘,越存在边际模糊。

一个概念的中心含义也许是清楚和明确的,但我们离开该中心时它就趋于模糊不清了。在法律的边缘地带必然会存在着哈特(Hart)所说的法律模糊现象。如"重大误解",除非是特别明显的情况,否则并不容易判明;民法总则中的"八周岁以上的未成年人可以进行与他的年龄、智力状况相适应的民事活动",在本条文中,何谓"相适应"?语词的外延或边缘意义较为模糊。正如研究法律语言学的著名学者威廉姆斯在《语言与法律》一书中指出:"语言的核心部分,其意义固然十分明确,但是越趋近边缘就越模糊,语言边缘之处的边缘意义一片朦胧,极易引起争议,而其究竟属于该语言外延之内还是外延之外,亦难断定……此非立法者的疏忽,而系任何语言所难免。"③ 哈特认为,法律规则的"开放结构"造成的法律语言的模糊性既有缺点也有优点,其缺点是由于法律语言的开放结构,因而法律条文具有不确定性,增加了法律工作者适用法律的难度;但同时能使法律规则适用于其制定者没有预见或不可能预见的新情况,增强了法律的普遍性、适应性、灵活性和稳定性。④

---

① 如"早晨"这个词语指一天天亮开始的一段时间如5-9点,其中心意义就是6-8点,也就是说6-8点属于"早晨"是非常明确没有争议的,但5-6点、8-9点是"早晨"这个词语的边缘意义,也就是说5-6点、8-9点是否可以称为"早晨"是有争议的。有些地方在冬天5-6点天还没有亮,人们一般认为天亮以后才称为"早晨";而8-9点是"早晨"还是"上午"就有争议了。

② 目前我国民政部门婚姻登记系统没有全国联网。如果一个人在一个地方与他人登记结婚了,而在另一个地方又与一位异性登记结婚并共同生活,那肯定是重婚。但是"以夫妻名义""异性"等词的边缘意义是模糊的,如果一个人在一个地方与他人登记结婚了,而在另一个地方又秘密与另一位异性举行了婚礼但没有去民政部门登记;或者如果一个人在一个地方与他人登记结婚了,而在另一个地方又与一位变性人登记结婚并共同生活,在这些情况下是否构成重婚罪?这就有争议了,因为"以夫妻名义""异性"的边缘意义是模糊的,而且越边缘,意义越模糊。

③ 参见梁慧星:《民法解释学》,中国政法大学出版社1995年版,第215页。

④ [英]哈特:《法律的概念》,张文显,等译,中国大百科全书出版社1996年版,第124-128页。

4.1.3 同样的语言经过不同的解码可能产生不同的意义，如此导致法律语言的模糊性

由于使用者的主观认识和客观环境不同，同样的语言或词语经过不同的人或同一人不同时期不同地方的解码可能产生不同的意义，如此导致法律语言的模糊性。这里可分为三种情况。

（1）囿于语言使用者的认识能力。有些事物本身可以用二值逻辑划清其类属界线，即事物本身是准确的，但使用者使用时将其模糊化了。也就是说，有些事物本身的界限在科学上有严格的规定，可以认为界限是清楚的，但囿于语言使用者的认识能力，事物呈现出模糊性，这是由于我们在日常生活中没有办法对事物作准确的区分①。对于如何理解 2003 年 1 月 17 日最高人民法院 (2003) 4 号司法解释"关于行为人明知是不满十四周岁的幼女而与其发生性关系，无论幼女是否自愿，均应按照《刑法》第 236 条第 2 款以强奸罪定罪处罚。如果行为人确实不知对方是不满十四周岁的幼女，双方自愿发生性关系，未造成严重后果，情节显著轻微的，不认为是犯罪。"在此解释中，奸淫幼女罪的主观构成要件是什么？"明知"作何解释？到底是"明确知道"还是"知道或应当知道"，不同人的认识并不完全相同。显然，作后一种理解似乎更为合理。法律语言的这种模糊性是难以避免的，司法过程中应运用常识、价值判断、利益衡量和法律论证克服其模糊性，实现其确定性。

（2）语言使用者有意识地模糊化。即还有一种情况，说话人明明知道确切的信息，却在言谈之中不使用这个确切信息，有意将其模糊化。也就是说，使用者有意地将本来准确的所指对象模糊化。由于交际经济性的限制，使得说话人要在最短的时间内传达尽可能丰富的信息，就必须略去交际双方都知道的信息或他认为没有必要传达的信息，这种现象广泛存在于各种语言之中。当然包括法律语言②。

---

① 如太阳是红彤彤的，火焰是红的，晚霞是红的……但红色到底是什么颜色，它跟橙色、棕色有什么区别，在多数情况下，判断起来只能凭我们的主观感觉。

② 伍铁平先生举过这样的例子：如果让别人到会场找一个他不认识的人，只需要用模糊语言说明那个人是中年人，高个，胖子，大耳朵，戴眼镜，便不难找到那个人。如果完全使用精确语，说他 36 岁零 8 个月，身高 1 米 8，腰围 1 米，鼻高 2 厘米，戴 500 度近视眼镜，这个人反而不容易找到。在法律用语中，也存在着这种以模糊求精确的现象。例如：2004 年 3 月 1 日公安部发布 A 级通缉令，通缉在逃杀人犯罪嫌疑人马加爵，其中对他作出如下描写："身高 1.71 米左右，体型中等，方脸，高颧骨，尖下巴，双眼皮，凹眼，蒜头鼻，大嘴，下唇外翻。操广西口音。"在这里，"左右""中等""方""高""尖""凹"等都是模糊语言，丝毫不影响我们对这个犯罪嫌疑人面貌整体的把握，相反如果对他进行很精确的描绘，会出现适得其反的效果。如在刑侦报告中，有以下描写："死者大约死于三天前，现场无明显搏斗痕迹"，"大约""无明显"也是模糊词语。法律工作者有意使用模糊语并不是含糊其辞，模棱两可，而恰恰体现了运用词义的模糊性来反映生活中的模糊概念，体现了科学求实的态度，同时实现了语言信息传递的目的，增加了语言表达的效果。

（3）语言所指对象本身是模糊的。最常见的情况是有些事物和现象本身是不确定的、模糊的，经过不同的解码则显得更加模糊。著名语言学家索绪尔反对把语言看作是词语与反映的客观事物之间简单的对应关系。① 人类语言中有部分词语是相对明确的，因此一些词语与客观事物之间是一一对应的关系，如"马"和"牛"就是明确表示的是某一类动物，没有多少争议。但是还有一部分词语如"正义""法治""道德"等本身就是模糊的，因此它们与客观事物之间不是一一对应的关系，很难说清楚它们到底具体指什么。如对于什么是"正义"，古今中外的学者们众说纷纭、莫衷一是。对于法律与正义的关系，自然法学派就认为法律必须体现正义，"正义是法律制度的首要美德"②，违背正义的法律就是恶法。但分析法学派则认为正义是一种纯主观的价值判断，不同的人对于什么是"正义"有不同的观点，如果一个法官认为某个法律违背正义而拒绝适用会导致法律不能得到一体地施行，而在一个法治国家，法律具有极高的权威，法律必须得到一体的遵守和适用，必须保证类似案件类似判决。从以上我们可以看出学者们对于正义的不同观点。就是我们普通人对于正义的看法也不尽相同。由于人们所处的社会地位特别是经济地位不同，对于正义也有不同的观点③，显然，"正义"这个词语与客观事物之间没有一一对应的关系，它所指的对象是模糊的。

"语言是生活事实的一种逻辑表达形式，是思维的物质外壳，生活事实发生了变更，审美情操发生了变化，作为表达形式的语词必然随之转变。因此，语言受语境的影响颇大。语言作为一种符号，相同的语词在不同的语境中可能有着不同的意义，而不同的语词在相同的语境中却可能有着相同的意义"。④ 同样的语言或词语在不同的场合或不同的语言环境可能会有不同的含义或不同的解码。也就是说，同一用语，不一定同一用法，须视其使用目的而有差异。如"推定"二字，在法条中一般多为拟制某一事实而用，亦即有推测而定之意，或假定之意。例如，我国台湾地区的"民法"第 11 条规定"二人以上同时遇难，不能证明其死亡之先后时，推定其同时死亡。"其中的"推定"就有上面的意义。而上述所指的"民法"第 124 条第（1）项规定："家长由亲属团体中

---

① 参见刘东莹："法律语言的准确性与模糊性"，华中师范大学 2008 年硕士学位论文，第 13 页。
② ［美］罗尔斯：《正义论》，何怀宏译，中国社会科学出版社 1998 年版，第 5 页。
③ 例如，对于目前我国的个人所得税，一些高收入群体就主张随着社会的发展，特别是经济的发展要提高个人所得税的基数以减少税负，如此可以提高他们创造社会财富的积极性，否则是不正义的。但是低收入群体就认为对于高收入群体多收一些税，国家就可以通过第二次分配提高低收入人群的社会保障的水平，让他们也能享受社会经济发展带来的实惠，否则是不正义的。
④ 褚宸舸："论立法语言的语体特点"，载《云南大学学报》（法学版）2009 年第 2 期。

推定之；无推定时，以家中之最尊贵者为之；尊辈同者，以年长者为之。"其中的"推定"则是推举之意。尽管上面两条都是出自我国台湾地区的"民法"，都用"推定"字样，但第一个是"推测"的意思，第二个却是"推举"的意思，可见二者的意义有很大的不同。

苏力认为，词语的意义是人们在特定语言背景下为一定的目的而赋予其特定的含义，如果使用词语的背景不同、使用目的不同，人们对词语的理解就会不同，即词语的意义也就不同。① 语言只是一个符号系统，只有经过解码才能体现其所表示的意义，由于解码的主体不同，或者解码的具体背景、情景不同或使用目的不同，在不同的国家和地区可能对同一词语有不同的理解②。法律文本中经常出现"数额巨大"③"情节特别严重"等词语，就以"数额巨大"为例，可以说对于"数额巨大"的理解，不同地区的法官，甚至同一地区的不同，生活和文化背景的法官，以及同一法官在不同的时期对"数额巨大"的理解都有可能不同，因为不同地区可能经济发展水平不同，同一地区的不同的法官可能年龄不同，生活经验和生活背景不同，他们对"数额巨大"的理解也可能不同。此外，人们生活的环境不同，社会生产生活方式不同，也可能造成对同一词语的理解不同④。

4.2　法律规范的概括性

法律具有相对稳定性，不能频繁变动。为追求法律的明确性，使用过于精确的法律语言会使得其适用范围有限，难以应对伴随社会发展所出现的新问题与新情况。因此，为减少因社会发展速度过快而造成的立法空白与克服法律的滞后性所带来的缺陷，需要扩大法律的适用范围，提高法律规范的概括性。法律是一种反复适用的行为规范，是一类行为及其相应后果的抽象概括，为循环往复的社会问题提供解决机制，从而摆脱偶然性和主观性，强调一般性、客观性和一贯性。法律规范适用的是一般而非特定的个人或组织。法律规范的一般性与反复适用性体现为法律规范的概括性，这一特性促使立

---

① 苏力："解释的难题：对几种法律文本解释的追问"，载《中国社会科学》1997 年第 3 期。
② 如"早晨"在中国一般指天亮到八点左右，但在英美等英语国家，天亮至中午都称为"早晨"，这就是他们到了快吃午饭的时候仍然用"Good morning"来打招呼的原因。
③ 立法者很难用一个确定的金额范围来确定"数额巨大"，因为我国经济发展速度很快，且各地经济发展不平衡。而我国是一个单一制的国家，具有统一的法律体系。
④ 如人们对"白天"和"晚上"的理解就可能不同，在都市或城镇生活的人特别是"上班族"通常区分"白天"和"晚上"就是以"朝九晚五"为分界线，而对于广大农村从事农业劳作和体力劳动的农民群众来说，"白天"和"夜晚"则是以日出日落为分界线，如此在不同的季节"白天"和"夜晚"分界的时间点就不同，因为在不同的季节日出日落的时间不同。

法者在立法时,更关注于法律适用对象的一般性而非特殊性,从而选择使用外延较大的词语。法律规范的概括性要求立法时有意选择一些模糊的法律语言。

法律规范的概括性是指法律规范为一般人的行为提供了一个模式、标准或方向,它的对象是抽象的、一般的人,而不是具体的、特定的人,它在同样的情况下可以反复适用,而不只适用一次。"法律理念必须向着生活事实开放,必须具体化、'实证化',只有这样,才具有现实的意义。另一方面,生活事实也必须理念化、规范化,用尽可能准确的概念予以形塑、建构。立法者对一系列的生活事实进行提炼和归纳,使其成为一个在语言中可以用概念方式加以表达的法律规范,并对此规定一个法律效果,这就是'类型化'的过程"。① 这种"类型化"实际上是法律规范概括性的要求。法律是为社会服务的,社会生活和社会关系纷繁复杂且处于不断的变化中,因此立法者无法用十分准确的语言来表述千差万别、异彩纷呈的法律现象,只能对各种各样的法律现象进行分析、归纳,抽象出它们的共同特征,然后用概括性的语言,以图制定出具有普遍适用性和相对稳定性的法律规范,但正是这些概括性的语言造成了法律语言的模糊性。"法律要具有概括性、抽象性和相对稳定性,而法律的概括性、抽象性和相对稳定性一定程度上就是建立在语言的模糊性基础上的"。② 以下从两个方面具体论述法律规范的概括性造成法律语言的模糊性。

4.2.1 法律的一般性和抽象性与社会生活的复杂性和具体性之间的矛盾

法律针对的是一般的人和事。一般的、抽象的法律无法涵盖复杂多样的社会事实中的所有可能,有限的法律规范无法涵盖所有的社会行为。事物存在模糊性,在立法过程中难以对其进行界定,故立法只能针对同类事物的一般情况,而无法估计所有的可能情况,此时需要运用模糊的法律语言进行表达,以扩大法律的包容性和适用范围。如我国《刑法》第234条规定的故意伤害罪,须依据伤害程度来量刑,但该条款中的"轻伤""重伤"之间的界限并不清晰,"特别残忍"也显然是模糊语词。"重伤"与"轻伤"的认定需要结合具体案情进行分析判断,法律无法将所有伤害的类型与手段罗列出来。

法律的一般性、普遍性要求法律规范具有高度概括性,为实现法律的普遍适用,法律语言边界范围须随着社会的发展变化而移动,法律需要有模糊语言的运用。法律无法涵盖社会生活的方方面面,难以精确至细枝末节,无法完备无疑,而只能订立一些通则。立法的局限性决定了对社会生活的规定,

---

① 褚宸舸:"论立法语言的语体特点",载《云南大学学报》(法学版)2009年第2期。
② 褚宸舸:"论立法语言的语体特点",载《云南大学学报》(法学版)2009年第2期。

立法者都无法毫无遗漏地预设，因此法律规范需要通过模糊的法律语言实现其概括性。

由于我国地域辽阔、各地经济社会发展水平严重不均衡，尤其在风险社会和社会转型的大背景下，法律不可能对社会生活的方方面面作出详细具体的规定。所以，立法上只要求对某一类行为的性质作出概括性的规定，无须也不可能对社会生活中可能出现的各种具体行为作出明确详明的规定。诚如有学者指出的："尽管法律有明确性之要求，但立法者于立法制定时，仍得衡酌法律所规范生活事实之复杂性及适用于个案之妥当性，从立法上适当运用模糊的法律概念或概括条款而为相应之规定"。[1] 因此，法律规范是将现实社会生活中个别的、具体的法律现象进行抽象、概括出共同要素后形成的，不是对社会生活中具体行为样态的简单罗列和直观描述。换言之，法律规范并不是为个别的事件设立的，而是为一类事件设立的，而同类事件的具体情况又是复杂多样的，作为法律规范必然是舍弃具体情况的差异性和多样性，就一类事件作出概括性的规定，以便将现实生活中发生的个案涵摄于该规范之下。所以，法律规范并不是针对特定人在特定时间的特定行为所做的规定，而是一个抽象的、概括性的规定，而这种模糊的、抽象的、概括性的规定是非常必要的。因为要求法律规范对各种行为的样态予以明确详细地列举是不现实的。事实上，法律列举某种法律现象所有可能出现的各种具体情况，反而有损于法律的安定性和稳定性，因为社会现实总是超越立法者的预见能力，这种立法方法必然会留下许多无法避免的漏洞或空白。立法者并非全知全能的人，其理性能力以及知识水平具有一定的局限性，期望他们制定一部部囊括各种社会现象、覆盖全部社会过程、包罗一切社会事实的法律，不仅在客观上难以达到，而且会出现挂一漏万、以偏概全的弊端，极有可能因为立法者的疏漏或因社会的发展，使得一些重要的社会关系得不到法律的规制。正如英国著名法学家丹宁勋爵指出的："必须记住，无论一项法律什么时候被提出考虑，人们都没有能力预见到实际生活中可能出现的多种多样的情况。即使人们有这种预见能力，也不可能用清晰的确定性的措辞把这些情况都包括进去。"[2] "法律条文有限，社会事实无穷，不能就每一事项，详细无误地予以规定，故条文字句多抽象晦涩"。[3]

法律来源于社会，又服务于社会。法律是针对一般的人和一般的事项所做的规定，法律具有一般性和抽象性的特点，但社会生活就像万花筒，包罗万象、

---

[1] 靳宗立：《罪刑法定原则与法律变更之适用原则》，元照出版公司2005年版，第102页。
[2] ［英］丹宁勋爵：《法律的训诫》，龚祥瑞，等译，群众出版社1985年版，第13页。
[3] 杨仁寿：《法学方法论》，中国政法大学出版社1999年版，第133页。

纷繁复杂。而执法者和司法者在执行法律和适用法律时，面对的是特定的人和特定的案情，为了使法律具有普遍适用性，立法者就要慎重选择一些具有高度概括性的词语，以便使所有的社会行为都能够得到法律的规制，不至于出现法律的"空白"或"漏洞"。例如，法律规定，"人们在行为时必须尽到合理注意的义务，否则如果给他人造成损害将承担法律责任"，这条规则中"合理注意的义务"就是概括性的规定，因为法律不可能列举所有"合理注意的义务"的各种情形，因此法律使用这些模糊的语言是必需的，也是无奈的。如我国《婚姻法》第32条规定："男女一方要求离婚的，可由有关部门进行调解或直接向人民法院提出离婚诉讼。人民法院审理离婚案件，应当进行调解；如感情确已破裂，调解无效，应准予离婚。"其中"感情确已破裂"[①]就是概括性的语言，至于在什么情况下夫妻的感情已破裂则是不明确的、模糊的。由于感情破裂是社会生活中非常复杂的问题，俗话说："幸福的家庭是相似的，不幸的家庭各有各的不幸。"现实生活中夫妻感情破裂有各种原因和各种表现，立法者很难对夫妻感情破裂下一个准确的定义或罗列所有夫妻感情破裂的情形，因此只能采用概括性的语言，如此造成了法律语言的模糊性。

再如我国《刑法》第20条第1款规定："为了使国家、公共利益、本人或者他人的人身、财产和其他权利免受正在进行的不法侵害，而采取的制止不法侵害的行为，对不法侵害人造成损害的，属于正当防卫，不负刑事责任。"其中"其他权利"和"不法侵害"[②]都属于概括性的语言，以概括出社会生活和具体案件的各种情况，提高法律的灵活周延性和普遍适用性，但这些语言也是笼统的和模糊的。

法律概念是抽象出社会生活中可能出现的各种法律现象及其导致的法律后果的共同特征而形成的法律专业术语，因此具有高度概括性。正是因为这些具有高度概括性的法律术语（法律概念），而造成法律的模糊性。在司法实践中法官在适用法律时，总是会遇到这样一个问题——法律条文中某个法律概念是否能够涵盖特定案件出现的法律事实？一个最典型的例子就是存在于各个法律规范中的兜底条款，如"法律规定的其他情形"。在法律规范中这样的兜底条

---

① 法律条文无法列举感情确已破裂的各种情况，假如法律条文列举了感情确已破裂的数种情形，就可能导致法律无法涵盖社会生活或具体案件的各种感情确已破裂的情形，反而使法律出现漏洞。因此立法者只能采用"感情确已破裂"这样的概括性的语言，如此也造成了法律的模糊性。

② 现实生活中公民的权利形式多种多样，受到的各种不法侵害的类型也是举不胜举，法律不可能将其全部列举出来，为了弥补这一不足，立法者只能用"其他权利""不法侵害"等这些概括性的语言。

款是非常必要的①,是为了概括所有没有列举的各种类似情形,以便使抽象的法律能够适应和涵盖社会生活可能出现的各种具体情形。如我国《刑法》第20条第3款规定:"对正在进行行凶、杀人、抢劫、强奸、绑架以及其他严重危及人身安全的暴力犯罪,采取防卫行为,造成不法侵害人伤亡的,不属于防卫过当,不负刑事责任。"在这个法律条文中"其他严重危及人身安全的暴力犯罪"②就是一个兜底条款,往往在遇到这样的兜底条款时,我们经常困惑,某个特定的法律事实是否属于这个兜底条款规范的范围,从而无法判断该条法律规定是否适用于该法律事实,如此就造成了法律语言的模糊性。

4.2.2 法律的相对稳定性与社会生活的不断变动性之间的矛盾

法律以社会为基础,法律的内容是对社会需求的表达。"社会的需求和社会的意见常常或多或少是走在'法律'的前面的"③,因技术的发展进步,社会生活也随之变化。社会决定法律的性质与功能,法律规范需要及时反映、调整变化了的社会关系,而法律的变迁总是会滞后于社会的发展,因而法律规范需要具有概括性。

法律制定之后便具有一定的稳定性,不可能朝令夕改,而社会生活白云苍狗、变化无常,立法者为了将纷繁复杂且变动不居的法律现象涵摄于有限的法律规范之下,就必须对具体事物和行为进行"类型化"的概括,以便使法律具有较大的涵盖面和较强的适应性,以免在复杂多变的社会形势面前捉襟见肘、无能为力,如此要求法律必须具有概括性,或者说需要适度地使用一些伸缩性的模糊语词。如我国《刑法》第14条第1款规定:"明知自己的行为会发生危害社会的结果,并且希望或者放任这种结果发生,因而构成犯罪的,是故意犯

---

① 虽然类似兜底条款在立法者看来很有必要,但也要把握一个度,毕竟兜底条款使用的是概括性的、模糊的法律语言,如果太多地使用甚至滥用兜底条款势必造成法律语言过度模糊的弊端。以日本刑法对强奸罪和强盗罪(抢劫罪)的规定为例。日本《刑法》第177条的规定是:"以暴力或者胁迫手段奸淫13岁以上的女子的,是强奸罪,处3年以上有期徒役;奸淫未满13岁的女子的,亦同。"同时又作为其补充,在第178条规定了准强奸,即"乘女子心神丧失或者不能抵抗,或者使女子心神丧失或者不能抵抗而奸淫的",依照强奸罪的规定处断。其《刑法》第236条关于强盗罪的规定是:"以暴力或者胁迫方法强取他人财物的,是强盗罪,处5年以上有期徒役"同时作为其补充,又在第239条规定:"使他人昏醉而盗取其财物的,以强盗论。"可以看出,对于中国刑法强奸罪、抢劫罪的"其他手段""其他方法"等类似的兜底条款,日本刑法是通过补充规定的方式明确规定的,这就较好地体现了罪刑法定的明确性要求,较好地实现了法益保护和人权保障之间的平衡。

② 由于现实生活中暴力犯罪的形式举不胜举,各种新型的暴力犯罪层出不穷,法律不可能将其全部列举出来,为了弥补这一不足,立法者列举了一些暴力犯罪的常见形式之后,再加以"其他严重危及人身安全的暴力犯罪"这一概括性的语言,但如此也造成了法律的模糊性。

③ [英] 梅因:《古代法》,沈景一译,商务印书馆1996年版,第15页。

罪。"该法律条文对"故意犯罪"这个法律概念的规定，就是从社会生活中抽象出各种故意犯罪的共同特质而形成的权威性范畴，具有高度的概括性，可以适应未来社会生活出现的各种情况。如一名女大学生和他人同居意外怀孕生下小孩后，丢弃在公共卫生间，后被人发现，但小孩经抢救无效死亡。这名女大学生的行为是否属于我国刑法规定的故意犯罪呢？这名女大学生在法庭上辩称，她主观上是希望有人上卫生间时会发现她的孩子并带回抚养，因为她还在求学，无力抚养这个小孩。但是，法官依据法律的规定，即法律条文对"故意犯罪"这个法律概念的规定认定，这名女大学生是孩子的母亲，她把刚生下的孩子放在公共卫生间，最后导致这个孩子的死亡，虽然其主观上不是希望这个结果的发生，但却是放任这个结果的发生，因为公共卫生间可能很长时间都没有人，她的孩子有可能死亡，故放任她的孩子死亡的结果同样构成我国刑法规定的故意犯罪，应该依法受到刑事处罚。

虽然法律的主要内容是对法律主体的权利和义务的规定，但法律毕竟是对人们行为的一种约束，如果法律经常修改、废止或变化会导致人们好不容易习惯了某种约束，又要适应新的约束而无所适从。同时法律的制定和修改是需要成本的，加之如果法律经常变化也极大地损害法律的一贯性、确定性和权威性，因此法律一经制定如果没有特殊情况就要在一定的时间内保持稳定性。但是法律来源于社会，又服务于社会，社会日新月异，社会生活和法律要调整的社会关系处在不断地变化中。为了解决法律规范的相对稳定性与社会生活的不断变动性之间的矛盾，立法者就会选择一些概括性的词语以便使法律能够适应未来可能出现的新情况和新变化，但"这些概括性的词的含义可能随着时代、场合甚至使用者的不同而发生变化。词义有赖于所讨论的问题和这个词的语境。"[1] "如果国会的法律是用神明的预见和理想的清晰语言草拟的，它当然会省去法官们的麻烦。但是在没有这样的法律时，如果现有的法律暴露了缺点，法官们不能叉起手来责备起草人，他必须开始完成找出国会意图的建设性任务。他不仅必须从成文法的语言方面去做这些工作，而且还要考虑产生的社会条件和通过它要去除的危害方面去做这些工作。然后，他必须对法律的文字进行补充，以便给立法机构的意图以'力量和生命'"。[2] 因此使用这些概括性的词语的目的是使法官能够根据未来社会生活的变化，以及社会生活中出现的各种情况进行解释或赋予"新"的含义，克服法律的滞后性和僵硬性，提高法律的适应性和灵活性，以实现立法目的，但如此也造成法律语言的模糊性。

---

[1] ［英］丹宁勋爵：《法律的训诫》，龚祥瑞，等译，群众出版社1985年版，第6页。
[2] ［英］丹宁勋爵：《法律的训诫》，龚祥瑞，等译，群众出版社1985年版，第13页。

例如，我国 2009 年颁布的，《民法典》施行前的《中华人民共和国侵权责任法》（以下简称《侵权责任法》）第 22 条规定："侵害他人人身权益，造成他人严重精神损害的，被侵权人可以请求精神损害赔偿。"其中"人身权益"就是一个具有高度概括性的词语，以便使法律能够适用于未来可能出现的各种情况或各种案件①，但也增加了法律规范的模糊性，因为这种具有概括性的词语"人身权益"到底包括权利主体的哪些具体权利是不确定的。

为了适应未来社会生活可能发生的各种无法预见的新情况，立法者作出一些概括性的规定，而这也造成了法律语言的模糊性。立法者作出一些概括性的规定通常采用法律专业术语。法律专业术语力求精确，但仍然不可避免地具有模糊性②。在法律专业术语方面，法律词汇系统并未独立于民族共同语之外，而是在长期对民族共同语的使用中，根据立法及司法工作的要求，对民族共同语进行改造，从而形成了一套具有法律专业特色的词汇。每个术语所表达的都是一个特定的法律概念，并且因为其语意较为明确，不能用其他词语替换，这是法律语言中的"同一概念同一词语"规律。因此法律术语是法律语言中语意最为精确、固定和单一的。尽管如此，法律术语仍不可避免地具有模糊性③。

4.3 法律现象的复杂性

美国社会法学派的代表弗兰克指出，法学家用法律语言描述法律现象不同于文学家用文学语言描述有形的物体，在于法律现象非常复杂且变化莫测，因

---

① 有一起"性权利"受损要求精神损害赔偿的新型案例，某一交通肇事者张某将一男子李某撞伤，法医鉴定结论为：因外伤致阴茎勃起障碍。于是，受害人李某和其妻子根据我国《侵权责任法》第 22 条的规定，向被告提出 10 万元的精神损害赔偿。在法庭上，李某的妻子声称丈夫因车祸致阴茎勃起障碍而基本丧失性功能，给他们夫妻二人都造成极大的精神痛苦。而被告则认为"性权利"不是我国法律明确规定的人身权益。该案是一件新型复杂的案件，该案争论的焦点是"性权利"是否属于我国《侵权责任法》第 22 条规定的"人身权益"。我国法律确实没有明确规定"人身权益"包括"性权利"。"人身权益"是一具有高度概括的词语，何谓"人身权益"，"人身权益"究竟包括公民的哪些权利，是不明确的、模糊的。事实上法律不可能涵盖社会生活中不断出现的"人身权益"的各种形式。该案法院最终认定"性权利"属于我国《侵权责任法》第 22 条规定的"人身权益"，故支持了原告的诉讼请求。

② 夏远利："法律语言中词语的模糊语义现象"，载《成都大学学报》（社会科学版）2005 年第 3 期。

③ 如"同居"在民族共同语中至少有三个义项：（1）若干人同住一起；（2）夫妻共同生活；（3）男女双方没有办理结婚登记手续而共同生活。因此，"同居"这个词语义范围较大。但是在法律语言中，"同居"只有一个特定的含义，即义项（3）。此时这个词的语意范围缩小了，但根据上文对普通法律用语模糊性的分析可知，义项（3）中的词语也有其模糊性，因而由它们组成的一句话也必定具有不确定性或模糊性。如"共同生活"这个词语就具有模糊性。男女两人多长时间生活在一起算作"共同生活"？平时不在一起，仅仅周末在一起算不算"共同生活"？

为法律所调整的社会关系复杂多样且变动不居。法律现象的复杂性正是法律语言具有模糊性的原因之一。反对法律语言模糊性的学者受到"非真即假""非此即彼"二元思维模式的影响,没有看到法律现象中存在大量的"灰色地带"。[1]

4.3.1 法律是不同利益集团互相争执和妥协的结果

马克思指出宪法是经济的集中表现,是不同利益集团互相争执和妥协的结果。美国著名学者查尔斯·A·比尔德也认为,法律是各个阶层社会成员利益争执和妥协的结果,不同的立法主体代表着不同的利益集团,整个立法过程交织着不同的价值观念和经济利益的争论和妥协,其中关于作为国家根本法的宪法的争执主要是经济利益的冲突。[2] 因此,可以说法律实际上是各个阶层的社会成员利益分配的基本制度。法律通过对各种社会成员和利益集团的权利和义务的设定来确认和保护某些社会成员和利益集团的利益,限定或否定另一些社会成员和利益集团的权利和利益。虽然立法者制定法律以维护社会公共利益为目标,但是公民个人的利益也是法律要保护的,而且集团的利益甚至公民个人的利益也是社会公共利益的一种特殊形态。可以说社会公共利益是复杂的、抽象的和多元的,利益多元化和价值多元化是社会发展的趋势。特别是随着市场经济的发展出现了各种不同的利益集团,他们之间的利益互相冲突和"竞争",而且随着社会的发展,各种利益集团政治和经济发展不平衡,它们的话语权也会随之变化。这些不同的利益集团都会极力使本集团的利益在法律中得到确认和体现,想通过法律来获得和固化更多的权利。

"在美国宪法制定的过程中,如果各利益集团都一味追求宪法条款的所谓准确,那么宪法永远不可能达成一致。在制定宪法的过程中,需要高超的智慧来化解彼此的恩怨,使得彼此都能够坐下来谈判,最终达成协议,模糊的语言便成为一种立宪的策略和方法。模糊的语言可以给利益冲突的各方有一定的灰色区域来表达自己的意愿,避免准确和与之相关的承诺"。[3] 因此,此时立法者只有使用一些弹性较大的语言,也就是模糊语言来达成各方都能接受的利益平衡。

美国 1787 年联邦宪法是美国建国初期多元利益集团谈判和妥协的结果,美国联邦宪法所创立的也是一个利益谈判和妥协的政治机制。在美国两百多年的

---

[1] 褚宸舸:"论立法语言的语体特点",载《云南大学学报》(法学版)2009 年第 2 期。
[2] [美]查尔斯·A·比尔德:《美国宪法的经济观》,何希齐译,商务印书馆 1989 年版,第 21 页。
[3] 江振春:"模糊语言学视角下的美国宪法稳定性",载《学术界》2007 年第 4 期。

历史上，不同的利益集团（群体）因应不断变化的历史环境，利用依宪法衍生的宪政机制①，就各自的利益和联邦的"公共"利益的定义和定位，相互进行一种连续不停的谈判和妥协。谈判和妥协使旧的宪法原则和实践得以修正，使新的宪法原则和实践得以产生，宪法的生命力不断得到更新，表现出一种"超稳定性"，成为一部"活着的宪法"。

4.3.2　法律现象的复杂性还表现为有些法律现象本身是模糊的

法所调整的社会关系不同于有形的物体，有的往往只可意会，不可言传。海德格尔就说过："世界的存在是不可表达的，语言永远也不能表达世界的本来面目。"法律语言无法完整地将法律调整的社会关系准确表达出来。这样就会使主体对法律现象产生不知所云的模糊印象。法律现象是指法律规定的，能够导致法律后果的，能够引起法律关系产生、变更和消灭的现象。有些法律现象本身边缘模糊、分界不明，剪不断理还乱；还有一些法律事务（现象）在人们的主观世界中边界是模糊的。如果将前者称作客观的模糊事物，那么后者便是主观的模糊事物。表达这样的模糊事物，无论是客观的模糊事物，还是主观的模糊事物，都别无选择，只能使用相应的模糊词语。西方学者曾就"abortion（堕胎）是否构成杀人罪"这一问题进行研究和讨论，结果是不了了之。根本原因就在于胎儿与受精卵之间没有明确的边界。这种边界不明的现象在法律活动领域屡见不鲜：英国法律中为了区分夜盗罪（burglary）与为抢劫而侵入住宅罪（house—breaking），立法上采用了"night"一词，然后将其解释为"日落后一小时至日出前一小时"；然而各地所处时区不一样，现实中难以把握"day"与"night"之间的界限。实际上，要用语言去准确描述一个法律现象是非常困难的，这种描述只能不断地接近客观事实。正如没有任何一个杀人犯的杀人行为和其他人的杀人行为完全相同。客观世界和社会生活不仅千姿百态、复杂多样，而且变动不居，法律现象作为客观世界的一部分本身就是模糊的，且法律规范和法律现象之间不可能存在准确的对应关系。法律现象的复杂性源于社会生活的复杂性，因为法律来源于社会又服务于社会，社会生活复杂多变，因此一些法律现象本身是模糊的，以至立法者只能使用一些模糊性的语言来表述这些模糊的法律现象。如我国《刑法》第14条第1款规定："明知自己的行为会发生危害社会的结果，并且希望或者放任这种结果发生，因而构成犯罪的，是故意犯罪。"第15条第1款规定："应当预见自己的行为可能发生危害社会的结果，因为疏忽大意而没有预见，或者已经预见而轻信能够避免，以致发生这

---

① 1787年美国联邦宪法主要规定了一些模糊性的法律原则。

种结果的,是过失犯罪。"法律条文对故意犯罪现象和过失犯罪现象的描述都用的是模糊语言①。

再如我国《侵权责任法》第 39 条规定:"限制民事行为能力人在学校或者其他教育机构学习、生活期间受到人身损害,学校或者其他教育机构未尽到教育、管理职责的,应当承担责任。"其中"学校或者其他教育机构未尽到教育、管理职责"就是模糊语言,因为"学校或者其他教育机构未尽到教育、管理职责"这个法律现象本身就是模糊的。学生来到学校或其他教育机构接受教育,学校如何进行教育、管理以便使学生不至于在学习、生活期间受到人身伤害?法律无法规定一个统一的、确定的任何学校或教育机构都实行的教育、管理模式和内容来确保学生在学校不受到伤害。其实学生在学校受到伤害这样的法律现象是非常复杂的,有各种各样的原因和不同的情形,可能有学生自己的原因,也有可能是监护人的原因,还有可能是学校教育、管理不到位的原因,还有可能是多因一果,立法者针对学校的教育与管理方面的责任只能使用一些模糊语言,以求实现立法目的。其实立法者的立法目的就是要求学校或者其他教育机构要对学生尽到教育、管理职责,否则如果学生受到人身伤害就可能要承担法律责任。

即便是"罪"与"非罪"这样的最常见、最重要的法律概念和法律现象,人们对它们的主观认识也只有相对的大致的边界,没有绝对的非常清晰的边界。《刑法》第 13 条规定:"一切危害国家主权、领土完整和安全,……以及其他危害社会的行为,依照法律应当受刑罚处罚的,都是犯罪,但是情节显著轻微危害不大的,不认为是犯罪。"且不说其中的"显著轻微""危害不大"本身就是语义边界模糊的词语,但说"显著轻微"和"轻微"之间、"不大"与"较大"之间也还有一个定位与分界的问题。由此而来的问题是:那些介于"显著轻微"和"轻微"之间,即比"显著轻微"重,又比"轻微"轻的违法行为,算不算犯罪?是归于"罪",还是归于"非罪"?这可是让法律人士困惑的问题。然而,这却是无法回避的问题,因为事物本身或法律现象本身就是这样模糊,同时人们的主观认识也是这样的模糊。②

---

① "故意犯罪""过失犯罪"这两种法律现象之间就没有泾渭分明的界限,一个人驾车在公路上高速行驶或闯红灯造成他人死亡是"过失犯罪"吗?肇事者置他人生命于不顾高速行驶或闯红灯这种行为可是故意的。因此"故意犯罪""过失犯罪"这两个法律现象本身就是模糊的,故立法者只能用一些模糊的语言来表述这些本身就模糊的法律现象。

② 姜剑云:《法律语言与言语研究》,群众出版社 1995 年版,第 275 页。

4.3.3 随着社会的变化或适用到特定的案件，本来明确的法律规范也可能变得模糊

法律现象是复杂的，其复杂性可表现为法律规范的含义随着社会的发展和变化而不断地发展变化。正如德国学者魏德士指出：随着科技的进步和社会的发展，许多意义明确的法律规范变得模糊起来，因为法律规范的含义随着时间的推移而变化，词语的外形或读音只是词语的外壳，其内容的全部或部分在不断地更新①。

法律现象的复杂性源于法律是为社会服务的，具体来说法律是用来调整社会关系的，而社会在不断地进步和发展，特别是科学技术的进步和发展使社会日新月异，如此可能造成一个明确的法律规范，由于科技和社会的进步与发展或者说随着社会变迁而变得模糊起来。如我国《刑法》规定了"组织卖淫罪"，其中"卖淫"这个词语的意义是明确的，就是指"女性出卖肉体"。但随着社会的发展，"卖淫"这个词语的意义变得模糊了，因为社会生活中出现了组织男性卖淫的情形。在南京有个夜总会，夜总会老板用高收入为诱饵引诱并胁迫一些年轻男性吃能改变身体特征的"高科技"的药，然后打扮成女性模样，在夜总会的舞台跳舞，如果被来这个夜总会消费的男同性恋者看中，就会被带走进行性交易，"卖淫"者如不从就会被打，其中一名被打者趁"看管"不注意逃出该夜总会后报警，一些警察立即出警包围这个夜总会，抓住了组织卖淫的老板李某等人，检察院以涉嫌"组织卖淫罪"起诉了李某，这就是著名的"南京同性卖淫"案。在法庭上，检察院指控李某以盈利为目的，通过招募、引诱、胁迫、容留等手段控制多人卖淫，伤风败俗，社会影响极坏，构成我国《刑法》规定的组织卖淫罪。但李某及其律师在法庭上辩称，"卖淫"的相关司法解释是"女性出卖肉体"，我国《刑法》第3条规定："法律明文规定为犯罪行为的，依照法律定罪处刑；法律没有明文规定为犯罪行为的，不得定罪处刑。"因此请求法院判定李某无罪。其实这个案件争议的焦点就是"卖淫"这个法律概念。以前"卖淫"这个没有任何争议的法律概念随着社会变迁变得不明确了，模糊了。这个案例充分说明，法律规范或法律概念的意义并不是固定不变的，其意义要随着社会的变化而变化。刑法中"组织卖淫罪"中的"卖淫"这个法律概念在以前是指女性为了金钱而进行性交易，但目前社会出现了新情况，即出现了男性卖淫现象，因此"卖淫"这个法律概念，虽然其词语的外形或读音没有变化，但其内容的部分发生了变化，或者说随着科技的发展和

---

① 参见刘东莹：《法律语言的准确性与模糊性》，华中师范大学2008年硕士学位论文，第15页。

社会不断出现的新情况而不断发展产生新的含义,但"新的含义"① 到底是什么,是不确定的,或者说是模糊的。

语言的意义并不是固定不变的,相反,语言的含义在使用中会随着社会的发展而发生流变,如我国宪法中"人民"的范围在不同时期涵盖范围就有较大变化。随着社会的发展和变化,特别是新的法律现象或法律事实的出现,原本明确的法律语言变得模糊。例如,我国《刑法》第 20 条第 3 款规定:"对正在进行行凶、杀人、抢劫、强奸、绑架以及其他严重危及人身安全的暴力犯罪,采取防卫行为,造成不法侵害人伤亡的,不属于防卫过当,不负刑事责任。"其中"正在进行"就其字面意义来说是明确清晰的,但是因为法律现象的复杂性而使其变得模糊。如在一个案件中,一位女士在银行取了较大数量的现金,这位女士开着轿车离开银行时被 2 个犯罪嫌疑人骑摩托车跟踪,这位女士把车停在人少的车库打开车门准备下车时,这 2 名歹徒把刀架在受害人的脖子上抢到存放现金的包后,迅速发动摩托车逃离,这时这位受害人立即发动轿车追赶歹徒并撞上摩托车造成 2 名歹徒一死一伤。在这个案件中对受害人是否承担法律责任有争议,争议的焦点是"受害人发动轿车追歹徒并撞摩托车"时抢劫行为是否"正在进行"。如果认定"正在进行",那么根据我国《刑法》第 20 条规定就不属于防卫过当,不承担法律责任,但如果认定当时抢劫行为已经结束,那就不属于正当防卫,要承担法律责任。一些学者认为只要还在受害人的视线范围内说明抢劫行为"正在进行",受害人可以采取无限防卫的自力救济方式和犯罪分子较量,以拿回属于自己的被抢财物;但另一些学者持不同甚至截然相反的观点,即认为当时抢劫行为已经结束,受害人是假想防卫,应当承担法律责任。这个案子充分说明社会法律现象是非常复杂的,随着社会的发展变化和层出不穷的个案,本来明确的法律规范也可能变得模糊起来。

几百年前,莎士比亚在《威尼斯商人》中塑造的一个机敏聪慧、具有律师般才思的女子鲍西娅就已经明白法律现象的复杂性,适用到特定的案件,本来明确的法律规范也可能变得模糊,法律规则的明确与不明确可以相互转换。当安东尼奥无法偿还高利贷时,高利贷者夏洛克要求行使契约规定的割下债务人身上一磅肉的权利。鲍西娅则巧妙地对契约作出了新的解释:"契约规定的是

---

① 法院审理认为,组织卖淫的对象,主要是指女性,也包括男性。本案被告人李某以营利为目的,组织"公关先生"从事金钱与性的交易活动。虽然该交易在同性之间进行,但该行为亦为卖淫行为,被告人李某作为组织者,其行为侵害了社会生活秩序和良好的社会道德风尚,有一定的社会危害性,符合组织卖淫罪的构成要件,故对被告人及其律师的辩护意见法院不予采纳,判定被告李某的行为构成组织卖淫罪。

一磅肉，但是不能多也不能少，更不能使债务人流一滴血；如果流血就必须由债权人偿命。"契约中规定的"肉"指的到底是什么？仅仅是肌肉纤维组织吗？还是这些肌肉纤维组织和包括血液在内的各种体液的生物体呢？夏洛克在起草契约时显然没有考虑到这一点。这同时也说明法律现象是非常复杂的，在某一特定的案件中原本看来明确的法律语言也可能变得模糊起来。

5 法律语言模糊性的积极功能

亚里士多德指出:"立法所能达到的清晰程度不可能超过所处理问题的容许程度,一种诚实、开放性的模糊比徒有其表的清晰更有益,并且由模糊的法律语言进行表达的法律,可以通过语境和上下文而获得某种感情色彩,从而使其或多或少失去了原有的模糊意义。"① 著名的哲学家康德指出:"模糊观念要比清晰观念更具表现力,在现实生活中,常常是根本无法用准确语言表达所想的东西。"② 模糊语言在日常生活中是大量存在的,而且人们都在自觉不自觉地运用它③。模糊语言具有不确定性和不准确性等特性。一般而言,立法者立法时必然力求立法语言的准确性,以期制定的法律能够得到准确的实施,起到调整一定领域内的法律关系的作用。然而,模糊性却是不可避免地存在于各种法律条文之中,可以说模糊性是立法语言具有的一个十分重要的特征。模糊性的立法语言可能使得法律条文看起来不是那么清晰、明确,但是,立法语言的适当模糊或者说法律语言的模糊性却有诸多优势或积极功能。

法律语言不同于文学、哲学等其他语言在于法律是人们行为的社会规范,代表社会公平和正义,具有国家强制性和极高的权威性,如此形成了法律语言特有的风格和特性,其中准确性是法律语言毋庸置疑的最重要的特性。但是,法律语言贯穿于立法、执法和司法等法律运行的全过程,在法律运行的过程中人们发现明确的法律规范在复杂多样且不断变化的社会生活面前要么无法适应,要么显得模糊笼统。事实上,在立法、执法和司法等各个领域,模糊的法律语言比比皆是。因此,法律语言的模糊性也像法律语言的准确性一样,都是法律语言的重要特征和本质属性。而且模糊与准确并不对立,在特定的条件下,模糊恰恰是高层次的准确。客观来说,"从信息接收、思维分析和语言表达这一系列基本环节来看,人们认识活动的有效性、多样性、深刻性,并非单纯来自明晰、准确的认识形式和语言表达形式,与之相反,各种模糊思维形式和语言表达,在人们交往活动和知识交流中,更具有广泛、完美和高效的特征"④。正

---

① 参见[美]富勒:《法律的道德性》,郑戈译,商务印书馆2005年版,第83页。
② 转引自张蕾:"论法的模糊性及其正面价值",重庆大学2008年硕士学位论文,第8页。
③ 如我们见面打招呼常用的"你好吗?""how are you?"就是模糊语言。
④ 李晓明:《模糊性:人类认识之谜》,人民出版社1985年版,第6页。

如斯通（Stone）所言，"公司社会责任的含义固然模糊不清，但恰恰由于该词模糊不清而获得了社会各界的广泛支持"①。当代美国著名的法学家富勒指出："强调法律的明确性并不一般地反对在立法中使用诸如善良忠诚（in good faith or faithful）、适当注意（due care）、公平合理（equitable and reasonable）等表示法律原则的模糊词"，即对法律明确性要求不应过分，"一种华而不实的明确性可能比老老实实的含糊不清还要有害"②。因此，当某些法律条文或法律文本在语义上不能明确表述时，尤其是在涉及法律原则以及法律事实的性质、范围、程度、数量等无法明确的情况下，使用模糊语词反而能增加法律规定的弹性和适用性等语用功效。

诚然，法律语言的模糊性有优势或积极的一面，但也有弊端或消极的一面，以下主要探讨法律语言模糊性的积极功能。

5.1 实现法的稳定性的功能

法律过于精确，会降低法律的适用范围，当法律与复杂多变的社会事实出现不适配的现象，就需要修改法律。但法律的频繁变动，会致使因法律时常变动而缺乏安定性和稳定性，同时造成立法资源的浪费。法律的修改须通过法定程序进行，频繁对法律进行修改也并不现实。因此，法律语言的模糊性在一定程度上实现了法律的安定性或稳定性并维护了法律的权威。法律语言的模糊性的积极功能首先是有利于提高法律的社会适应性，以实现法律的相对稳定性。③法律来源于社会，又服务于社会。法律具有相对稳定性，因其具有稳定性，一旦被制定，需要在一定时期内起作用，不能朝令夕改。④ 黑格尔曾言，明确的法律有益于法律的实施，但过于详细的法律将带有经验色彩，以至于在法律具体适用时需要修改，而这是对法律性质的违背。⑤ 当社会发展与既定的法律之间存在冲突时，法律需要为之修改，其稳定性就会受到冲击。因而在制定法律时，须对二者进行衡量，是追求法律的相对稳定性还是明确性，要找到最优的平衡点。模糊词具有一定的概括作用，模糊性法律语言的使用可扩大法条的辖

---

① 参见罗培新："我国公司社会责任的司法裁判困境及若干解决思路"，载《法学》2007 年第 12 期。

② 徐国栋：《民法基本原则解释——成文法局限性之克服》，中国政法大学出版社 2001 年版，第 17 页。

③ 褚宸舸："论立法语言的语体特点"，载《云南大学学报》（法学版）2009 年第 2 期。

④ 刘星：《西方法学初步》，广东人民出版社 1998 年版，第 342－343 页。

⑤ ［德］黑格尔：《法哲学原理》，范扬、张企泰译，商务印书馆 1961 年版，第 316－317 页。

域，使其表达涵盖更多的法律现象与法律事实。① 在法律概念、法律原则的表述中使用概括模糊的法律语言，提高了法律适用的弹性空间，使法律具有更大的辐射面和涵盖性，因此有利于保持法的稳定性。模糊性的法律能为特殊个案提供指引，以应付司法实践中千变万化的现实需求。

过于精确的法律会产生立法上反复无常的现象，法律的频繁变动使当事人对自身行为所产生的法律后果的预期落空，从而丧失对法律的信赖。因此法律的相对稳定性是法律的权威性的必要保障和前提，法律频繁修改不仅造成公民无所适从，同时也损害了法律的权威。我国先秦法家的代表韩非子和管子指出："治大国而数变法，则民苦之。"②"号令已出又易之，礼义已行又止之，度量已制又迁之，刑法已错又移之。如是，则庆赏虽重，民不劝也，杀戮虽繁，民不畏也。故曰：上无固植，下有疑心。国无常经，民力必竭"③。

先秦法家强调法律要保持相对的稳定性，不能朝令夕改。没有相对的稳定性，法律随之丧失可信度，没有可信度的法律就没有权威可言，刑虽重民众不畏惧，赏虽厚也起不到鼓励的作用。因为法是全国百姓奉行的准则，统一、固定，百姓才好遵守；朝令夕改，就会使人们无所适从。而且，如果各种法律政令不统一，那么奸臣刁民看到原先的法令对自己有利，就按原先的法令来办事；看到新的法令对自己有利，就按新的法令来办事；看到新旧法令有相互抵触之处，就会进行诡辩来维护自己的私利。所以，韩非子认为"法莫如一而固"④。

---

① 王东海："立法语言中的法律常用词研究"，载《同济大学学报》（社会科学版）2013 年第 1 期。
② 参见张觉：《韩非子译注》，上海古籍出版社 2007 年版，第 207 页。
③ 参见黎翔凤：《管子校注》，中华书局 2004 年版，第 295 页。
④ 必须指出的是中国先秦法家在强调法律不能朝令夕改，即要保持相对稳定性的同时，也强调"法与时转"，即法律要与时俱进。如《管子·任法》："法者，不可恒也"，"皆随时而变，因俗而动"。《商君书·壹言》："圣人之为国也，不法古，不修今，因世而为之治，度俗而为之法。"即法家认定国家的历史是进化的，社会是不断发展变化的，则治理国家的法律也不能固化。因此法家强调法要因时制宜。在法家看来，法律是适应社会的需要而产生的，因而就不可能一成不变，就像社会关系不可能固定不变一样。这说明随着时势的变化，法制应相应地进行变革，但这只是从时代的高度来看问题。在某一个时期，法令一旦制定，就必须具有统一性、稳定性，不能"数变法"。总之，"法与时转"是为了使法令适合不断变化的客观现实，"法一而固"是为了使法令具有相对的稳定性以便于实施，两者都是考虑到法令的实际功效而提出来的。固法论与变法论看似矛盾，实际其宗旨是一致的。它们都是值得借鉴的立法原则，无论废弃其中的哪一个方面，都会犯片面性的错误。只有辩证地看待这不可或缺的两个方面，从实际出发适当地处理好"变"与"不变"的关系，才是明智之举。人们既称道商鞅变法，又赞赏萧规曹随（汉初萧何为丞相，制定律令制度，后曹参继萧何为相，完全根据萧何的成规办事），原因就在于此。在法家看来，法律既要"变"又要"不变"，"变"是为了避免法律受历史的束缚而与时代的需要不相符；"不变"是保持法律的相对稳定性，保证法律不被疑虑而保持法律的威信。"变"与"不变"辩证地结合起来，才能保证法律既不墨守成规，又不朝令夕改，从而发挥法律应有的功能。先秦法家的这个立法原则在现在看来仍然给我们莫大的启示。

古希腊著名思想家亚里士多德认为：轻易地改变法律，另行制定新法的做法，削弱了法的根本性质和作用，也严重损害法律的权威。① 正因如此，美国的宪法几百年基本不变，只是以修正案的方式进行"小修小补"。博登海默指出："一旦法律制度设定了一种权利和义务方案，那么为了安全、自由及预见性，就应当尽可能地避免对该制度不断地进行修改和破坏。"② 但是法律来源于社会，又服务于社会，社会生活的法律现象和法律调整的社会关系在不断地发生变化，法律制定出来实际上就已经过时了。正如美国法学家埃利希指出："法律一经制定出来，就已经过时了。它既难以管理现在，也难以遑论未来。"③

同时法律的制定需要一定的时间和成本，因此法律必须保持相对的稳定性，而社会生活日新月异、瞬息万变，立法者只能根据当时社会生活的情况制定法律，虽然立法者也知道法律要适应未来社会的需要，但立法者无法预见还未发生的未来社会的各种情况和需要，因此法律总是滞后于社会生活，法律具有滞后性的缺陷。而使用模糊的法律语言则有利于实现法的相对稳定性，弥补法的滞后性缺陷。如《宪法》第31条规定："国家在必要时得设立特别行政区，在特别行政区内实行的制度按照具体情况由全国人民代表大会以法律规定。"其中"必要时""具体情况"这些模糊词语为"一国两制"方针留有较大弹性和张力，使宪法能够保持稳定性和权威性。如果规定得太具体，反倒使法律出现僵硬性缺陷，无法适应社会生活的变化，束缚制度创新的步伐。

立法者制定法律来指导和规范人们的行为，法律规则的准确性向来是立法者的追求，也是推行法治、维护法制的统一与权威的重要手段。因此，我们一般认为，法律规则应当是具体而明确的，这样才能使得当事人双方的权利义务明确而不会出现争议。很长一段时间内，人们都认为，为了能够解决现实生活中的各种矛盾与纠纷，作为争议解决依据的法律规则必须是确定、准确的。然而，根据哲学的观点，运动是绝对的，静止是相对的，世界上所有的事物都处于不断的变化之中。现实生活更是一日千里、瞬息万变，今天的我们不可能完全预料到明天究竟会发生什么事情。法律作为一种行为规范，其基本的功能就是指引（guide）人们如何作为。该指引功能并不意味着法律对现实生活的琐碎细节规定得详尽无遗。而实际上，法律往往缺乏前瞻性（looking-forwardness），对法律制定后将发生的情况很少能准确预料到并予以详尽规定。而在立法中

---

① 参见董晓波："立法语言的模糊性——一个法社会学的视角"，载《河南大学学报》（社会科学版）2007年第2期。

② ［美］E. 博登海默：《法理学：法律哲学与法律方法》，邓正来译，中国政法大学出版社1999年版，第402页。

③ 参见张文显：《二十世纪西方法哲学思潮研究》，法律出版社1996年版，第129－130页。

大量使用含义模糊的词汇，从而扩大了法律的涵盖范围，使法律能够适应未来不可预知的各种新情况。如果法律作出太过清晰的规定，那么，今天的法律就无法适用于明天发生的事件和行为，则需要对法律进行修改，或者制定新的法律来调整新近出现的各种矛盾、纠纷。但是，如此频繁地变动法律无疑会给普通民众造成一种朝令夕改、无所适从的感觉。因此，立法者在制定法律时，都会使用一些模糊性的语言来确保法律能够在解决争议的同时，保持相当长一段时期的稳定，以维护法律的一贯性、安定性和权威性，使得人们能够根据法律来预测自己行为所带来的法律后果，对人们的行为起到一个较长时间的指引作用。

法律来源于社会，又服务于社会，社会生活和社会关系在不断地发展和变化，法律作为一种社会行为规范，必然随着社会的发展变化而不断更新和变化。法律的制定要经过一系列复杂的程序，如立法机关及其工作人员要经过社会调研、调查或听证，然后起草、审议法律草案等，可以说法律一旦制定完成就开始落后于社会生活。然而，法律一旦制定就要在一定的时期内起作用，不能朝令夕改。因为法律毕竟是人们的行为规范，是对人们行为的一种约束或限制。人们对法律的遵守有一个习惯的问题，人们好不容易习惯了这种"约束"，如果法律修改后出现了新的"约束"，人们又要重新去适应。因此，如果法律变动过于频繁，势必影响人们自由、安宁的生活和对自己行为的预判，甚至造成社会的恐慌，影响社会生活的正常秩序。正因如此，美国当代著名的法理学家博登海默指出："法律是一种不可朝令夕改的规则体系。一旦法律制度设定了一种权利和义务的方案，那么为了自由、安全和预见性，就应当尽可能地避免对该制度进行不断的修改和破坏。"①

此外，从立法成本的角度来看，因为立法和法律的修改要动用大量的社会资源和司法资源，要经过大量的社会调查和科学论证，需要许多法律工作者付出艰辛的劳动，对法律进行频繁的修改或者频繁地制定新的法律，导致立法的成本过高，这显然是不经济、不现实的。同时法律的修改过于频繁也损害法律的权威性和立法机关的公信力，不利于法律的贯彻实施。而立法语言的模糊性在一定程度上可以避免由于法律的滞后性而频繁地修改法律，增强法律条文的灵活性、包容性，以帮助法律更好地适应现代高速发展变化的社会现实，使得法律不必频繁地修改而保持其相对的稳定性，同时也能对发展变化了的社会关系进行有效的调整，以解决各种新出现的矛盾与纷争，从而使法律在变动性与

---

① ［美］E. 博登海默：《法理学：法律哲学与法律方法》，邓正来译，中国政法大学出版社 2004 年版，第 420 页。

稳定性中间找到一种平衡。因此，为了使法律适用未来社会可能出现的各种情况，有效地平衡法律的稳定性与社会的变动性之间的矛盾，立法者有意或不得已而制定一些模糊的法律规则。例如，《合同法》第 10 条第 1 款规定：当事人订立合同，有书面形式、口头形式和其他形式。其中"其他形式"就是模糊语言，但能够适用社会生活的变化①，提高法的相对稳定性和适应性。

　　法律语言的模糊性使法律具有一定的灵活性、开放性、适应性和包容性。随着社会生活和社会关系不断地发展变化，模糊性的法律所具有的这种灵活性、开放性、适应性和包容性，使得执法人员和司法人员在面对变动不居的社会现实和不断出现的各种新型复杂的案件时，能够在保持法律相对稳定性和安定性的前提下，对模糊的法律进行合情合理的解释，赋予模糊的法律以新的含义，以适应不断变化的社会现实和社会发展的需要，这样虽然法律语言的"外壳"没变，但其内容和意义则随着社会的发展和变化悄无声息地生长和变化。

　　美国 1787 年制定了世界上第一部成文宪法，美国现行联邦宪法仍然是 1787 年宪法，数百年来美国联邦宪法正文一字未改，只是以宪法修正案的方式（共有 27 条修正案）予以增补。"美国宪法保持稳定性的因素很多，其中美国宪法文本语言的模糊性也是其长期保持稳定性的重要原因之一"②。确实，美国联邦宪法使用了大量的模糊性语言。同时，即使是后来的宪法修正案也使用了大量的模糊性语言。例如，美国 1868 年制定的第十四条宪法修正案规定：所有美国人在法律面前得到平等保护。当时处于近代资产阶级思想启蒙时期，鼓吹天赋人权③，强调人人生而平等，但是当时美国还保留"蓄奴"制度，因此当时宪法修正案规定的"所有美国人在法律面前得到平等保护"中的"人"是不包括"黑奴"的。但是随着社会的发展和人类文明的进步，特别是废除了落后的"蓄奴"制度后，修正案规定的"所有美国人在法律面前得到平等保护"中的"人"就扩大到包括黑人在内的全体美国公民。这不能不说是一种既保持法律的稳定性，又使法律适应社会变化的一种非常有效的法律生长和发展的方式。④ 又如，美国联邦贸易委员会在其制定的反不正当竞争法中，使用了

---

　　① 例如，随着互联网的普及和发展，视频的使用越来越频繁，不排除以后订立合同采用视频形式。通过视频签订的合同同样受到法律保护。
　　② 江振春："模糊语言学视角下的美国宪法稳定性"，载《学术界》2007 年第 4 期。
　　③ "天赋人权"是由格劳秀斯、霍布斯、洛克、孟德斯鸠等古典自然法学派的思想家提出的，是指上天赋予每个人与生俱来的不可剥夺的权利，包括生命、健康、安全、财产、自由以及追求幸福的权利。
　　④ 唐志容、朱涛："从立法语言的模糊性特点看司法活动中的法官素质"，载《南京审计学院学报》2005 年第 2 期。

"unfair methods of competition"。通过该项法律，美国政府明确表明了其对不正当竞争行为持反对的立场，但究竟何种行为是不正当竞争，并没有作出明确的定义，借此应用模糊性语言来适应不断发生变化的新情况及新需求。这样就使法律保持了权威性和较长时间的稳定性。

再如我国《刑法》第 172 条规定："明知是伪造的货币而持有、使用，数额较大的，处三年以下有期徒刑或者拘役，并处或者单处一万元以上十万元以下罚金；数额巨大的，处三年以上十年以下有期徒刑，并处二万元以上二十万元以下罚金；数额特别巨大的，处十年以上有期徒刑，并处五万元以上五十万元以下罚金或者没收财产。"其中"数额较大""数额巨大""数额特别巨大"都是模糊语言，这些模糊语言有利于使法律保持相对稳定性，同时也使法律更能准确地实现立法目的。如果立法者一味追求法律的准确性，用准确的数字来替换"数额较大""数额巨大""数额特别巨大"反而无法实现法律的准确性和立法目的，因为社会经济在发展，而且各地经济发展不平衡，大城市和农村、沿海地区和中西部地区经济发展差距很大，法律使用这些模糊语言，使不同地区的法官可以根据本地区经济发展状况和当时当地经济发展水平因地制宜地确定这些模糊语言的"含义"，并可以根据社会生活和经济发展的变化赋予"数额较大""数额巨大""数额特别巨大"这些模糊语言"新"的含义。这样法律在变与不变之间实现平衡，既维护了法律的一贯性、确定性、安定性和相对稳定性，又实现了法律的灵活性、开放性、适应性和包容性。

基于法律的抽象性、概括性和一般性特征，立法语言保持适度的模糊性与不确定性也是必要的，其目的在于针对不确定的、无法预料的未来情境为法律实施留下足够的解释空间，希冀通过此种途径，在相对稳定或静止的法律规范及其体系和永恒变动的社会生活要求与法律关系之间形成某种默契和和谐，从而更好地调控人类行为、规制社会生活。由此可见，立法语言表述的模糊性表现着法律的动态性、灵活性。倘若立法语言的模糊性所造就的解释空间仍无法使得法律规则应对新的情势变更和社会发展，那么，就只有对法律进行调整，通过修改或废止旧法、颁布新法的方式来化解这一矛盾。①

总之，为了保持法律的相对稳定性和权威性，在立法过程中恰当地使用一些模糊语言成为一种立法技巧和策略。② 模糊语言可以最大限度实现语言的效率和法律的正义，通过提高语言的表达概括能力，模糊语言可以以较少的语言符号传递足够多的信息，使法律语言更加简洁、灵活和周密，从而使法律具备

---

① 刘爱龙："立法语言的表述伦理"，载《现代法学》2006 年第 2 期。
② 江振春："模糊语言学视角下的美国宪法稳定性"，载《学术界》2007 年第 4 期。

较强的适应性和稳定性。立法语言的适当模糊，使法官在面对不断发展变化的社会现实时，能够在保持法律自身稳定性的前提下，对其进行小修小补，通过补充模糊语言的内涵，将适应社会发展需要的新内容和新价值吸收到法律中来，法律因此不动声色地发展着，从而在法律的稳定性与变动性之间寻找到一个科学的平衡点，如此加大了法律对于社会变动的适应力度，有利于弥补法律的滞后性缺陷，使法律保持相对的稳定性，增强了法律的安定性和权威性。

5.2 弥补法律漏洞的功能

社会生活瞬息万变，社会的发展日新月异，社会事实是千差万别的。法律预设的内容是有限的，而社会生活是无限的。立法者因认识的局限无法预知所有的可能性，因此法律会因立法者的预见不能而存在立法空白与漏洞。而模糊性的法律语言用较少的词语传递足够接收者理解的信息，既提高了语言表达的效率，又增强了法律的涵盖性和包容性。在法律语言中，有意识地正确使用模糊语言，可以有效地提高语言表达的概括能力与准确程度，可以包容社会上纷繁复杂的法律现象与法律行为，并能适应社会生活的变化。因此，模糊语言的恰当运用可以使法律语言更周延，可以弥补法律可能出现的漏洞。"立法者适度地使用模糊表达可以使得法律有弹性应付认识对象的复杂性、变动不居性和连续性，以一驭万，造成法网恢恢、疏而不漏的效果"。[①]

法律来源于社会，又服务于社会，社会生活中的客观事物和法律现象是无限的，而有限的法律语言无法涵盖或涵摄社会生活的各个方面和层出不穷的各种情况。因此，出现法律漏洞是很有可能甚至是难免的。换句话说，法律所调整的社会关系以及所涉及的各种法律现象，是复杂多样且变动不居的。由于受各种主观条件和客观条件的制约，立法者不可能预见到可能发生的各种情况，并据此为人们设定行为模式或行动方案，从而制定出囊括一切法律现象、包罗一切法律事实、覆盖全部法律案件的完美无缺的法律。因此，立法者制定的法律不可避免地会出现盲区或漏洞。

法律的漏洞，也就是法律出现空白，即在执法、司法实践中，执法者或司法者在面对具体的案件特别是一些新型复杂的案件时，发现竟然没有可以执行的或适用的法律规范。社会生活中的法律现象是复杂多样且无穷无尽的，执法者和司法者面对的具体案件也是多种多样、层出不穷的，而法律规范是有限的，法律不可能把社会生活中可能出现的所有法律现象无一缺漏地、一一列举地进

[①] 朱涛、柴冬梅：" 刍议立法语言的'准确性'元规则及其实现"，载《河北法学》2016 年第 6 期。

行规定。哈特认为,法律不可能将社会生活的一切详情和所有法律现象的细枝末节规定得完备无遗,但抽象的法律通过语言模糊功能却能调适那些未知的详情、未定的细节,如此弥合法律的空白。[①] 也就是说,立法者能够使用一些概括性的模糊语言力图抽象出同类法律现象的共同特征,用抽象模糊的法学术语在法律条文中予以规范,以弥补法律可能出现的不严密、不周全的情况,即弥补法律可能出现的漏洞。

如有这么一个案件,一个交通肇事者由于超速行驶将在路边正常行走的行人撞成重伤,为了逃避法律责任,他假装将受伤者送医院,而在去医院的途中,将伤者遗弃在人烟稀少的地方,最后导致伤者死亡。那么这个肇事者是故意犯罪还是过失犯罪呢?对此,我国的法律有相关规定,"过失犯罪"是应当预见到自己的行为会发生危害社会的结果,由于疏忽大意没有预见,或者已经预见而轻信能够避免。而"故意犯罪"是指明知自己的行为会发生危害社会的结果,并且希望或放任这种结果的发生。虽然法律对"过失犯罪"和"故意犯罪"的规定都是概括性的模糊语言,但这些模糊性的法律概念适用在该案中,我们可以得出明确的结论,即这个肇事者将他人撞伤这个行为是过失犯罪,而将重伤者放置在人烟稀少的地方,最后导致伤者死亡的后果,这就是故意犯罪了,因为虽然肇事者并非"希望"伤者死亡结果的发生,但是"放任"伤者死亡结果的发生,因此也属于故意犯罪,会受到比过失犯罪更严厉的惩罚。"过失犯罪"和"故意犯罪"这些概括性的模糊语言,是立法者归纳出社会生活中可能出现的各种过失犯罪和故意犯罪行为的共同特征而形成的法律专业术语。实际上,社会生活中的法律现象和法官面临的案件具体而多样,而且随着社会的发展,特别是科技的进步,一些新型的或高科技犯罪不断呈现,因此,如果立法者对所有过失犯罪和故意犯罪的具体情形作出非常全面的明确规定,反而可能出现法律的漏洞。正如著名思想家罗素指出:如果认为所有模糊知识和模糊的语言都是消极的、无意义的,那将是一个极大的错误,相反,模糊语言有时比准确的语言更能准确地实现表达的目的,将会有更多的事实证明这一认识。[②]

法律、法规带有强制性,任何组织和个人都不能随意变通和修改,而且一般时效较长。在此情况下,法律采用精确词语来概括可能出现的问题和解决的办法,就可能因形势的发展而给执行和司法带来障碍。所以,法律往往采用具

---

① [英] 哈特:《法律的概念》,张文显,等译,中国大百科全书出版社1996年版,第121页。
② 参见何建南:"现代西方哲学家论模糊性的本质",载《五邑大学学报》(社会科学版) 2005年第5期。

有弹性、内涵丰富的模糊词语，不仅覆盖面广，而且语义更加准确、精当，疏而不漏，使之能更准确地表述法律，最大限度地打击犯罪以保护公民的生命、健康、安全、财产、自由以及追求幸福的权利。如有时立法者列举了一些典型的法律现象后，加一个"其他"这样的模糊语言，可以使得法律的规定更加周延、疏而不漏。我国《刑法》第114条规定："放火、决水、爆炸、以及投放毒害性、放射性、传染病病原体等物质或者以其他危险方法危害公共安全，尚未造成严重后果的，处三年以上十年以下有期徒刑。"这里使用的"其他"就是模糊词语。在列举了主要犯罪手段和破坏项目之后，再加上"其他危险方法"这样的模糊词语，就使这一规定有了一定的限定性与概括性，使表义更加严密，从而可以更大限度地打击犯罪。如果把模糊词语省略掉或改用确切词语，就会使立法失去严谨性和周密性，就很有可能使现实生活中的大量违法犯罪分子利用法律的漏洞，钻法律的空子而逃脱法律的制裁。

再如我国《婚姻法》第37条第2款就离异双方对子女的生活费作出这样的规定，关于子女生活费和教育费的协议或判决，不妨碍子女在必要时向父母任何一方提出超过协议或判决原定数额的合理要求。这里的"必要时""合理要求"均为模糊词语。如果孤立地看这些词语的语义都比较抽象、模糊，但若联系实际来看，就显得十分必要①，其内涵丰富，比用精确的数字表达更准确、周密、疏而不漏。

周密性或周延性是法律语言准确性的要求。世间万物都在不断地变化，人们认识事物也有个渐进的过程。由于主体（人）认知客观事物受环境、时代、人的认知能力等条件的制约，在一定历史时期内，人们不可能对所有法律现象、法律行为逐条作出界定和定性。这样，在人们的可能的认知力和已作出定性的法律现象之间，形成了一个中间空白地带，这个地带是缺漏之处。法律语言要维护法律尊严，防止遗漏，就要对这些缺漏和不足加以补充，这个任务只有模糊语言才能完成。以刑法为例，受人类认识能力的局限，立法者不可能将社会上所有的危害社会的行为都纳入刑法调整的范围。据此，在刑事立法语言的选用上，就应当为将来可能出现的情形预留空间，从而增强刑法对社会变动的适

---

① 由于离婚时可能孩子还小，关于子女生活费和教育费的协议或判决只是针对当时的情况，随着孩子逐渐长大，随着孩子的生活费和教育费以及物价上涨等各种因素的变化，特别是孩子出现不可预测的重大疾病时，原来关于子女生活费和教育费的协议或判决就可能有缺陷或漏洞，所以法律规定"不妨碍子女在必要时向父母任何一方提出超过协议或判决原定数额的合理要求"，这样就弥补了可能出现的缺陷或漏洞。

应能力，弥补法律可能出现的漏洞。① 如我国《刑法》第 236 条第 1 款规定："以暴力、胁迫或者其他手段强奸妇女的，处三年以上十年以下有期徒刑。"显然，在行为方式上，暴力、胁迫属于列示条款，而"其他手段"则属于概括或兜底条款。强奸的行为方式有很多种，刑法条文不可能将所有的行为方式都一一罗列出来，在这种情况下，立法者在列举了暴力和胁迫两种行为方式之后，选用了"其他手段"② 这一概括性条款，从而为强奸罪的其他行为方式预留了解释空间，使法律规范更加周延，弥补了可能出现的法律漏洞。

再如对于"危害社会公共安全罪"，我国《刑法》第 115 条规定："放火、决水、爆炸、以及投放毒害性、放射性、传染病病原体等物质或者以其他危险方法致人重伤、死亡或者使公私财产遭受重大损失的，处十年以上有期徒刑、无期徒刑或者死刑。"这个法律条文中，立法者明确列举了放火、决水、爆炸、投放毒害性、放射性、传染病病原体等物质这四种常见的危害公共安全的犯罪行为后，加以"或者以其他危险方法"这一模糊语言，可以弥补法律可能出现的空白或漏洞③。

立法者由于受各种主观条件和客观条件的制约，不可能准确地预测未来社会可能发生的各种复杂的情况，制定出能适应社会变化并可适用到各种具体案件的无一缺漏、天衣无缝的法典。而"法律模糊语言可以弥补法律语言的欠缺，克服法律不周全的一些局限性。模糊语言能使法律具有很强的适应性，模糊功能使有些法律概念的外延不确定，可以增强法律语言的灵活性、弹性，弥补正常的法律漏洞，以应对立法者认识能力的有限性与认识对象无限性和复杂

---

① 俞小海："《刑法修正案（八）》的批判性审视——基于刑事立法的语言学视角"，载《铁道警官高等专科学校学报》2011 年第 4 期。

② 例如，用麻醉手段强奸妇女的情形。

③ 比如，有一个肇事者醉酒驾车，连撞数人后，仍然在人群密集的路上超速行驶，最后冲上人行道撞在一棵树上被迫停下，造成 5 人死亡（其中包括一名孕妇）、15 人受伤这样严重的后果。这个案件显然不能以普通的交通肇事罪来追究犯罪嫌疑人的刑事责任了，而应该适用"危害社会公共安全罪"中"以其他危险方法致人重伤、死亡"的法律规定，以有力地打击犯罪，惩罚犯罪。还有一个案件是公交车上的一名顾客要求司机停车让他下车，但因为还没有到站台，司机拒绝停车，这时这名顾客突然抢夺方向盘导致车辆失控撞上人行道，造成 3 人死亡，5 人受伤（其中 2 人重伤）的严重后果。该案中这名顾客也涉嫌构成我国刑法规定的"以其他危险方法致人重伤、死亡"的"危害社会公共安全罪"。还比如在广州有人高空抛下行李箱，虽然没有砸到人但足以构成"以其他危险方法"危害公共安全罪，被判 3 年有期徒刑，缓刑 4 年。2019 年 11 月 15 日成都一女士因夫妻吵架将一菜刀抛下高楼砸到公共汽车顶部后掉到地面上，虽然没有伤到人，但足以构成"以其他危险方法"危害公共安全罪。可见，法律中许多模糊语言的确可以使法律适用范围更广，使法律更加完善，更加严密，更加周延，更加疏而不漏，从而最大限度地打击犯罪。

性的矛盾。"① 例如，我国法律规定，人们在行为时必须尽到合理注意的义务，这条规则中的"合理注意的义务"就是非常模糊的。但法律使用这样模糊的语言是必需的，也是无奈的，因为法律不可能列举复杂且不断变化的社会中可能出现的所有"合理注意的义务"的各种情形。既然如此，使用"合理注意的义务"这个概括性和灵活性的模糊语言，会更加严密无漏。再如我国民法规定的"公序良俗原则"就是一个模糊语言，可以弥补可能出现的法律漏洞。如有这么一个案件，有一个建筑工程师的三口之家，丈夫是建筑工程师，妻子是大学老师，温柔贤淑，相夫教子，儿子在读小学。但这个建筑工程师没有家庭责任感，有了钱也不拿回家，在外面"花天酒地"，还瞒着妻子包养情人。突然有一天这个建筑工程师发现自己咳嗽时间长且有血丝，到医院去检查发现自己已是肺癌晚期。在去世前他请了一位律师，在律师的帮助下立了一份遗嘱，把他的存款 30 万元的一半 15 万元留给情人。该建筑工程师去世后，为了这 15 万元，死者的妻子和死者的情人闹到法庭。在本案中，我国 1985 年颁布的，民法典施行前的《中华人民共和国继承法》（以下简称《继承法》）明确规定，公民可以通过遗嘱的形式将其个人合法财产留给法定继承人中的一人或数人，也可以留给国家或某个团体、组织，还可以留给法定继承人以外的人。在本案中存款 30 万元的一半属于死者妻子的，而 30 万元中的另一半则属于其个人财产，他将 15 万元通过遗嘱的方式赠与他的情人并没有违反我国《继承法》的规定。但其实这就是法律有漏洞。如果他将 15 万元通过遗嘱的方式留给其他人可能不太会引起争议，而恰恰留给他的情人，就可能违反了我国民法规定的"公序良俗原则"。"公序良俗原则"就是公民的行为不得违反公共道德和善良风俗。当然"公共道德"和"善良风俗"都是模糊语言，但正是这些模糊语言，给法官弥补法律漏洞提供了可能。最后法官判决该遗嘱违反了我国民法规定的"公序良俗原则"，遗嘱无效，15 万元由其继承人按法定继承处理。这个判决是正义的。"民法基本原则的不确定性（模糊性）给法官进行创造性地司法提供了余地，弥补了法律的具体规定在特殊情况下适用的非正义性的缺漏"②。

模糊的法律语言在不违背基本的法律原则的前提下，使得法律条文更具有弹性和张力，弥补了法律可能存在的漏洞或空白，在一定程度上克服了法律的滞后性带来的法律适用上的各种问题，使得执法者和司法者能够根据法律的原则和精神，结合具体的案件事实，考量与案件有关的各方面的因素，作出符合案件具体情况的公平公正的判决。针对社会生活和社会关系的变化和无穷无尽

---

① 卢秋帆："法律语言的模糊性分析"，载《法学评论》2010 年第 2 期。
② 吴丙新："法律漏洞补充理论的三个基本问题"，载《法制与社会发展》2011 年第 2 期。

的复杂的各种法律现象，立法者使用模糊的法律语言，比采用详细列举各种法律现象的准确的法律语言，不仅使法律更加具有普遍性和周延性，同时也更有效率，因为这些概括性的、模糊的法律语言能用较少的法律条文传递更多的信息，能以尽量有限的语言文字去描述千变万化的具有相同本质特征的各种社会法律现象，以有限的法律资源尽可能涵盖到不断变化且纷繁复杂的社会生活中的各种情况，使应当得到规制的所有人类社会行为都受到法律的规制，最大限度地避免可能出现的法律漏洞或空白。

5.3 赋予法官裁量权的功能

使用模糊性法律语言，赋予了法官一定的自由裁量权，有助于实现法律条文的流动性，实现法律与社会现象的同步发展，如此可以避免因法律滞后性、僵化导致其无法适用于变化发展的社会现实，从而出现法律与社会现实相脱节的情形的发生。故法律作为社会生活的调节器，需及时反映和适应变化的社会生活，需通过法律语言的模糊性以维持一定的灵活性和适应性，同时预留给法官根据具体案件的具体情况进行自由裁量的空间。

社会发展是复杂多变的，预先制定的法律难以适用于未预见的情况，此时法律会出现预测不能的状况，模糊的法律语言弥补了这一情况。适用模糊的法律语言制定一般规范条款，预留了法官针对具体案件特别是新型复杂的疑难案件进行自由裁量的空间。在我国实现依法治国建设法治国家的进程中，法官的地位越来越高，因为司法是实现社会正义的最后一道防线，法官代表正义，是社会正义的守护者。法律具有普遍性、一般性、抽象性和相对稳定性的特点，由于社会生活的复杂性和社会关系的变动性，在司法过程中就不得不赋予法官一定的自由裁量权。"法律的一般性与个别案件的具体情况之间的距离，显然不能由立法者去消除，它只能由司法者去弥合"。[①] 绝对刚性和明确的法律反而使法律出现僵硬性和滞后性缺陷。"对立法者来说，过分追求明确，法律会犹如一潭死水；恰当运用模糊，可使法官获得一定的自由裁量的空间。"[②] "除了法官，立法者不可能把自己设计为法律的守护神，换句话说，立法者不可能到每一个案件中充当法律意义的阐释者。立法者放心也好，不放心也好，在具体审案过程中，只能把法律的命运托付给法官，由他在具体案件中宣布法律的意义"。[③]

[①] 陈金钊：" 法律解释学的转向与实用法学的第三条道路（下）"，载《法学评论》2002 年第 2 期。

[②] 褚宸舸：" 论立法语言的语体特点"，载《云南大学学报》（法学版）2009 年第 2 期。

[③] 陈金钊：" 法律解释学的转向与实用法学的第三条道路（下）"，载《法学评论》2002 年第 2 期。

在中世纪的英国，由于判例法乃法官造法（judge - made law），法官集立法者和审判（司法）者于一身，拥有极大的自由裁量权，故容易滋生独断专横、任意判案的弊端；而且在当时风靡一时的理性主义的影响下，人们认为人类的认识能力是无限的，精心制定的逻辑严密的庞大法典能够解决社会生活中的一切问题。于是，为了克服中世纪判例法的诸多弊端，资产阶级革命成功后，欧洲大陆国家兴起了以复兴罗马法、制定详尽而准确的成文法典为核心的法律改革运动，企图实现立法权与司法权的完全分离，从而将法官定格为法律操作手，以实现司法的统一。《法国民法典》可谓是该法律改革运动最为显著的结晶。随着《德国民法典》的问世，概念法学更是盛行，认为成文法典一旦制定出来就可以自给自足，法官只不过是宣布法律条文的喉舌而已，即只是按照逻辑力学的定律而运转的"法律自动售货机"。换句话说，概念法学的思想家们试图用准确的语言和严密的逻辑结构建立一个完备的法典体系。他们认为法官的自由裁量权是有害的，也是没有必要的。他们把法律看成是自成一体的逻辑严密的独立体系，只要有确定的事实，适用确定的法律，就一定能得出一个合乎逻辑的唯一正确的答案（判决）。在他们看来，实际上法官扮演的就是一个"自动售货机"的角色，整个法律的运作或司法过程如同一台非常精密的不断运转的加工机器，只要输入一定的原材料——事实和法律，就一定会生产出合格的标准化的产品——判决。在这些概念法学思想家们的理性图景中，法律的模糊性要尽量避免并彻底根除。在他们看来，立法者应当具有完备的法学知识、丰富的社会经验和高超的立法智慧，他们对立法所要解决的问题不仅具有科学和透彻的认识，而且能够使用准确的语言富有逻辑地表达这些问题并提供"唯一正确答案"，即立法者试图对社会生活中的各种法律问题列出具体的实际的解决办法，以便使法官直接适用法律规范找到"正确答案"。他们禁止法官对法律作任何解释，反对法官行使自由裁量权。他们试图从司法中排除人的因素，他们努力排除法律适用中所有主观因素和所有个体化因素，他们认为发挥法官的主观能动性是极不恰当的。① 总之，在概念法学的思想家们的憧憬中，他们构建的法典体系是一部极为精密的法律机器（裁判工具），在法律实践中出现的所有问题，都在那里能够找到唯一正确的答案（判决）。他们认为在法典体系中，法律语言的模糊性是完全可以消除的。他们把成文法的准确性推向极致，即法典从内容到表述都十分准确、严密和完备，涵盖了社会生活中可能出现的所有法律现象和法律问题。但这一理性的实现必须具备以下几个条件：（1）立法者具有超乎寻常的预见能力，能预见到包罗万象的社会生活方方面面的各种

---

① 王顺华："立法语言若干问题研究——以刑法文本为中心的考察"，苏州大学 2006 年硕士学位论文，第 35 页。

情况和所有细枝末节，并在此基础上提出有唯一正确答案的完美解决方案。（2）用非常准确的语言一对一地"再现"立法者的立法意图，特别是将各种法律现象之间的微小的差异一一展现和反映出来。（3）客观世界、社会生活，以及法律所调整的社会关系都是静止的、永恒不变的。显然，以上三点任何一点都是不可能实现的。事实证明，法律的模糊性是不可避免的，而且法律的适当模糊还有积极的功能，其中一个积极的功能就是赋予法官一定的自由裁量权。

立法语言的适当模糊赋予了执法者和司法者一定范围内的自由裁量权，是对法律的僵硬性缺陷的一种补充。英国法学家哈特认为，法律的"空缺结构"[1]赋予了法官自由裁量权，让他们可以根据具体案件的具体情况平衡相互冲突的利益。哈特指出："任何语言，包括法律语言，都是不精确的表意工具，都具有一种'空缺结构'，每一个字、词组和命题在其核心范围内具有明确无疑的意思，但是随着核心向边缘的扩展，语言会变得越来越不明确，在一些边缘地带，语言则是根本不确定的，对法律的解释和适用不存在绝对或唯一的正确答案，解释者或者法官拥有自由裁量权，需要在多种可能的解释和推理结论中作出选择，甚至可以扮演创建新规范的角色。法律的空缺结构意味着，存在着某些行为领域，这些领域如何规范必须由法院或法官去发展，也就是让法院或法官依据具体情况，在相互竞争的利益（其重要性随着不同的个案而有所不同）间取得平衡。"[2]

正如英国法学家尼尔·麦考密克指出："法官在对利益和价值衡量的过程中不能只看到单一的价值和利益，要综合考量和权衡各种相互冲突的利益和价值，确认一个更重要的价值和利益作为优先地位，同时也要确保能够对被衡平掉的利益和价值的损害降到最小的方式运作。"[3] 法律在某种意义上来说，就是为平衡相互冲突的各种利益提供一种解决方案。然而，随着社会生活和社会关系不断发展变化，冲突的利益的性质、类型等都发生了变化，因而平衡的方法不能僵化刻板，也需要与时俱进、不断更新，以适应这些新的变化。但是法律为了保持权威性，不能朝令夕改，因此立法者就必须使用一些模糊语言，赋予法官自由裁量权，以在平衡各种利益的基础上作出公平公正的判决或裁定。

对于法官是否应该拥有司法自由裁量权，大陆法系和英美法系[4]的法学家

---

[1] 所谓法律的"空缺结构"，即哈特认为法律规范的中心意义明确，但边缘意义却是模糊的。
[2] ［英］哈特：《法律的概念》，许家馨、李冠宜译，法律出版社2011年版，第135页。
[3] ［英］尼尔·麦考密克：《法律推理与法律理论》，姜峰译，法律出版社2005年版，第105页。
[4] 法系是根据法的历史渊源和传统对世界上各个国家和地区的法律所做的一种分类。大陆法系和海洋法系是西方的两大法系。大陆法系又称为罗马法系、法典法系、民法法系，是以古罗马法为渊源，以《法国民法典》和《德国民法典》为传统而建立起来的世界各个国家和地区的法律的总称。海洋法系，又称为普通法系、判例法系、英美法系，是以中世纪英国的普通法为渊源，以判例法为传统而建立起来的世界各个国家和地区的法律的总称。

们有不同的观点。英美法系的法学家们强调由于法律语言本身具有一定的模糊性,因此法官拥有司法自由裁量权理所当然。① 在英美法系国家中,成文法和判例法都是正式的法律渊源,而且判例是主要的法律渊源。法官在司法实践中可以适用成文法,也可以援引判例,而且可以充分行使自由裁量权而创造新的判例。因此,从某种意义上说,英美法系的法官拥有强势自由裁量权,不仅适用法律,还在一定范围内创造法律。而大陆法系的法学家们认为法官无强势自由裁量权,这是为了避免法官擅断导致司法专横而侵犯公民权利的情况出现,所以他们极力推崇编撰一劳永逸、清晰明确、具体全面、无所不包的法典,为此,在近代(17—19世纪)以法国和德国为代表的大陆法系国家掀起了一场轰轰烈烈的法典化浪潮,著名的拿破仑立法将法典化运动推向了高潮。②

近代兴起的法典化运动的初衷无可厚非,但是,由于立法者认识的有限性与社会生活和法律现象无限性的矛盾,成文法典的相对稳定性与社会生活的易变性的矛盾,法律的抽象正义与法律具体规定在特殊情况下适用的具体正义的矛盾,使成文法典的局限和漏洞在所难免。故法律现实主义者认为,法律的确定性,即可以将法简化为几何公式的说法纯粹是一种幻想和神话。因此,许多法学家反对这种法典化的思潮,在他们看来,法律是为社会服务的,而社会纷繁复杂且变动不居,考虑到这一点,对立法者的能力和智慧不能高估,立法者不可能将社会上所有的法律现象都清晰明确地一一罗列在法典上。

如果说过去比较静止的社会尚未能预料到一切可能发生的法律纠纷,并创造一套包罗万象、永恒不变的解决规则,那现代社会就更不可能了。正如美国社会法学派的代表弗兰克指出,法律永远是模糊的和不确定的,法律的准确性是法律的神话,因为社会生活中的法律现象和法律调整的社会关系永远处在不断的变化中,所以他把法律分为两种,一种是"死"的法律,也就是书本上的法律,还有一种就是"活"的法律。所谓"活"的法律就是法官参考法律条文或法律规范,重点考量法律的原则和精神以及具体案件的具体情况,充分发挥其主观能动性和自由裁量权,作出合情合理又合法的公正的判决。在弗兰克看来,法律语言该准确时要准确,但该模糊时也要恰当地使用模糊语言,这是高超的立法策略和技术。如果该用模糊语言而使用准确的语言,就将法律的准确走向了极端,就会造成法律的僵硬,使法律缺乏"活力"。而此时使用模糊语言,就使法律更具有灵性和张力,也给予法官发挥能动性、行使自由裁量权的机会,这样使抽象的、"僵死"的法律在司法实践中变成具体的、"鲜活"的法

---

① See R. Pattenden, *The Judge, Discretion, and the Criminal Trial*, Claredon Press, 1982, pp. 3 – 8.
② 刘东莹:"法律语言的准确性与模糊性",华中师范大学2008年硕士学位论文,第17页。

律,"模糊"的法律在具体案件中得到"确定",以确保法官能够作出符合具体案件具体情况的具有最佳的社会效果的公正判决。①

法律是针对一般的情况而制定的具有普遍适用性的社会规范,但执法和司法人员面对的社会法律现象和具体案件是复杂多样的。"法律绝不可能发布一种既约束所有人又对每个人都真正最有利的命令。法律在任何时候都不可能完全准确地给社会的每个成员作出何谓善德、何谓正当的规定。人之个性的差异、人之活动的多样性、人类事务无休止的变化,使得人们无论拥有什么技术都无法制定出在任何时候都可以绝对适用于各种问题的规则"。② 因此,为了使一般的抽象的法律适用于特定的具体的案件,要求法官不能机械地适用法律,而要求法官充分发挥创造性和能动性,合理行使自由裁量权,既维护法律的普遍性和权威性,又保证法官的判决符合具体案件的具体情况,达到最佳的社会效果。

在一个法治的社会里,法律具有极高的权威,法官只有在适用模糊语言的法律条文时,才有可能适用自由裁量权。如果法律有明确规定,法官只能依据法律作出判决,但有时这样作出的判决与人民群众的朴素的正义观念相背离。例如,陕西有一个百年老厂生产的"凤凰"牌米酒在当地非常畅销,但是该店法律意识淡薄,没有在当地工商管理部门注册,而附近另一个新开的米酒厂生产的米酒卖不出去,于是新开的米酒厂的经营者去当地工商管理部门注册了"凤凰"牌米酒商标。然后,将百年老厂的经营者以商标侵权告上法庭。对此,我国修订前的商标法明确规定,当地工商管理部门注册的商标受到法律保护,法官非常无奈地作出百年老厂败诉的判决。百年老厂的经营者觉得这个判决匪夷所思,周围的老百姓也觉得这个判决不公平。所以有时明确的法律规定具有僵硬性缺陷,不利于法官合理行使自由裁量权。而一些模糊的法律规范反而有利于法官根据特定案件的特定情况作出合情合理的公正的判决。

我国宪法规定我国实行社会主义市场经济,市场经济就是契约经济,交易双方通过订立合同来确定双方的权利和义务。合同文本一般使用明确、严谨的语言,但在特定情况下,也有意使用一些模糊语言,因为模糊词语不仅可以起到准确词语不可替代的作用,还会使法律语言更加准确,即更准确地

---

① [英]哈特:《法律的概念》,张文显,等译,中国大百科全书出版社1996年版,第124 - 135页。

② [美]E. 博登海默:《法理学:法律哲学与法律方法》,邓正来译,中国政法大学出版社2004年版,第10 - 11页。

表达合同当事人的权利和义务。例如，山西一仓储公司和许多客户签订格式合同，其中一个合同条款规定，"如客户在储存合同到期后没有提取储存的物品，经公司催促后仍然在合理期限内未提取，仓储公司将对储存的物品进行拍卖或变卖，拍卖或变卖的价款用于支付延期的费用后返还客户"。其中"合理期限"就是模糊的法律语言，如果由于客户未按时提取储存的物品，导致物品被仓储公司变卖，双方对"合理期限"这个模糊的法律语言理解不一致把官司打到法院的话，法官就会根据储存的物品的性质和当时的季节以及当时当地气候条件对"合理期限"这个模糊的法律语言进行自由裁量，作出合情合理的公正裁决。显然，储存的物品是钢铁就和储存的物品是鸡蛋的"合理期限"不同，储存的物品是鸡蛋如果是在冬季就和在夏季的"合理期限"也不同。对此，合同规定"合理期限"这个模糊的法律语言比准确的语言（如两个月）更能准确地表达双方订立合同的目的以及合同当事人的权利和义务，也赋予法官根据特定案件的具体情况合理行使自由裁量权，以作出公平合理的判决。

模糊的立法语言使法律能够适用纷繁复杂和不断变化的社会生活，一方面使司法和执法有了法律依据，另一方面又给执法者和司法者提供了相对的自由裁量权，为更严格、科学、准确地执行法律和适用法律提供了合理的空间。如我国《刑法》第 410 条规定："……致使国家或者集体利益遭受特别重大损失的，处三年以上七年以下有期徒刑。"其中"国家或者集体利益""特别重大损失""三年以上七年以下"等都是模糊的或不确定的词语，这就给司法人员根据案件的具体情况准确地适用法律提供了相对的自由裁量权，使法官根据案件的具体情况作出最佳的社会效果的公正合理的判决。

再如我国《刑法》第 48 条第 1 款规定："死刑只适用于罪行极其严重的犯罪分子。对于应当判处死刑的犯罪分子，如果不是必须立即执行的，可以判处死刑同时宣告缓期二年执行。"其中的"极其严重""应当""不是必须"等都是模糊词语，这些模糊词语的使用就给执法者、司法者留有根据案件实际情况进行自由裁决的余地，能够令执法者、司法人员有机会利用自身的智慧弥补成文法的僵硬性局限，更好地捍卫法律的实质公正、实体公正和具体公正。

还如 2017 年颁布的，民法典施行前的《中华人民共和国民法总则》（以下简称《民法总则》）里的"公序良俗原则"就属于一种道德准则，其设定就具有一定的价值引导，且其并不是一个确切的概念，而是属于模糊词。公序良俗是指公共秩序与善良风俗。随着社会的变迁，公序良俗的含义会随着客观情况的发展变化而有所不同，其范围也随之改变，表现出了较强的适应力，同时有利于法官合理行使一定的自由裁量权。如曾轰动一时的"泸州遗赠案"①，最终法官依照公序良俗原则进行判决。判决结果在一定程度上与民法所强调的当事人自由意志相违背。当事人黄某遗嘱中决定将财产赠与"第三者"张某，其属于当事人的自由意志，民法的原则就是维护当事人的意思自治。在此案中，若坚持当事人的意思自治则可能违反我国"一夫一妻制"，且一定程度上有违社会风气。因此，本案中法官须作出价值判断，是遵循民法原则尊重当事人的意志自由还是维持社会风气，维护一夫一妻制度。人与人之间的社会关系是纷繁复杂的，有限的法律无法约束无限的社会生活。具有模糊性的法律语言在法律条文中的运用，是法律上的安全阀门，这些模糊语词的运用赋予了法官一定的自由裁量权，使其能够根据现实社会生活环境、价值观念及习俗进行衡量以作出补充，实现个案正义。

综上所述，为了体现法律的权威性，实现立法目的，准确性历来是法律语言的灵魂与生命。但事实上由于种种因素的影响，在法律条文以及司法实践中，法律语言运用模糊词语的现象比比皆是。因为立法者不可能预测到法律活动中所有会发生的事情，只能运用模糊词语来增强法律语言的自由度从而扩大法律规范的适用范围。因此，在一定程度上说，法律语言中模糊性的存在是不可避免的。法律语言的模糊性符合我国的立法工作中所需遵循的原则的要求，即科学立法原则、原则性与灵活性相结合原则。我国又是一个单一制国家，具有统一的法律体系，但是我国是一个幅员辽阔的多民族且经济发展不平衡的大国。各民族有各自不同的风俗习惯，各个地方也有不同的风土人情，明确的法律易固化其适用方式、范围，导致法律的统一适用难以达到预期效果，而模糊性的法律语言为适法者提供了有效指引，并由此寻求出法律的最佳适用方式，使其根据我国各民族特有的文化、习惯，灵活运用具有概括性的法律规范。如此有利于实现法律的权威性和安定性。法律语言的模糊性维护了法律的稳定，不仅为辩证推理的使用、创立新的法律原则提供了契机，而且为法律解释提供了可能，从而使概括的、抽象的规则适用于具体的行为，同时还有利于扩大法律规范的适用范围，实现立法的科学性。同时模糊的法律语言也给法官根据案件的具体情况行使自由裁量权预留了合理的空间，以便使判决实现法律效果和社会效果的统一。

---

① 1963 年，黄某与蒋某结婚，1996 年，黄某在婚姻关系存续期间内与女子张某以夫妻名义生活。2001 年 2 月黄某经医院确诊为肝癌晚期，其于同年 4 月立下遗嘱，将财产留给张某，并在泸州市纳溪区公证处得到公证。4 月 22 日黄某去世，张某持公证遗嘱要求蒋某执行遭拒后，向人民法院起诉。2001 年 10 月 11 日，法院以公序良俗原则进行宣判，驳回了原告张某的诉讼请求。后张某不服提起上诉，二审法院维持原判，当庭驳回其上诉。

6 法律语言模糊性的消极影响

　　模糊法律语言的运用不可避免，且具有不可忽视的积极功能，有利于法律保持相对稳定性和普遍适用性，有利于使法律更周延、更严密，弥补法律可能出现的空白，并有利于执法者或司法者根据特定案件的具体情况，发挥主观能动性，行使自由裁量权，将模糊的法律作出符合立法原则和精神的解释，使抽象的法律公正变成具体的执法公正和司法公正。因此，模糊的法律语言有时比明确的法律语言更能准确地反映立法意图和司法目的，甚至可以起到明确的法律语言都无法实现的功能。但事物都具有两面性，法律语言的模糊性也不例外。准确性仍然是法律语言所欲追求的目标，过于模糊的法律语言会影响法律的有效实施。法律语言的模糊性所带来的消极影响也是不能忽视的。因此，法律语言的模糊性是一把"双刃剑"，法律语言的过分模糊或不适当的模糊确实会带来诸多的弊端或消极影响[1]。一旦法律语言的模糊性超过了某一个度，立法语言不适当模糊的种种弊端就将显现出来。只有把握住这些立法语言不适当模糊的弊端，我们才能找到克服这些弊端的方法，才能使得将来的立法更为完善。以下探讨法律语言模糊性的弊端。

6.1　不利于维护法律的统一性和权威性

　　我国宪法规定我国实行依法治国，建设社会主义法治国家，而法治国家的一个重要特征就是法律在社会大众的心目中具有极高的权威，法律能得到社会一体的遵守。司法公正是维护法律权威性的保证。公正是法治的生命线，是司法工作的永恒主题。司法的公正体现在同等情况同等处理，即"同案同判"上。"同案异判"的情形被认为是司法不公正的体现，与法治背道而驰。模糊的法律条文可能导致不同的法官对其的理解不同，于是有可能导致"同案异判"的情形出现，这不仅动摇人们对国家的信任、对政府的信任和对法治的信任，损害司法机关的公信力，而且不利于维护法律的统一性和权威性。

---

[1] 美国法学家德沃金在论及法律语言模糊性的弊端时指出："模糊的法律从两个方面侵犯了正当程序的道德和政治理念：第一，它将公民置于一个不公平的地位，即或者冒着危险去行为，或者接受比立法机关所授权的限制更为严格的对他的生活的限制；第二，它通过事后选择这种或那种可能的解释，给予公诉人和法院变相制定法律的权利。"参见［美］罗纳德·德沃金：《认真对待权利》，信春鹰，等译，中国大百科全书出版社 2002 年版，第 292 页。

"为实现同案同判,要求法律必须是明确的,法律由语言组成,因此立法语言不能存在歧义,指代不清,人们将此引申为法律(立法)语言排斥模糊性"。① 尽管这句话不完全正确,但这句话表明模糊的法律不利于实现同案同判。法律概念的模糊性与法律规范的不确定性最终会导致司法判决结果的不确定。德沃金认为法律拥有唯一正确的结果。对于判决结果确定性的追求就是要求同案同判。《刑法》第20条②对于"正当防卫"与"防卫过当"的规定,"超过必要限度"以及"造成重大损害"就是区分二者的界限,但"必要限度"与"重大损害"就是模糊词语,其导致对正当防卫的认定存在困难,相应的条文准确适用也存在困难。法律规范的模糊性易于导致"同案异判",如近期引起热议的"昆山反杀案"③与"黑龙江富锦反杀案"④均属于夺刀反杀案,但却出现了迥然不同的判决结果。

立法就是通过设定法律主体的权利和义务来调整社会关系,维护社会的正常秩序。换句话说,在法治社会里,法律规范是人们行为的指南,法律通过明确规定各法律主体的权利和义务的边界,使其合理行使自己的权利,自觉履行法律赋予的义务,即按照法律规范的要求来享有权利和承担义务,以此来划定个人与个人、个人与社会的界限,实现"定分止争",稳定社会秩序的目的。这就要求法律规范应当是明确的、没有歧义的。如果立法语言不适当模糊或过度模糊,就会造成法律语言的含义过于宽泛,不利于包括普通民众以及国家机关及其工作人员在内的全体社会成员对于法律的遵循,因为它不能提供一个明确的标准让人们去衡量自己的行为。

立法语言的不适当模糊使得设定的权利和义务或行为模式不清晰,人们无

---

① 姜廷惠:"'巴别塔'式的模糊性——法学与语言学语境下对语言'模糊性'认定差异原因简析",载《语言文字应用》2013年第4期。

② 《刑法》第20条规定:"为了使国家、公共利益、本人或者他人的人身、财产和其他权利免受正在进行的不法侵害,而采取的制止不法侵害的行为,对不法侵害人造成损害的,属于正当防卫,不负刑事责任。正当防卫明显超过必要限度造成重大损害的,应当负刑事责任,但是应当减轻或者免除处罚。对正在进行行凶、杀人、抢劫、强奸、绑架以及其他严重危及人身安全的暴力犯罪,采取防卫行为,造成不法侵害人伤亡的,不属于防卫过当,不负刑事责任。"

③ 2018年8月27日,在昆山一轿车与电动车发生轻微交通事故,双方发生争执时,轿车内刘某持刀追砍骑车人于某,后长刀不慎落地,骑车人于某捡起长刀反过来持刀追赶刘某,刘某被砍伤倒在草丛中。最终,刘某死亡,骑车人于某受伤。江苏省昆山市公安局将该案中骑车人于某的行为认定为正当防卫,不负刑事责任,依法撤销了于某的案件。

④ 2017年4月6日,在黑龙江佳木斯富锦市的交通大队中,黄某与冯某因赔偿问题发生口角,冯某掏出随身携带的尖刀刺伤黄某腹部。随后黄某夺下刀反刺冯某,致使其当场死亡。2018年4月,富锦市人民法院一审认为不构成正当防卫,认定黄某犯故意伤害罪,判处有期徒刑6年。黄某不服,提出上诉。2019年1月28日,佳木斯市中级人民法院作出二审判决,认定为防卫过当,最终判处黄某犯故意伤害罪,判处有期徒刑3年,缓刑5年。

法确切地知晓法律规范的真正含义，极易引起争执和纠纷。同时，由于法律语言过度模糊，造成每个公民对法律规范的理解不一致，每个法律主体就可能根据自己的理解去享有权利和履行义务，这就导致法律主体享有不一样或不一致的权利，履行不一样或不一致的义务，致使法律失去了应有的确定性和一致性。客观上，法律就无法平等地对待每一位公民，法律无法得到一体的遵守，有损法律的统一性和权威性。

马克思指出："法律是肯定的、明确的、普遍的规范。"① 如果法律过度模糊，不仅使法律无法得到一体遵守，同时可能给执法人员执法和司法人员司法带来困难。换句话说，如果法律规范的语言过于笼统模糊，弹性过大，模棱两可，不够明确具体，执法人员和司法人员就难以准确执行和适用。如果法律规范过于粗略模糊，缺乏可操作性，我国最高人民法院或最高人民检察院就不得不颁布大量的司法解释，这无疑导致司法解释过多过滥，有时甚至互相矛盾，有损于法律的统一性和权威性。

例如，我国1986年通过的《中华人民共和国民法通则》（以下简称《民法通则》），作为一部在市场经济条件下处理复杂民事纠纷适用频繁的民事基本法，全部条文才156条，其概括性、抽象性、粗略性和模糊性可想而知，于是，最高人民法院不得不出台大量的司法解释才能使其在司法实践中得以适用和实行。再如我国的《婚姻法》自2001年4月28日年修正实施以来，由于法律语言过于模糊，同年12月24日最高人民法院就颁布了《关于适用〈中华人民共和国婚姻法〉若干问题的解释（一）》；2003年12月4日颁布了《关于适用〈中华人民共和国婚姻法〉若干问题的解释（二）》；2011年7月4日又颁布了《关于适用〈中华人民共和国婚姻法〉若干问题的解释（三）》。这些司法解释就是对模糊的法律规范的解释，对于法律的适用是必要的，但过多的司法解释有损法律的严肃性、确定性、统一性和权威性。

我国现有的法律规范用语过于模糊随意，不够严谨和慎重，混同了法律与道德、法律与政策的区别。

如果法律规范的语言过度模糊，不严谨不清晰，甚至有歧义，既可以这样理解，也可以那样理解，就会导致在执法和司法实践中法律得不到统一的一体执行和适用，如此有损法律的权威性和执法机关或司法机关的公信力。例如，我国《刑事诉讼法》第79条规定："人民法院、人民检察院和公安机关对犯罪嫌疑人、被告人取保候审最长不得超过十二个月，监视居住最长不得超过六个月。"该法律规范的语言不够明确清晰，或者说是一种没有必要的不适当的模糊。因为究竟是人民法院、人民检察院和公安机关三个机关对犯罪嫌疑人、被告人取保候审加

---

① 《马克思恩格斯全集（第一卷）》，人民出版社1956年版，第71页。

起来的时间不得超过十二个月，监视居住最长不得超过六个月；还是人民法院、人民检察院和公安机关三个机关都可以分别对犯罪嫌疑人、被告人取保候审最长不得超过十二个月，监视居住最长不得超过六个月？没有确定的答案。立法本意可能是人民法院、人民检察院和公安机关三个机关对犯罪嫌疑人、被告人取保候审加起来的时间不得超过十二个月，监视居住最长不得超过六个月，但在法律实践中，人民法院、人民检察院和公安机关三个机关可能都认为自己有权对犯罪嫌疑人、被告人取保候审最长不得超过十二个月，监视居住最长不得超过六个月。如此造成法律规范不能得到一体的执行和适用，犯罪嫌疑人或被告人有可能受到法律不平等的对待，极大地损害了法律的统一性和权威性。

在法律实践中，法官在适用法律时必须对法律条文进行其认为是适当的理解或解释，如果法律语言模糊，就可能导致对同一法律规范由于法官的经验、经历、知识结构不同而有不同的理解或解释，如此造成对同一案件或类似的案件出现不同的判决结果，损害了法律的统一性和权威性，如"知假买假案"。《消费者权益保护法》自1993年颁布以来，在各级司法机关、工商行政管理机关、消费者权益保护协会等机关、团体的努力下，为维护消费者的合法权益起到了积极的促进作用。鉴于社会上假冒伪劣产品泛滥，消费者人身、财产权益频频受侵害，有的人便以"打假"为己任，依照《消费者权益保护法》第55条有关惩罚性赔偿的规定，打击欺诈消费者的行为，成为轰动一时的新闻。但在审理打假索赔的案件中，全国各地法院的判决不太一致，有的支持消费者的主张，有的则相反[①]。原因就

[①] 例如，最高人民法院指导案例23号，孙某某诉南京欧尚超市有限公司江宁店买卖合同纠纷案（最高人民法院2014年1月26日发布）。该案的基本案情如下：2012年5月1日，原告孙某某在被告南京欧尚超市有限公司江宁店（简称欧尚超市江宁店）购买"玉兔牌"香肠15包，其中价值558.6元的14包香肠已过保质期。孙某某到收银台结账后，即径直到服务台索赔，后因协商未果诉至法院，要求欧尚超市江宁店支付14包香肠售价十倍的赔偿金5586元。江苏省南京市江宁区人民法院于2012年9月10日作出（2012）江宁开民初字第646号民事判决：被告欧尚超市江宁店于判决发生法律效力之日起10日内赔偿原告孙某某5586元。关于原告孙某某是否属于消费者的问题，裁判法院认为，《消费者权益保护法》第2条规定："消费者为生活消费需要购买、使用商品或者接受服务，其权益受本法保护。"消费者是相对于销售者和生产者的概念。只要在市场交易中购买、使用商品或者接受服务是为了个人、家庭生活需要，而不是为了生产经营活动或者职业活动需要的，就应当认定为"为生活消费需要"的消费者，属于消费者权益保护法调整的范围。本案中，原、被告双方对孙某某从欧尚超市江宁店购买香肠这一事实不持异议，据此可以认定孙某某实施了购买商品的行为，且孙某某并未将所购香肠用于再次销售经营，欧尚超市江宁店也未提供证据证明孙某某购买商品是为了生产经营。孙某某因购买到超过保质期的食品而索赔，属于行使法定权利。因此欧尚超市江宁店认为孙某某"买假索赔"不是消费者的抗辩理由不能成立。而2018年1月7日的《北京青年报》报道：职业打假人带着公证员购买10箱茅台并封存，随即以假冒产品为由将销售者诉至法院，要求退赔购物款并10倍赔偿。法院审理后认为，购买者为职业打假人而非消费者，故驳回购买者10倍赔偿的诉求。导致类似案件的不同判决源于我国《消费者权益保护法》第2条的规定过于笼统模糊。

是我国《消费者权益保护法》对"消费者"的定义比较模糊，不同的法官有不同的理解。如此就不利于维护法律的统一性和权威性。

6.2 易于导致执法和司法人员滥用权力

在成文法国家，法律语言的模糊性是一种无法消除的立法现象，其会导致法律续造功能①及自由裁量权的产生。立法者会赋予国家机关某种权力以减少因法律的滞后性或僵硬性造成的法律后续适用困难的问题，这是自由裁量权出现的根源。但凡事过犹不及，法律语言过于模糊致使强自由裁量权②的出现，从而导致权力被滥用。适度使用模糊语词，使司法人员处理案件时具有"灵活性"，有助于司法人员根据案件的具体情况，灵活地运用自由裁量权，实现具体正义。但是，如果法律语言过度模糊，则可能导致执法和司法人员滥用权力，为人性中恶的一面留下了肆虐的空间。

事物存在具有不可知性，立法者预先制定的法律是无法包罗万象的，法律体系是开放的而非封闭的，因而需将立法者认识不及的问题交由法官处理，赋予法官一定程度上的自由裁量权。基于孟德斯鸠的分权理论，法官应在尊重立法者的基础上，将其制定的法律适用于待决纠纷中。这就要求司法活动必须具有可提供法官遵循的客观法标准，受该标准的约束，从而使得法官拥有"弱"意义上的自由裁量权。但因法律条文过于模糊，对法官的约束力不够，使得法官在法的适用过程中拥有"强"意义上的自由裁量权，即"造法能力"。

过于模糊的法律语言在赋予了法官自由裁量权的同时缺乏对其有力约束，使得法官具有了造法能力，从而导致自由裁量权的正确行使依赖于法官的个人品德。过于模糊的法律语言为执法者和司法者留下了太多自由裁量的空间。这种空间很容易演变为执法和司法过程中的权力滥用。"一切有权力的人都有滥用职权的倾向，绝对的权力会导致绝对的腐败，这是万古不易的一条经验。有权力的人往往使用权力一直到遇有界限的地方才休止"。③ 洛克在《政府论》中也提出过，一切有权力的人都有滥用职权、以权谋私的倾向，绝对的权力会导致绝对的腐败，因此洛克主张用法律明确界定公共权力的边界，以权力制约权力。模糊的法律语言在无形之中就授予了执法者和司法者自由裁量权，而这种

---

① 法律续造功能，是指通过正当立法程序颁布的法律，在适用过程中经由立法者以外的其他国家权力机关进行后续创造发展的功能。参见张玉洁："哈特'开放结构说'的立法反思与现实回应——以法律文本中模糊语词为例的分析"，载《北方法学》2017年第4期。

② 这里的自由裁量权不仅指称司法中法官的自由裁量权，也有涵盖其他国家机关如行政机关工作人员执法的自由裁量权。

③ [法]孟德斯鸠：《论法的精神》，张雁深译，商务印书馆1961年版，第154页。

权力是很难受到制约的。因为模糊的法律语言所涵摄的所有选择项都是合法的，这就为无职业操守的执法者和司法者进行"权力寻租"打开了方便之门。而且这种腐败特别隐蔽，从制度上难以制约，只有依赖执法者、司法者的职业操守和综合素质。美国著名法官和学者波斯纳把执法官员和法官的自由裁量权比作一个黑箱，模糊的法律语言使得这个黑箱更是密不透光。① 执法者和司法者假如有以权谋私的不良动机，就会导致他们在执法和司法过程中滥用权力。过度模糊的法律使执法者和司法者的自由裁量权失去必要的限制，致使行政自由裁量权变为其谋取私利的筹码，滋生腐败。因此，需要制定适度模糊或相对确定的法律为自由裁量权的行使限定范围。

我国先秦法家就特别强调法律的明确性。为了使法律明确而没有歧义，法家提出法律用语要通俗易懂，要考虑一般大众而不是智慧者的文化水平，这样的成文法才易于传播。

如商鞅说：故夫知者而后能知之②，不可以为法，民不尽知。贤者而后知之，不可以为法，民不尽贤。故圣人为法，必使之明白易知，名正，愚知遍能知之。③

法治明，则官无邪。……夫民之从事死制也，以上之设荣名、置赏罚之明也。④

即商鞅认为法律明确，可以制止官吏徇私枉法。明确的法律不仅可以聚集民力齐众使民，可以鼓励民众为国家出生入死，而且明确的法律等于在公权力和公民自由之间划定了一条泾渭分明的界限，可防止官吏滥用职权，以权谋私。

唐朝是中国古代的繁华盛世，唐朝李渊就律令的制定和修改作出过指示，"本设法令，使人共解，而往代相承，多为隐语，执法之官，缘此舞弄，宜更刊定，务使易知"（《旧唐书·刘文静传》）。李渊指出制定的法律应该明确且易于理解，让普通群众都能明白法律的含义，而以往的法律模糊而晦涩，执法官员可以任意舞弄，滥用职权，以权谋私。为了防止执法官员滥用权力，李渊强调以前模糊晦涩的法律必须修改，务必使制定的法律明确且易于被普通老百姓理解。

明代朱元璋关于律令的制定也作出指示："法贵简当，使人易晓。若条绪

---

① 王晓克："论立法语言的模糊性"，郑州大学 2009 年硕士学位论文，第 17 页。
② "故夫知者而后能知之"中前一个"知"同"智"，后一个"知"则是"知晓"的意思。
③ 高亨：《商君书注释》，中华书局 1974 年版，第 548 页。
④ 高亨：《商君书注释》，中华书局 1974 年版，第 206 页。

繁多，或一事两端，可轻可重，吏得因缘为奸，非法意也"（《明史·刑法一》）。朱元璋强调法律用语应当简明清晰，易于理解。假如法律烦琐杂乱，对一样的法律现象有多种规定，而这些规定可轻可重，易于使执法官员滋生腐败。

20世纪美国著名法学家富勒（Lon L. Fuller）在《法律的道德》（The Morality of Law）一书中指出，法的事业是以规则来调控人们的行为，而如果法要达到这个目标，它必须在一定程度上满足八项要求——后人称为"法治"原则，其中一项就是"法须能为人所明白易知"。近代著名思想家洛克指出，上帝赋予我们每个人与生俱来的不可剥夺的权利，这就是天赋人权，它包括生命、健康、安全、财产、自由以及追求幸福的权利，为了这些权利我们才在人们之间成立政府，形成公共权力，公共权力是由每个公民的自然权利集合而成的，来源于公民权利的让与，国家工作人员（包括执法和司法人员）是人民的公仆，他们行使公共权力的唯一目的是保护公民的天赋人权。但是，一切有权力的人都有滥用职权以权谋私的倾向，绝对的权力导致绝对的腐败。因此，洛克主张用法律明确界定公共权力的边界，并要求国家工作人员严格依法行使公共权力。[1] 如果法律语言不适当地模糊就易于导致执法和司法人员任意解释法律，进行"权力寻租"，滥用自由裁量权，以权谋私，限制、侵犯甚至剥夺公民的权利，公民就成为政府专制和司法专横的牺牲品。

与洛克同时代的另一个著名思想家孟德斯鸠在《论法的精神》一书中指出，法律不要过于模糊和深奥，而应像一个家庭的父亲一样平易近人，因为它是为只有一般理解能力的人制定的。如果法律规定的公民的权利和义务不甚明确，或者说过于模糊，为政府专制和司法专横提供了可乘之机，政府就可能沦为专制的政府，司法机关也将沦为恣意专横的司法机关，公民的权利会随时受到国家公共权力的威胁和蹂躏。他说："中国封建时期的法律规定，任何人对皇帝不敬就要处以死刑，因为法律没有规定什么叫不敬，所以任何事情都可拿来作借口去剥夺任何人的生命，去灭绝任何家庭。"[2] 这说明过度模糊的法律易于导致执法和司法人员滥用权力，侵害公民的权利。

当然，法律语言的模糊性是法律语言固有的属性，而且法律语言的模糊性是一把双刃剑。如果法律语言适当模糊，可以赋予执法者和司法者自由裁量权，可以克服法律的滞后性和僵硬性缺陷，使执法者和司法者能够根据特定案件的特定情况作出符合个案具体情况的公正的裁定和判决。换句话说，模糊的法律

---

[1] 参见严存生：《新编西方法律思想史》，陕西人民教育出版社1989年版，第114 – 119页。

[2] 转引自董晓波："立法语言的模糊性——一个法社会学的视角"，载《河南大学学报》（社会科学版）2007年第2期。

语言导致执法者和司法者拥有的自由裁量权是一把双刃剑，如果法律语言适当模糊且运用得当，可以使执法者和司法者合理运用模糊法律语言的优势，发挥执法者和司法者的主观能动性，有利于作出契合特定个案的公正的裁定和判决，实现个案公正和具体公正。但是，凡事总要有个度，如果存在大量的过度模糊的法律语言和法律规范，就可能使执法者和司法者拥有相当大的自由裁量权，如果由于各种主观和客观的原因使用不当或者滥用，他们就可能以自由裁量权的名义，以权谋私，故意曲解法律规范的含义和立法原意，无法实现形式正义、抽象正义、程序正义，更无法实现实质正义、具体正义（个案正义）和实体正义。

行政执法人员、司法人员等国家机关的工作人员的职权是由法律赋予的，他们必须严格按照法律的规定行使公共权力。因此，一旦法律语言过度模糊，法律的明确性或确定性受到损害，将会使得他们行使的公共权力的范围和界限模糊不清。此时，不明确的或过度模糊的法律容易为执法和司法人员所利用，对法律模糊的部分恣意解释，不合理行使行政自由裁量权甚至滥用职权，公民的权利随时受到国家权力的侵犯，如此造成国家公共权力的"异化"①。在司法中，立法语言的不适当模糊给了法官裁决案件以很大的自由。他们基于自己的知识结构、人生观和价值观解释和适用法律，作出法律主体的行为是否合法的判断和判决。然而，毕竟法官们在教育背景、道德品质、专业素养、个人经历等各方面均不相同，他们的职业素质和职业操守有高有低，司法自由裁量权有可能被合理利用，也有可能被滥用。

在我国社会主义市场经济的背景下，如果法律语言不适当模糊，就会给那些职业操守、道德品质不高的执法和司法人员留下"权力寻租"的机会和空间，如此公共权力被滥用的可能性是非常大的。因为如果法律语言过度模糊，执法者和司法者处理案件时拥有较大的自由裁量权，容易被一些别有用心之人利用。他们为了追求对自己有利的处理结果，以金钱等作为手段，诱使意志不坚定、综合素质不高或拜金主义的执法和司法人员滥用自己手中的公共权力，作出不公正的处理结果。模糊性的法律语言本来旨在避免法律的僵化，克服法律的僵硬性缺陷，让执法和司法人员能够在面临复杂案件时，根据具体的情况灵活地适用法律，作出具有最佳社会效果的合乎情理的公平公正的处理结果。但如果模糊走向极端，也就是法律语言的过度模糊极易导致执法和司法人员滥用权力，成为不法之人谋取自己最大利益的手段和滋生腐败的温床。

---

① 在一个法治的现代国家里，国家公共权力运行的唯一目的是保护人权，即保护公民的生命、健康、安全、财产、自由以及追求幸福的权利。

6.3　导致纠纷的增加和效率的降低

　　法律语言的模糊性造成了当事人之间权利义务的不明确。语言的模糊性是纠纷产生的原因，因法律语言模糊性致使当事人权利义务界定不明，使得纠纷产生的情况并不少见。法律具有指引作用，应为当事人提供一般指引，让其行为符合法律规范的要求，并享有权利与承担相应义务，因此当事人之间的权利义务就应该得到明确区分。若此时，法律条文的表达是模糊的，当事人双方难以明确知悉自己的权利义务，从而导致纷争的产生。法律纠纷不仅增加了当事人的诉累和成本，对整个社会来说也是不经济和没有效率的，不符合法律的效率价值。

　　法律除了公平价值以外，还有效率价值。法律经济学就是强调效率价值。法律经济学是法学和经济学的一门交叉学科，也是随着市场经济的发展而形成的一个新兴的法学流派。法律经济学强调效率是法律追求的重要价值，在市场经济条件下，应当把经济效率作为法律的追求目标和评价标准，立法、执法和司法都要有利于社会效率的提高和社会财富的增值。法律经济学思想是由美国的思想家们创立的，科斯于1961年发表了《社会成本问题》一文，标志着法律经济学的诞生。1973年，波斯纳《法律的经济分析》一书的问世标志着法律经济学的成熟。西方法律经济学思想对我国建立符合市场经济内在规律的法律体系具有重要的借鉴意义[①]。立法语言的不适当模糊与法律经济学思想背道而驰，因为过度模糊的法律语言会导致纠纷和诉讼的大量增加，增

[①] 我国借鉴西方法律经济学的必要性可从以下三个视角来阐述：第一，从我国经济体制的变化的视角来看，改革开放前我国实行的是计划经济体制，改革开放后我国逐步建立了社会主义市场经济体制。经济体制是经济基础的一部分，法律体系是上层建筑的一部分，经济基础决定上层建筑，我国经济体制的变化决定了作为上层建筑的一部分的法律体系也要随之变化。市场经济强调资源配置的效率，而法律经济学强调把经济效率作为法律的追求目标和评价标准，因此，我国要建立符合市场经济内在规律的法律体系，必须要借鉴西方法律经济学的思想。第二，从国际经济全球化的视角来看，我国已经加入了WTO，加入了这种经济的"联合国"，随着世界经济全球化和一体化的发展趋势，我国的法律也要与国际接轨，遵守国际惯例。我国只有几十年的市场经济发展的历程，而西方发达国家有几百年的市场经济发展的历史，他们业已建立了以法律经济学为基石的符合市场经济规律的游戏规则和法律体系，我国要参与全球化的国际合作与市场竞争，就必须借鉴法律经济学的思想，以降低法律适用上的成本，减少国家间法律的抵触与冲突。第三，从人类文明成果的视角来看，人类文明成果分为自然科学和社会科学，我国在学习和借鉴世界先进自然科学技术方面已经取得了巨大的成就，但还需要学习和借鉴世界先进社会科学知识。社会科学中确实有一部分属于意识形态领域，我们要警惕和抵制西方资本主义社会腐朽的文化，但是，我们也应该看到，社会科学中有很大一部分揭示的是社会发展规律，如法律经济学揭示的就是市场经济发展的规律，我们要借鉴包括法律经济学在内的西方先进的法律文化和法律思想，它们既不姓"社"，也不姓"资"，它们同自然科学一样都是人类文明和智慧的结晶。

加司法成本，不利于法律的效率价值的实现，不利于社会经济的发展和社会财富的增值。

尽管法律语言的模糊性无法从根本上消除，而且法律的模糊性有较大的语用功能，但任何事物都是物极必反。立法语言的模糊性并非指语言的似是而非、模棱两可、含混不清，而是对明确性词汇所表达的事物或现象的种类与个体之间"过渡状态"的概括。尽管在特定情况下，使用模糊词语可以起到明确词语不可替代的作用，但一旦使用不当，则会影响到对行为性质的法律评价，容易引起法律纠纷。换句话说，法律语言的模糊也得有个度，过度的模糊不仅会消解法律语言模糊性的积极功能，而且还会产生许多消极的影响，其中导致法律纠纷和诉讼的大量增加就是其中的一个消极的方面。

英国著名的法学家曼斯菲尔德指出：世界上大多数的纠纷都是由模糊的词语引起的。① 法律的作用之一就在于使各方当事人对于自己的权利与义务都有着明确的了解，各自按照相应的法律规范去恰当地行使自己的权利，积极地履行自己的义务，从而减少法律纠纷的产生。然而，过度模糊的法律语言却使得各方当事人之间权利与义务的界限变得不够清晰。法律主体的权利和义务不明确极易引起纷争并导致诉讼的大量增加，势必消耗大量的司法资源。同时也给诉讼双方增加许多时间成本和机会成本②。

法律通过规定当事人的权利和义务来调整社会关系，以实现"定分止争"的作用。在这种情况下，法律语言应当是明确清晰的。明确的法律有利于法律纠纷更快、更公正地解决，能够提高诉讼效率。反之，如果法律语言模糊不清，人们就无法确定其真正的含义，这种情形下，出于对利益的追逐，各方当事人很可能行使权利过度或者履行义务不到位，侵害到他人的利益，从而引发各种纠纷。如在房屋装修合同中，合同约定必须使用高档而优质的装修材料；买卖大米的合同中约定的标的是优质的东北大米；运输合同中约定用车将具体的货物运输到目的地。以上法律合同中"高档而优质的装修材料""优质的东北大米""车"等都是不适当的模糊语言。怎样的装修材料才能称得上高档而优质？东北那么大，怎样品质的大米才是优质的东北大米？"车"是指火车还是汽车，抑或是板车？这些模糊语言意指不明，极易引起法律纠纷。纠纷的增加，必然

---

① 参见吴彬、赵平："法律模糊语言的成因、弊端及消除"，载《郑州航空工业管理学院学报》（社会科学版）2010 年第 3 期。

② 机会成本从词义上来看就是你想得到这样的一个机会需要承受的成本。如周末你加班失去的成本便是休息与娱乐活动，工作日请假休息失去的成本便是当日的工资和老板的重视度。

导致诉讼的增多。特别是经过几十年的普法教育，法治观念已经逐渐深入人心，越来越多的人不再似以前那般谈"诉"色变，在自己的合法权利遭到损害时，纷纷诉至法院。诉讼的增加不仅导致了双方当事人成本的增加，也极大地增加了司法成本。同时，过度模糊的法律语言可能造成司法机关理解、适用法律困难。法律规范本身的语言表述存在问题，必然导致法官对法律条文的理解发生歧义，把握不准，适用困难，导致案件得不到及时处理，增加当事人讼累和司法机关负担。因此，过度模糊的法律语言势必导致大量社会资源的浪费，社会成本的提高和整个社会效率大大降低。

下面以我国《合同法》为例，来说明法律语言的不适当的模糊如何导致纠纷的产生和诉讼的增加，从而导致社会成本的增加和社会效率的降低。之所以要制定合同法，就是为了规范人们在市场经济中的交易行为，保障交易安全，促进市场经济自由蓬勃地发展，实现更大的社会效率。之所以会出现很多合同争议或纠纷，本质上就是因为合同双方权利义务关系不明确或过度模糊所造成的交易双方利益不均衡。

对于合同条文、字词，合同双方基于不同地位、角度、环境、实力都或多或少有不同的解释。而解释的不一致，也就为后续争议或法律纠纷埋下了伏笔[1]。因此，我们就需要把对合同条文、字词的解释统一化、明确化，即只有唯一的解释，这样的话，合同双方就很容易明确各自的权利义务关系，这样就可以更好地解决可能出现的争议或纠纷。

譬如合同条款中常见的"任何一方违约均需依法承担违约责任"。这个条款乍看起来没有什么问题。其实，违约承担法律责任是《合同法》第七章从第107条到第122条的规定，这属于法律的明确规定。即使合同条款不列此条，人们也会因其违约行为依法承担违约责任。这里的问题是，到底承担什么方式

---

[1] 例如，某小区旁公交站有这样一块关于教育培训的广告牌。上面写着"高效暑假、寒假班，签约教学，无效退款"，"无效"这个词语过于模糊。到底什么是无效呢？按广告牌理解上来看，可以认为它想表达这样一个意思：教育培训对孩子的学习有着显著提高的效果，如果孩子学习效果不佳就可以退款。初看起来，这很是吸引家长的眼球，但细细一琢磨，我们就可以发现，到底什么是"无效"并没有实质性的规定。这个广告牌的作用只是想把家长的眼球吸引过去，送孩子去补课学习，这个"无效"是个噱头。因为无效到底是什么，这可以推出多层次的结论：第一层次的结论是某次考试不合格，至于哪次考试就需要具体判定，是寒假、暑假班上的某次模拟考试不合格，还是以后在正常学校中的某次考试不合格？第二层次的结论就是哪种标准算是不合格，对于不同水平的学生来说，优生可能80分都不算合格，差生说不定50分就算合格，这要因人而异。因此，我们可以看出，第一层次就是造成检验成效的考试时间、范围不确定；第二层次就是造成合格标准的不确定。双重的不确定就造成了对"无效"理解的不确定性，进而为商家进行对合同另一方不利的解释留下了一条后路。而合同双方对合同条款解释的不一致，也就为后续争议甚至法律纠纷埋下了伏笔。

的违约责任，哪种违约形态对应哪种相应的违约责任？违约行为有履行不能、迟延履行、拒绝履行、受领迟延、不完全履行、预期违约六种形态，违约行为所承担责任的方式有支付违约金、赔偿损失、强制实际履行等三种。六种形态对应三种方式，如果按一一对应的话，可以组成十八种类型。如果一对二、一对三，那么类型还要增加。试问，这么多类型组合，就用一句"依法承担违约责任"能明确具体执行吗？如果法律语言模糊，合同双方将会对此有着较大的争议，出现法律纠纷和诉讼已是难以避免。

因此，合同条款的制定和用语一定要符合法律明确性原则，避免过度模糊或是不必要的模糊，这样才能正确划分合同双方的权利义务关系，明确合同双方权利和义务的界限，才能使合同条款具有可操作性和执行力，降低纷争和诉讼的成本，从而最终有利于社会效率的提高，促进社会经济的繁荣和发展。

此外，法律具有预测性，各类法律主体通过立法机关制定的法律来判断其所进行的行为合法与否，进而选择合法的行为行事，避免因其不知法而违法甚至犯罪承担相应的法律责任。人们要通过法律来预判自己的行为，首要前提就是法律语言要明确。明确的法律规范使得公民能够根据法律的规定判断自己行为在法律上的意义，预测行为所可能产生的法律后果[1]，进而决定行为的取舍，从而具有安全感，同时使法律主体享有更多的自由度[2]，法律主体可以在法律的范围内发挥自己的主动性和创造性，如此可以提高社会效率。如对于刑法而言，法律条文或法律语言必须清楚明确，使人们能确切了解哪些行为是违法行为，以及犯罪行为与非犯罪行为的界限，以保障该规范没有明文规定的行为不会成为该规范适用的对象。也就是说，法律对犯罪与刑罚的内容要明确而不过度模糊，如此才具有预见性，这样人们才能准确地判定自己的行为是否构成犯罪。因此只有法律规定具体明确，人们才能真正在法律的界限内自由活动，否则不确定的甚至过度模糊的法律规范将会极大地损害人们的预测性，不利于人们的自由活动和自由发展。如果法律规范不明确甚至过度模糊，人们就不知道自己将要从事的行为是否合法，不利于人们的自由行动，进而阻碍了公民个人和社会的自由发展和进步。英国著名思想家约翰·密尔指出："自由是社会进

---

[1] 法律后果分为肯定性的法律后果和否定性的法律后果。
[2] 自由是按照我们自己的道路去追求我们自己的好处的自由，我们不试图剥夺他人的这种自由，也不试图去阻碍他人取得这种自由的努力。自由是社会进步的动力。如果一个社会压制公民的自由，或者由于法律的模糊妨碍公民的自由，人们的才能就无法充分发挥，社会的效率就会大大降低，社会的发展就将停滞。参见严存生：《新编西方法律思想史》，陕西人民教育出版社1989年版，第208－209页。

步的动力,如果一个社会的法律妨碍公民的自由,人类才能就会枯萎,社会前进便将停止。因此法律对公民自由的限制应该非常慎重。"① 因此,过度模糊的法律语言不仅导致纠纷和诉讼的增加,而且会导致公民无所适从,公民个人和社会的自由发展受到阻碍或限制,势必影响整个社会的效率,从而不利于社会的发展和进步。

① 参见严存生:《新编西方法律思想史》,陕西人民教育出版社 1989 年版,第 208-209 页。

7 发扬法律语言模糊性的优势

法律语言的模糊性同准确性一样，是法律语言所固有的一个属性。在某些特定的情境下，使用模糊性的法律语言甚至比使用明确的立法语言更能准确表明立法的意图和法治目标，也更能使人们准确地理解法律条文所规制的主体、调整的对象以及涵盖的内容。"如果深入研究人类的认识过程，我们将会发现人类运用模糊性概念是一个巨大的财富而不是包袱。这一点，是理解人类智能和机器智能之间深奥区别的关键"。[①] 有时模糊的法律语言实际上准确地表达了复杂多样且变动不居的法律现象。在一定条件下，模糊的法律语言使法律能够适应人类大力改造世界活动下高速变动的社会现实的同时，又兼顾了法律所应当具有的相对稳定性、普遍适用性以及概括性、包容性、确定性和权威性。因此，在我国的立法、执法和司法活动中，应当有意识地发扬法律语言模糊性所具有的种种优势。以下探讨如何发挥法律语言模糊性的优势。

7.1 区分情形使用模糊性的法律语言

7.1.1 结合我国现行法律看区分情形使用模糊性法律语言的优势

模糊性的法律语言有时比明确的法律语言对法律现象的表述更加准确、庄重、简明。模糊性的法律语言一般具有高度的概括性，能够以尽量简洁的语言文字表述丰富的内容，这就克服了啰嗦烦琐的文字给法律条文带来的不庄重、不严肃、不简洁的弊端，使得法律条文显得更加庄重、权威、简洁、准确。

例如，《刑法》第23条第1款规定："已经着手实行犯罪，由于犯罪分子意志以外的原因而未得逞的，是犯罪未遂。"其中"意志以外的原因"，这一表述将所有外在原因导致犯罪目的未能实现的全部可能的情况都囊括进去了，就是用模糊的法律语言实现了对纷繁复杂的法律现象准确、简明的表述。《刑法》第43条规定："被判处拘役的犯罪分子，由公安机关就近执行。在执行期间，被判处拘役的犯罪分子每月可以回家一天至两天；参加劳动的，可以酌量发给报酬。"其中"就近""酌量"就是模糊语言。"就近"是指以

[①] 刘应明、任平：《模糊性：准确性的另一半》，清华大学出版社2000年版，第16页。

某个点为中心而言离得最近的地方,因此需要根据犯罪分子所处地方才能确定;"酌量"就是根据被判处拘役的犯罪人员参加劳动的数量和质量以及劳动态度、当地的经济发展水平以及其经济状况等情况由执法人员综合考量给予其劳动报酬。所以"就近""酌量"这些模糊的语言表述实现了法律语言事实上的准确、简明。

《刑法》第52条规定:"判处罚金,应当根据犯罪情节决定罚金数额。"其中"犯罪情节"就是适当模糊的法律语言。罚金是刑法规定的与限制人身自由相对应的一种刑罚,根据刑法罪与刑相适应的原则,罚金的数额应当与犯罪情节的轻重相适应,而犯罪情节是对犯罪的社会危害性、犯罪手段和主观恶性等多种因素的综合考量,是复杂多变的,立法者不可能用非常确定的法律语言将其描述清楚,因而只能用"根据犯罪情节"这个具有高度概括性和模糊性的法律语言,赋予了司法者自由裁量权来根据具体案件的具体情况自由裁量决定罚金的数额,来达到法律语言事实上的准确,发挥法律语言模糊性的优势。《刑法》第53条规定:"罚金在判决指定的期限内一次或者分期缴纳。期满不缴纳的,强制缴纳。对于不能全部缴纳罚金的,人民法院在任何时候发现被执行人有可以执行的财产,应当随时追缴。由于遭遇不能抗拒的灾祸等原因缴纳确实有困难的,经人民法院裁定,可以延期缴纳、酌情减少或者免除。"其中"可以延期缴纳、酌情减少或者免除"就是模糊语言,赋予了司法人员自由裁量权,即根据特定案件的特定情况,特别是根据被判处罚金的犯罪人员所遭遇的不能抗拒的具体灾祸的具体情形来决定罚金是否延期缴纳,如果延期缴纳确定具体延迟多长时间,以及根据情况减少罚金的数额甚至免除罚金。在这里使用模糊性的法律语言是基于对复杂现实的考虑,同时也体现了对犯罪人员的人文关怀。

《刑法》第232条规定:"故意杀人的,处死刑、无期徒刑或者十年以上有期徒刑;情节较轻的,处三年以上十年以下有期徒刑。"第233条规定:"过失致人死亡的,处三年以上七年以下有期徒刑;情节较轻的,处三年以下有期徒刑。本法另有规定的,依照规定。"其中"故意杀人""过失致人死亡"[①] "情

[①] "故意杀人""过失致人死亡"中的"故意""过失"太过于抽象、模糊,为了防止法律语言过度模糊,造成司法人员滥用职权以权谋私,我国《刑法》第14条引1款规定:"明知自己的行为会发生危害社会的结果,并且希望或者放任这种结果发生,因而构成犯罪的,是故意犯罪。"第15条第1款规定:"应当预见自己的行为可能发生危害社会的结果,因为疏忽大意而没有预见,或者已经预见而轻信能够避免,以致发生这种结果的,是过失犯罪。"如此对过于模糊的法律语言用法律专业术语进行限定,以限制和规范法官的自由裁量权,同时也维护法律的统一性和权威性。

节较轻"① 都是模糊语言，犯罪嫌疑人故意杀人、过失致人死亡的手段、情节、主观心理在每个案件中都不可能完全相同，法律也不可能将这些情况一一罗列出来，因而只能提炼出它们的共同特质——主观上是"故意"或者"过失"，客观上造成他人"死亡"的后果，对同类情况进行概括性的规定，从而以法律语言的模糊求得具体适用的准确，实现具体正义和实质正义。

《民法通则》第109条规定："因防止、制止国家的、集体的财产或者他人的财产、人身遭受侵害而使自己受到损害的，由侵害人承担赔偿责任，受益人也可以给予适当的补偿。"其中"给予适当的补偿"就是模糊语言，受益人具体补偿数额需要司法者在司法实践中根据特定案件的特定情况确定。受益人具体补偿数额应当考虑多种因素，如受害人受到损害的严重程度、侵害人已赔偿的数额、受益人受益的大小、受益人的补偿能力和受害人的经济情况甚至受害人为了防止、制止国家的、集体的财产或者他人的财产、人身遭受侵害而见义勇为的具体情况都要考虑在内，因而立法者使用这样模糊的语言赋予了法官一定的自由裁量权，以使司法者在法律实践中实现其准确性，实现个案的公平正义。

《民法通则》第93条规定："没有法定的或者约定的义务，为避免他人利益受损失进行管理或者服务的，有权要求受益人偿付由此而支付的必要费用。"其中"必要费用"就是模糊语言，因为法律没有具体指出究竟包含哪些费用。但是，如此就赋予了法官根据特定案件的特定情况加以合理裁判的自由裁量权。实际上，在法律实践中，在不同的场合、不同的情境下，无因管理人为避免他人利益受损失进行管理或者服务的情况是非常复杂的②。

《婚姻法》第31条规定："男女双方自愿离婚的，准予离婚。双方必须到婚姻登记机关申请离婚。婚姻登记机关查明双方确实是自愿并对子女和财产问

---

① "情节较轻"属于模糊语言，但此处明确的法律语言更具有优势。例如，媒体报道了这么一个案件，一位猎人在山上打猎时，看到远处好像是"野猪"，拿起猎枪就打，打了许多枪，结果打死了一对在山上亲热的情侣。显然，这个案件就是"过失致人死亡"的案件，是否属于"情节较轻"呢？如果不属于"情节较轻"，根据法律该犯罪嫌疑人要被判3-7年有期徒刑，如果属于"情节较轻"，就是判3年以下有期徒刑了。那是否属于"情节较轻"就由司法人员根据案件的具体情况来行使自由裁量权。该案的具体情况，可能包括"远处"到底有多远、这座山周围是否人烟稀少或山上是否很少有人来、出事后犯罪嫌疑人是否第一时间进行施救、求助或报警等。

② 如一个人捡到无人看管的一头怀孕的母牛，到处寻找失主，无法找到失主而后进行饲养，后怀孕的母牛产下了一头小牛，小牛生病了又请兽医进行治疗，牛的主人找来要求归还母牛和小牛时，这个无因管理人要求受益人即牛的主人支出的"必要费用"可以包括寻找失主的交通费和印刷失主信息的资料费、牛的饲料费，以及请兽医对牛进行治疗所发生的费用以及饲养牛的人工费，等等。因此，"必要费用"这样的模糊语言能够让法官根据社会生活中可能出现的各种不同的有关无因管理的法律现象作出合理的裁定或判决，以实现具体公正和个案公正。

题已有适当处理时，发给离婚证。"其中"适当处理"就是模糊语言，由执法者根据案件的具体情况行使自由裁量权来判断子女和财产问题是否已有适当处理。因为婚姻关系是非常复杂的，人们常说"幸福的家庭是相似的，不幸的家庭各有各的不幸"。如果一方急于离婚，而另一方希望维持婚姻，但如果急于离婚的一方愿意在子女抚养和婚姻财产的处理上"吃亏"而与另一方自愿达成离婚协议，在婚姻登记机关看来也可以是"自愿并对子女和财产问题已有适当处理"。当然，如果双方对孩子的抚养问题没有达成协议，双方都想或都不想抚养孩子，婚姻登记机关可以认为没有"适当处理"而不予颁发离婚证。这样，"适当处理"这个模糊语言就赋予行政执法者（婚姻登记机关工作人员）根据特定案件的特定情况合理行使自由裁量权，以便使一般的、抽象的法律较好地适用于复杂的、具体的案件。

7.1.2 在法律实践中如何区分情形使用模糊性的法律语言

法律语言的模糊性是法律语言所固有的属性之一，它对于立法原意的表达以及立法目的的实现有着其特殊的优势，但也存在着无法消除的缺陷和弊端。模糊性法律语言没有好的和不好的之分，只有某种模糊性法律语言是否运用得当之分。在不同的场合使用模糊程度不同的法律语言有着截然不同的表达效果。因此，我们需要学会区分情形，明确在何种场合应当使用模糊性的法律语言以及使用何种模糊程度的法律语言，以及在何种场合使用模糊性法律语言，其优势大于弊端，还是其弊端大于优势。如果其弊端明显大于优势，就应当使用较为明确的法律语言，或者模糊程度更低的法律语言。

结合我国现行法律进行分析，在以下四种情形下使用模糊性法律语言优势大于弊端，因而使用模糊性法律语言较为适宜。

（1）对调整对象的完备性要求比较高，又不能用最明确的法律语言一一描述时，使用模糊性的立法语言较为适宜。例如，《刑法》第18条第1款规定："精神病人在不能辨认或者不能控制自己行为的时候造成危害结果，经法定程序鉴定确认的，不负刑事责任，但是应当责令他的家属或者监护人严加看管和医疗；在必要的时候，由政府强制医疗。"其中"在必要的时候"就是模糊语言。精神病人不能辨认、不能控制自己行为，给人们的生命和财产安全构成威胁，这时只有使用"在必要的时候"这样的模糊语言才能使法律更加周延和完备，以确保人们的生命和财产的安全，维护社会的正常秩序。

（2）对于法律原则、立法目的一类的表述，使用模糊性的法律语言较为适宜。这主要是由于法律原则、立法目的等具有较高的概括性，是统领整个法律条文的核心之处，是整部法律的基本精神所在。它的存在奠定了整部法律的基本步调，能在具体的法律规定无法适应复杂的具体案件时提供一个解决复杂纠纷的指引，弥补了有限的法律语言可能产生的法律空白或漏洞，使得法律条文更为周延和完备，能够适应纷繁复杂和高速变动的社会现实。如《民法总则》第6条规定："民事主体从事民事活动，应当遵循公平原则，合理确定各方的权利和义务。"《民法总则》第7条规定："民事主体从事民事活动，应当遵循诚信原则，秉持诚实，恪守承诺。"第8条规定："民事主体从事民事活动，不得违反法律、不得违背公序良俗。"其中"公平原则""诚信原则""公序良俗"这些体现民法精神和原则的条款都是模糊性语言，较好地发挥了模糊语言的优势。

（3）在某些场合，需要具体问题具体分析，因而应当赋予司法者以一定的自由裁量权，应当使用模糊性的法律语言。如《刑法》第17条第5款规定："因不满十六周岁不予刑事处罚的，责令其父母或者其他监护人加以管教；在必要的时候，依法进行专门矫治教育。"其中"在必要的时候"就是模糊语言，执法人员和司法人员可以根据特定案件的特定情况来决定是否"进行专门矫治教育"。在法律条文中大量出现的"合理""适当""必要""必需""酌情""酌量"等模糊性法律语言都是要求执法者和司法者根据具体案件的具体情况合理行使自由裁量权，使得抽象的法律更好地适用到具体的案件中，实现个案公正，同时维护法律的稳定性和权威性。

（4）在列举几种法律现象的典型类型后加一模糊性兜底条款的情形。如我国《刑法》第20条规定："为了使国家、公共利益、本人或者他人的人身、财产和其他权利免受正在进行的不法侵害，而采取的制止不法侵害的行为，对不法侵害人造成损害的，属于正当防卫，不负刑事责任。正当防卫明显超过必要限度造成重大损害的，应当负刑事责任，但是应当减轻或者免除处罚。对正在进行行凶、杀人、抢劫、强奸、绑架以及其他严重危及人身安全的暴力犯罪，采取防卫行为，造成不法侵害人伤亡的，不属于防卫过当，不负刑事责任。"其中"其他权利""其他严重危及人身安全的暴力犯罪"就是模糊语言。该法律条文列举了常见的公民权利，即人身和财产权利之后加一个模糊的"其他权利"作为兜底条款使法律更加严密，弥补了随着社会发展可能出现的法律空白或漏洞。同理，该法律条文在列举了常见的五种严重危及人身安全的暴力犯罪如行凶、杀人、抢劫、强奸、绑架之后加一个模糊的"其他严重危及人身安全的暴力犯罪"的兜底条款使得法律更加周延，以保持法律较高的稳定性和权威性。

结合我国现行法律分析，以下四种情形使用模糊性法律语言的弊端明显大于优势，使用明确的法律语言或模糊性程度比较低的法律语言。

（1）在对具体法律关系的主体进行规定时，为了避免模糊，应当使用明确的法律语言。例如，《民事诉讼法》第58条在对委托代理关系的一方主体——诉讼代理人进行规定时，就使用的是较为明确的法律语言，如"律师、基层法律服务工作者"。但《刑法》第294条第2款规定："境外的黑社会组织的人员到中华人民共和国境内发展组织成员的，处三年以上十年以下有期徒刑。"这里的"境外的黑社会组织的人员"在语义上十分模糊，如果是指外国的黑社会组织的人员，就应当使用"国外"而不应当使用"境外"，该条文可以改为："国外的黑社会组织的人员到中华人民共和国国内发展组织成员的，处三年以上十年以下有期徒刑。"如果是指港澳台地区的黑社会组织的人员，就应当改为："中国大陆境外的黑社会组织的人员到中国大陆境内发展组织成员的，处三年以上十年以下有期徒刑。"而不能说"境外的黑社会组织的人员到中华人民共和国境内发展组织成员的"，因为港澳台地区在国际法上属于"中华人民共和国境内"，而不属于"中华人民共和国境外"。因此，这里的"境外的黑社会组织的人员"究竟是什么意思，任何人都无法解释。因此这种对法律主体使用模糊语言的方式，应该尽量避免，否则不仅不能发挥法律语言模糊性的优势，反而暴露法律语言模糊性的弊端。

（2）在对具体法律关系的客体进行规定时，不宜使用模糊性的法律语言，而应该进行明确的表达。例如，《行政处罚法》第4条在描述该法的适用对象时，使用的就是"违反行政管理秩序的行为，应当给予行政处罚的"这类被限定了范围、相对明确的法律语言，而不是所有违反社会秩序的行为都是该法的调整对象。

（3）在对法律主体的权利和义务进行规定时，应该避免模糊，而应该使用明确性的法律语言较为适宜。例如，《公务员法》第14条、第15条在对公务员的义务以及权利的具体内容进行表述时，就以逻辑严密的表达方式分条列项逐一对其进行细致的说明，而不能仅仅是"公务员的义务""公务员的权利"这样模糊的表达。

（4）在对具体法律规定中涉及具体数字的规定，以及在对具体法律关系的诉讼时效、除斥期间等有关时间的问题进行规定时，使用准确性的立法语言较为适宜。如最高人民法院、最高人民检察院《关于办理淫秽物品刑事案件具体应用法律的规定》第1条规定，"……制作淫秽录像带5—10盒以上，淫秽录音带10—20盒以上，淫秽扑克、书刊、画册10—20副（册）以上，或者淫秽照片、画片50—100张以上的……"语言表述模糊不清且明显不合数理逻辑，因为"以上""以下""之前""之后"等逻辑关系的数理起点只能是确数，而不能是约数，只有"之间""之中""之际"等逻辑关系才能和约数对应。以上是一个反例，下面列举一个正例。《公务员法》第 95 条规定："公务员对涉及本人的下列人事处理不服的，可以自知道该人事处理之日起三十日内向原处理机关申请复核；对复核结果不服的，可以自接到复核决定之日起十五日内，按照规定向同级公务员主管部门或者作出该人事处理的机关的上一级机关提出申诉；也可以不经复核，自知道该人事处理之日起三十日内直接提出申诉；……"其中"三十日内向原处理机关申请复核""自知道该人事处理之日起三十日内直接提出申诉"等有关时间的规定，都是使用的准确的数字，便于当事人明确权利行使的期间，避免就时间问题发生纠纷，也提醒权利人应当在规定的时间内及时行使权利。

（5）法律对主体和行为表述上要对称，要明确规定主体的哪些行为是违法行为，否则造成司法机关适用上的困难。例如，《刑法》第 140 条规定："生产者、销售者在产品中掺杂、掺假，以假充真，以次充好或者以不合格产品冒充合格产品，销售金额五万元以上不满二十万元的，处二年以下有期徒刑或者拘役，并处或者单处销售额百分之五十以上二倍以下罚金……"这里的犯罪主体是生产者和销售者两种主体，处理的仅仅是售假行为，生产行为被忽视，主体和行为在表述上不对称。生产者大批量作假而未来得及销售就被查获了，这种行为是否属于犯罪呢？司法机关在适用法律时就十分为难。如果属于犯罪，那么应该根据什么标准判刑？如果不属于犯罪，为何又要将生产者列为犯罪主体呢？我们知道，司法机关在惩罚犯罪过程中要贯彻罪刑法定原则，如果刑法条文表述不完备，甚至模糊不清，必然造成司法机关适用法律的困境，也引发诸多"钻法律空子"的行为发生，并且得不到及时有效的制裁。

（6）在对类似法律现象的描述时，用词尽可能统一规范，避免模糊。如在《中华人民共和国国家赔偿法》中"违法""非法"就交替使用，如"违法拘留或者违法采取限制公民人身自由的行政强制措施的""非法拘禁或者以其他方法非法剥夺公民人身自由的"等，两种表述同时存在。

（7）犯罪构成要件尽量明确，避免使用模糊语词。符合犯罪构成要件是认定一行为构成犯罪的前提条件。如果构成要件不清楚，那将导致根本无法判断一个人的行为是否属于构成要件所涵摄的范围，一般人就难以理解该规定的意义，也不可能对自己行为的后果作出预测和判断，同时还容易造成国家刑罚权的恣意发动。因此，"刑法对于犯罪行为的法律要件的规定应力求明确，避免使用可以弹性扩张而具伸缩性或模棱两可或模糊不清的不明确的概念或用词，作为构成要件要素。"① 如果犯罪构成要件模糊不清，就会混淆罪与非罪、此罪

---

① 张建军："刑法明确性之判断"，载《中国刑事法杂志》2010 年第 9 期。

与彼罪的界限，显然这不利于发扬法律语言模糊性的优势，并有损法律的统一性和权威性。

7.2 发挥法律语言叠加使用模糊近义词的优势

法律语言往往也须运用得体的定语进行恰当的修饰，法律语言中定语的使用有时甚至达到堆砌、罗列的地步。在法律实践中，将看似模糊的意思相近或者性质相同的语词进行堆叠使用，能够将相关行为主体、行为方式、调整对象的描述限定在一个非常具体的范围内，可以有效地提高法律语言表达的准确性和语言表达的效率。同时，这样的表述方法能够弥补立法语言表述上的不足，使法律保持相对稳定性和权威性，弥补法律可能出现的漏洞，在赋予执法者和司法者一定的自由裁量权的同时又对其有着一定程度的限制，符合当今世界法律发展的趋势。

在英美法系的法规、法律文件（包括契约、遗嘱、信托协议）中，经常在一个句子中出现几个近义词并列的情况。① 以我国香港地区《防止贿赂条例》为例："... Any such advantages as is mentioned in this ordinance is customary in any profession, trade, vocation or calling"（被告人不得将所得的不当利益说成是某职业的行内惯例）。对"职业"的表述，立法用了 profession、trade、vocation or calling 几个近义词。这是因为英文中 profession 一般特指神学界、法律界、医学界与军界人士的职业，trade 特指商人与熟练的手工艺人的职业，而 calling 与 vocation 有神职、神圣事业的含义。"模糊性近义词堆积起来使用的目的，是尽量堵住所有由于法律条文的措辞不够明确而产生的歧义和漏洞"。②

7.2.1 结合现行法律看叠加使用模糊性近义词的优势

法律语言应当是准确而简洁的，准确性使得法律语言能够迅速地为人们所正确理解，从而准确地适用法律；简洁性使得立法语言言简意赅、表达效率高。因此，法律语言的运用应当合理兼顾这二者，使得法律语言的表达既有效率，又有准确度。在我国现行的法律中，似乎模糊的近义词的叠加使用就是法律语言的准确性与简洁性合理兼顾的最佳例证，如从《刑法》来看，第 104 条第 2 款的"策动、胁迫、勾引、收买"，第 105 条的"组织、策划、实施"，第 111 条的"机构、组织、人员""窃取、刺探、收买、非法提供"，第 125 条的"非法制造、买卖、运输、邮寄、储存枪支、弹药、爆炸物的""非法制造、买卖、

---

① 董晓波："略论英语立法语言的模糊及消除"，载《外语与外语教学》2004 年第 2 期。
② 褚宸舸："论立法语言的语体特点"，载《云南大学学报》（法学版）2009 年第 2 期。

运输、储存毒害性、放射性、传染病病原体等物质",第 126 条的"依法被指定、确定的",第 127 条的"盗窃、抢夺枪支、弹药、爆炸物的",第 136 条的"违反爆炸性、易燃性、放射性、毒害性、腐蚀性物品的管理规定",第 140 条的"在产品中掺杂、掺假、以假充真、以次充好或者以不合格产品冒充合格产品",第 152 条的"走私淫秽的影片、录像带、录音带、图片、书刊或者其他淫秽物品的",第 156 条的"为其提供贷款、资金、账号、发票、证明",第 224 条的"以伪造、变造、作废的票据或者其他虚假的产权证明作担保的",第 240 条第 2 款的"有拐骗、绑架、收买、贩卖、接送、中转妇女、儿童的行为之一的",第 286 条的"对计算机信息系统功能进行删除、修改、增加、干扰",第 299 条的"以焚烧、毁损、涂划、玷污、践踏等方式侮辱",第 312 条的"以窝藏、转移、收购、代为销售或者其他方式掩饰、隐瞒的",第 347 条的"走私、贩卖、运输、制造毒品",第 359 条的"引诱、容留、介绍他人卖淫的",第 382 条的"侵吞、窃取、骗取或者以其他手段非法占有公共财物的",均是如此。

对于叠加使用模糊性近义词,国外刑法中也屡见不鲜。如《德意志联邦共和国刑法典》第 130 条"引诱犯罪"中规定的"散布、公开展览、邮寄、演示或以其他方式使人获得具有煽动或鼓励他人实施非法行为的文书";《法国刑法典》第 313 条"与诈骗相近似的犯罪"中规定的"在公开招标活动中,采用赠送礼品、允诺、达成默契或其他欺骗手段"等,就是其中典型的例子。

7.2.2 模糊性近义词叠加使用的方式

综观我国现行的法律条文,堆叠使用模糊性相近词语或者相关词语的现象十分普遍。这些堆叠使用的词语主要包含了对行为方式、行为主体、调整对象的描述,使得它们能够尽量被表达得完整,对于合法权益的侵犯行为都会受到相应法律的调整,可以较好地发挥法律语言模糊性的优势。

（1）对具有共同性质的行为主体运用词语堆叠使用的方式。综观我国的法律条文,在某一个法律条文中对两个及两个以上的行为主体进行描述时,为了将所有可能的行为主体同时纳入该法律条文的调整之中来,立法者一般会采取堆叠使用词语的方式将相关的主体表述出来。例如,从《刑法》来看,第 30 条的"公司、企业、事业单位、机关、团体"这一表达方式就是将单位犯罪行为的可能的实施主体以词语堆叠的方式一一罗列出来,第 88 条的"人民检察院、公安机关、国家安全机关"就是将进行立案侦查这一行为的主体通过堆叠使用的方式表述出来,第 93 条的"国有公司、企业、事业单位、人民团体中从事公务的人员"同样也是将相关的主体运用堆叠的方式予以表述。

（2）对具有共同性质的行为方式采取堆叠使用模糊近义词语的方式。法律条文中描述犯罪的行为方式时，为了使对行为方式的描述尽可能地完整、准确，将相关的有可能的犯罪行为方式都包含在罪状的描述里面，立法者一般会采取堆叠使用相关或者相近词语的方式将它们罗列出来。在这些堆叠使用的词语中，或者是对某一个行为方式用多个意思相近的词语以顿号连接表达出来，例如，"掺杂、掺假、以假充真、以次充好"就是以多个意思相近的词语来描述让产品质量变得低下的多个行为方式；"爆炸性、易燃性、放射性、毒害性、腐蚀性"就是以多个并列的表示危害性的词语对危险物质所做的性质上的描述；"掩饰、隐瞒"就是以不同的意思相近的词语来描述对于事实真相的掩盖行为；"指定、确定"就是两个近义的词语来明确表达某一要素的行为；"非法持有、私藏枪支、弹药"就是以两个都表达对枪支、弹药的非法占有方式的词语来描述构成该种犯罪的行为要件；或者是针对某一被侵害的合法权益实施的一系列完整的行为链条，例如，"拐骗、绑架、收买、贩卖、接送、中转"就是用堆叠使用的词语形成了一个拐卖妇女儿童的较为完整的行为链条，以顿号连接的这几个词语是在拐卖妇女儿童的不同阶段所实施的不同行为，它们均被包含在拐卖妇女儿童的行为之内。再如，"窝藏、转移、收购、代为销售"就是将掩饰、隐瞒犯罪所得的几种行为方式或者说行为链条用多个词语叠加使用的方式表达出来；"非法制造、买卖、运输、邮寄、储存"中的几个词语就是以叠加使用的方式将犯罪客体为枪支、弹药、爆炸物的几种行为方式描述出来。

（3）对具有共同性质的调整对象采取词语堆叠使用的方式。综观我国现行的法律条文，在某一个法律条文对两个及两个以上性质相近或者相同的客体进行调整时，为了将相关的客体尽可能都纳入法律条文的表述中来，立法者多采用堆叠使用几个界限不是特别清晰甚至模糊的近义词的方式来对调整对象进行完整描述，以弥补可能发生的法律漏洞。例如，从《刑法》来看，第125条的"枪支、弹药、爆炸物"都是对高度危险物质的描述；第152条的"影片、录像带、录音带、图片、书刊"都是对淫秽内容可能的载体的描述；第240条的"妇女、儿童"是社会上最有可能、最容易、出现得最多的被拐卖的弱势群体；第299条的"中华人民共和国国旗、国徽"是对能代表中华人民共和国国家尊严的物品的描述；第324条的"国家保护的珍贵文物或者被确定为全国重点文物保护单位、省级文物保护单位的文物"是对故意损毁文物罪所保护的客体的描述。

以上论述了如何发扬法律语言模糊性的优势。但必须指出的是法律语言模糊的最终目的是在不确定中相对接近确定，以便于法律规则的普遍性实施。片面追求立法表述的确定性和模糊性都是错误的、不现实的。确定性和模糊性作为立法语言表述的两个维度，各自具有自身不同的限度和价值。发扬法律语言模糊性的优势，并不是要否定法的明确性，刻意去追求模糊，而是为了更好地服务于法律的准确性，因为"准确性是立法语言语体的基本特点，而模糊性则是立法语言的例外和达到表意准确的手段"。①

---

① 褚宸舸："论立法语言的语体特点"，载《云南大学学报》（法学版）2009 年第 2 期。

8 克服法律语言模糊性的弊端

不可否认，法律语言的模糊性有着一定的积极作用，如模糊性的法律语言在某些时候比明确的法律语言能更准确地表达立法原意，调整社会关系，实现法律价值和立法目的。法律语言中的模糊用语，在一定程度上能提高法律的普遍适用性，增强法律适用的灵活性，从而使法律适应社会的变化，保持立法的稳定性。但是同时，我们也不得不正视法律语言的不适当模糊给法律、法律制度乃至法治社会的实现带来的种种消极影响或弊端。比如，法律语言的模糊性，容易引发当事人权利义务的不明晰、不利于法的遵守；立法语言的模糊性，容易导致司法者、执法者对法律的理解出现偏差，不利于法律的统一实施；立法语言的模糊性还为法官的司法自由裁量权滥用留下隐患。因而，如何规避法律语言模糊性的弊端？寻求克服模糊的法律语言所具有的弊端的方法就显得尤为重要。

8.1 提高立法者素质和立法技术

要提高立法质量，克服法律语言模糊性的弊端，提高立法者素质至关重要。立法者是法律制定的主体。立法者素质的高低直接影响到法律质量的高低。首先，提高立法者的政治素质和科学素养。法律既要反映掌握政权的阶级的利益，又要反映社会发展规律。法是掌握政权的阶级制定的，当然要体现掌握政权的阶级的意志和利益，但掌握政权的阶级也不能为所欲为，为了维护其统治地位，掌握政权的阶级制定的法律也要体现社会发展规律①，因为社会发展规律根植于一个社会的社会物质条件，体现了包括统治阶级在内的社会全体成员共同的利益。例如，目前我国的经济体制是社会主义市场经济体制，因此我国的法律要体现社会主义市场经济的规律，建立符合市场经济内在规律的法律体系才符合全体人民的共同利益。掌握政权的阶级的意志是主观的，而社会发展规律是客观的，因此法是意志和规律的结合，主观与客观的统一。因此制定的法律既要体现掌握政权的阶级的意志，也要体现社会发展规律，这对立法者的政治素

---

① 马克思指出，立法者应该把自己看作是一个自然科学家。他不是在制造法律，不是在发明法律，而仅仅是在表述法律。参见黎国智：《马克思主义法学论著选读》，中国政法大学出版社1993年版，第43页。

质和科学素养提出了一定的要求。其次，提高立法者的专业素质。立法不同于对其他一般事物的处理，无论是立法技术的选择，还是立法语言的斟酌使用，都需要立法者不仅掌握基本的语言文字的运用之法，更要具有一定的，甚至是较高的法学专业水平，熟练掌握专门的法律术语。立法者立法不仅要从人的一般情理出发，更要从法学的基本原理出发，运用较为成熟的立法技术，使用较为专业的法律术语，制定出相对完善的法律。再次，立法不仅需要立法者有着较高的政治素质、科学素养和法学专业素质，而且还要求立法者具有一定的人文素质，即要求立法者在专业素质之外，还应当具有丰富的多学科知识，如政治、哲学、历史、地理、民俗等人文社科综合知识。实际上法律现象非常复杂且包罗万象，立法确实需要各学科的综合知识。最后，立法者还要具有丰富的社会经验和深厚的群众基础。因为法律来源于社会又服务于社会，所以立法者除了丰富的理论知识之外，还应当有一定的社会阅历和社会经验，并深入群众，了解人民群众的感受和需求。立法者要时时考虑人民群众的呼声、人民群众的需要。立法者不仅要有法律人的法律思维，还要有社会人的群众思维；不仅要考虑法律的逻辑，还要考虑老百姓的逻辑；不仅要深谙法律之真谛，还要感受群众之体会。

要提高立法质量，克服法律语言模糊性的弊端，除了提高立法者素质外，提高立法技术也非常重要。现行法律中存在的不适当模糊的立法语言中，有很大一部分是由于立法技术的选择不当或者是立法技术不够完善造成的。因此，提高立法技术对于克服法律语言模糊性的弊端具有不可替代的重要意义。首先，尽量使用规范化的法律语言是提高立法技术的一个重要方法。汉语言文字博大精深，对某个意思的表达存在无数个方法，然而，法律语言作为一种具有法律效力的语言文字，应当是严肃、权威的，而达致这种严肃性、权威性的方法之一就是尽可能使用专业的法律术语。专业的法律术语能够尽量减少歧义的产生，同时又能使立法语言简洁明了，树立起法律的庄严与权威。其次，程式化的语篇也是提高立法技术的一个重要途径。程式化的语篇指的是立法语言的表达，无论是从内容上还是从结构、逻辑、格式上，都应当遵循固定的模式。这样一种固定的、程式化的表达不仅使得整个法律条文看上去结构紧凑、逻辑严密，而且能够有效地降低法律语言的模糊性带来的消极影响。最后，立法技术的提高要注意借鉴国内外关于立法的有益经验。立法技术要想获得长足的发展，不能闭门造车，只关注国内的相关经验教训，而应当立足于本国现有立法技术的优势与缺陷，对世界各国相关的立法技术予以考量，从中提取适合我国国情的有益经验运用到将来的立法中，对于其中的教训我们也应当予以高度重视，避免我国在将来的立法中也犯类似的错误。

8.2　正确把握法律语言的模糊度

法律语言的模糊性是无时不有、无处不在的。语言反映的是人类对于这个世界一切存在的认知。但是由于认识者知识结构、思维方式等主观因素的影响以及认识工具、认识手段、事物的运动性等客观条件的制约，人类对于客观存在的认识与客观存在本身是不可能完全一致的，而只能是无限地趋近。这就使得语言，乃至立法语言的模糊性不可避免。因此，我们所要考虑的不是如何去消除立法语言的模糊性，而是要怎样通过对立法语言模糊度的合理把握来克服立法语言模糊性所带来的弊端。

词语的准确与模糊是相对而言的，语境和视角是判定词语是否模糊的依据。当情境发生转变，词语可能从明确具体转化为模糊不清。且在特定情境中，模糊词语的运用反而能使语义更加准确。对词语进行模糊处理，可以提高词语的解释能力。凡事过犹不及，量变引起质变。模糊性法律语言的运用，应限制在一定范围当中。换言之，应合理控制法律语言的模糊度，避免因过度模糊而干扰了词语本意，模糊度则是一种临界状态。立法语言的模糊度，顾名思义，是指立法语言的模糊程度。具体而言，是指模糊语言所要表达的核心信息的范围（a—b），这里 a 作为下界，b 作为上界。立法语言的模糊性不可能是毫无限制、无限模糊的，而应当在一定的范围内活动，不能超越 b 这个上界，也不能低于 a 这个下界。否则，将对法律的正确适用产生负面的影响。[①] 因此，立法者在描述具体法律现象选择使用法律语言时，应当在模糊度允许的范围内选择使用模糊词语，而对于那些在模糊度允许范围外的模糊词语应当尽量地避免使用。对于法律语言模糊度的正确把握还应当根据不同的情形使用不同模糊程度的词语。例如，在表达立法的目的、立法的原则等高度抽象、概括的语义时，就可以使用模糊程度较高的词语，如平等、公平、公正、正义、自由、公序良俗、诚实信用等；而在表述某些诸如法律事实的认定、权利义务[②]时，就应当使用模糊程度较低的立法语言；而一些背离立法意图的模糊词，比如"大概""或许""可能""也许"等，由于模糊性程度过高，并不适合在立法语言中出现。

立法时要正确地把握法律语言的模糊度。比如 2001 年我国《婚姻法》对禁止结婚的疾病作出了概括性规定：患有医学上认为不应当结婚的疾病的人禁止结婚。但什么是医学上认为不应当结婚的疾病，《婚姻法》没有规定，由哪

[①] 郭育艳："婚姻立法语言模糊性弊端规避的语义策略"，载《河南财经政法大学学报》2014年第3期。

[②] 如公务员的义务中有一项是"保守国家秘密和工作秘密"，这里限定了公务员需要保守的秘密是有关国家和工作的秘密，而非所有的秘密，因此，该法条中使用的是"国家秘密和工作秘密"这一具体的描述，而非"秘密"这个模糊程度相对较高的词语。

个机构来认定也不清楚，使得这一规定成为过于模糊性的规定。但是依据《婚姻法》，如果患有医学上认为不应当结婚的疾病的人结婚、婚后尚未治愈的，这种婚姻是无效婚姻，因此这一规定不能模糊。《中华人民共和国母婴保健法》（以下简称《母婴保健法》）规定，男女双方在结婚登记时，应当持有婚前医学检查证明或医学鉴定证明。婚前医学检查包括严重遗传性疾病、指定传染病、有关精神病三类疾病的检查。经婚前医学检查，对患指定传染病在传染期内或者有关精神病在发病期内的，医师应当提出医学意见；准备结婚的男女双方应当暂缓结婚。结婚前医学检查，对诊断患医学士认为不宜生育的严重遗传性疾病的，医师应当和男女双方说明情况，提出医学意见；经男女双方同意，采取长效避孕措施或者施行结扎手术后不生育的，可以结婚。但《中华人民共和国婚姻法》规定禁止结婚的除外。有观点认为：《母婴保健法》虽然说明了婚检项目和暂缓结婚的情形，但并未确定禁婚疾病，再加上医生一般也不在婚检报告中明确婚检对象是否可以结婚，为结婚登记工作带来了困难。为此，修订婚姻法应当明确什么是禁止结婚的疾病。当然，随着科学技术的发展和医学的进步，将会发现许多新的不宜结婚的病种，这也许是婚姻法不明确患哪种病不宜结婚，或者说立法者不直接列举患哪种病不宜结婚而使用模糊性立法语言的原因。但是，结婚涉及公民的终身大事，不宜过于模糊。一些学者建议对这一过度模糊的规范进行限制，可以规定为"医学上认为不宜结婚的疾病具体由国务院卫生行政部门规定"，而国务院卫生行政部门可以直接列举患哪种病禁止结婚，并随着医学的发展进行调整。[1]

再如《刑法》第 232 条规定："故意杀人的，处死刑、无期徒刑或者十年以上有期徒刑；情节较轻的，处三年以上十年以下有期徒刑。"中国现行刑法类似这样非常简约粗疏且过于模糊的规定比较多，这在某种意义上也是对法的明确性和罪刑法定原则的一种挑战。实际上，社会生活中不同的故意杀人的情形和情节在主观恶性方面有很大的差别，立法上完全放弃对这些差别加以规定，并且把这样一种极其抽象的、概括的、模糊的刑法条款留给司法机关适用，必然给法官留下过大的自由裁量空间，同罪异罚、刑罚畸轻畸重将在所难免，有损法律的统一性、确定性和权威性。可以说，我国刑法规定的故意杀人罪几乎不加区别地配置从三年有期徒刑绵延到死刑的幅度广泛的法定刑，而将具体的裁量权悉数交由司法者，是立法不科学的体现。比较国外关于故意杀人罪的立法规定，都可看出，故意杀人的情形很多，比如激情杀人、生母溺婴，等等，其在违法性特别是在可谴责性上存在着重大差别。我国刑事立法可以借鉴国外

---

[1] 郭育艳："婚姻立法语言模糊性弊端规避的语义策略"，载《河南财经政法大学学报》2014年第3期。

相关立法经验，对故意杀人罪的规定更加细致①，如考虑故意杀人的不同情形和差别，并将不同的情形对应相对比较窄的量刑幅度，如此合适地把握法律规范的模糊度，提高法律的明确性和确定性。当然，罪刑法定原则要求刑法立法必须要追求明确，但这种明确不可能是面面俱到的绝对准确，而只能是吸纳了概括性（模糊性）立法技术和体现一定开放性、包容性和灵活性特征的相对明确。因此，我们应该特别注意立法中的明确性与模糊性之间的平衡。②

以下再举例如何正确地把握法律语言的模糊度。在立法过程中，立法者的任务是去描述各种类型，并将类型概念化，用尽可能准确的法律语言来描述各种生活事实类型。在立法者对各种"类型"进行描述时，立法者有两种选择：一是，只是给予该类型一个名称而放弃对其进行描述。这种方式可以使法律具有较大的灵活性，能够适用于多种类似案件事实，然而却具有极大的模糊性和不安定性，因为这时的法律可能被任意地操纵。二是，试着尽可能精细地列举和描述各种"类型"，这种方式具有较大的确定性和安定性，但却会造成无法适应社会生活的变化而与实际生活脱节的结果，有可能因为规定得不周延而出现漏洞或空白。多数立法者在两者中选择了中庸之道。例如，一些立法中在对概念内涵定义的同时进行列举。例如，《中华人民共和国禁毒法》（以下简称《禁毒法》）第2条第1款规定："本法所称毒品，是指鸦片、海洛因、甲基苯丙胺（冰毒）、吗啡、大麻、可卡因，以及国家规定管制的其他能够使人形成瘾癖的麻醉药品和精神药品"，采用定义（能够使人形成瘾癖的麻醉药品和精神药品）和列举（主要毒品）相结合的形式界定毒品。在该例中，立法者如果仅仅采用"定义"方式描述毒品将太过于模糊而产生许多弊端，但如果仅仅采用列举（主要毒品）的方式虽然法律语言非常明确但不够周延，可能出现遗漏③。采用模糊定义与明确列举相结合的方式，运用了类型化的思维方式，这种类型化的思维方式为类属边界不清的事物的划分提供了指引，对于模糊的外延边界能进行一定的控制。简单说，类型思维提供了一种新的角度对事物进行区分，对模糊性法律语言的运用提供了指引以及对模糊的范围进行了一定的限制。因此采用明确列举与模糊性的概括定义相结合的方式，合适地把握了法律

---

① 必须指出的是，这里所说的刑法个罪的描述应该尽量细致，主要是针对一些常见多发、形态复杂的重大犯罪而言的，并非是指对所有犯罪都事无巨细地规定入罪的具体条件，像贪污罪、受贿罪的规定，具体到明确的犯罪数字，反而过了头，失去了刑法规范的普适性与规范性。过于粗疏模糊和过于明确具体的两个极端同时出现于一部刑法典之中，表明我国刑事立法尚没有明确统一、贯彻始终的立法指导思想和立法表达方式，刑事立法尚在明确性与概括性（模糊性）之间无规则、无意识地游弋摇摆，我国刑事立法的技术水平亟待改进和提高。

② 付立庆："论刑法用语的明确性与概括性——从刑事立法技术的角度切入"，载《法律科学》2013年第2期。

③ 因为随着社会的发展，新型毒品将不断产生。

语言的模糊度，有利于克服法律语言过度模糊的弊端。

采用明确列举与模糊性的概括定义相结合的方式，即明确举例加上兜底规定的方法在法学界称为"例示法"。这种例示法既非只标明犯罪类型名称的概括规定，又非只详细描述犯罪类型，而是取二者之间而走中庸之道。例示法是概括（模糊）条款与明确列举的一种有机结合，它既能保障法律的安定性和确定性，也赋予法官对此类或类似的案件作出同样处理的任务，既能对应社会生活现实，也能限制法官权力。我国今后的刑事立法对于现代型犯罪宜尽量采取例示法。允许立法上出现这种不利于被告人的模糊性的规定，归根结底还是保障被告人的权利和维护社会秩序（保障受害人的权利）两种价值冲突时的平衡问题，其中还需要加上刑法典的安定性这样一个重要的考量要素。随着社会的发展，各种新型的犯罪层出不穷从而也就要求刑法规范更具开放性、灵活性、包容性和周延性，而同时立法者明确列举的能力又注定非常有限。对于一些新型的犯罪，立法者不可能认识到从而也就不可能明确列举出所有的犯罪行为类型，出于严密法网以及刑法典的安定性的考虑，这种兜底式规定可以说是不得已而为之，因此给被告人人权带来的可能侵害，只能作为对于罪刑法定明确性要求的一种"放松"，是其必须付出的代价。但是，这里必须要强调，这种例示法与完全兜底式或概括（定义）式方法的区别在于，其以存在着对于犯罪行为等的明确列举为前提，因此，法官在对照具体事实对刑法的模糊性的兜底规定进行填充时，就不至于不受任何约束地随意裁定。法官要将现实案件与法条例示的行为相比较，判断现实案件是否与法条例示的行为相类似。所以，法官的自由裁量权受到了有效的拘束，刑法的安定性或确定性能够得到保障。所以，在对于现代型犯罪构成要件加以描述时，立法者在不得已而采用兜底式规定的同时，必须有意识地将其和明示列举相结合，并尽可能详细、充分地列举已经认识到的常见的相应犯罪类型，避免法律规范过于模糊。①

8.3 对模糊性法律语言进行语义限定

利用模糊限制语对模糊性法律语言进行语义限定是克服法律语言模糊性弊端的重要方法。模糊限制语最早由美国语言学家 Lakoff 提出，他将其界定为：使事情变得模糊或者使原本模糊的事情变得比较清晰的词语或起着类似作用的词。② 由此可知，模糊限制语按用途可以分为两类：一类是使精确语言模糊化，

---

① 付立庆："论刑法用语的明确性与概括性——从刑事立法技术的角度切入"，载《法律科学》2013 年第 2 期。

② 黄萍："法律语篇中模糊限制语的人际意义——以中文判决书为例"，载《学术交流》2010 年第 2 期。

如"有期徒刑三年"是一个精确的术语，如加上"以上""以下"等模糊限制词，就可将精确的表达变为模糊表达，扩大法条的辖域；二是改变模糊度，使模糊语言相对精确化，如"致人伤害""致人重伤"中，"伤害"是一个模糊集，"重"就是模糊限制词，对这个模糊集予以限制后，"轻伤"就不再归属于此集合。

模糊性语言在内涵和外延上具有不确定性，往往导致规则的不确定性，但有的时候，在适用法律时，必须有确定的规则作为依据和准绳，此时就要将模糊性立法语言准确化。因为模糊语言的模糊表现形式不一，比如，有的是程度模糊、有的是行为方式模糊、有的是外延模糊。为了克服法律语言模糊性的弊端，通过语义限定使模糊性语言趋于准确化主要通过以下几种途径。

（1）限定程度。在立法中有许多模糊性成分属于程度上的模糊，对法律规则的明晰和可操作性造成了严重的危害，需要采取合适的方式加以限定使其准确化。比如《婚姻法》规定的结婚必须男女双方完全自愿；如感情确已破裂，调解无效，应准予离婚。此时"完全""确已"就是对自愿、破裂程度的限定。同一性质的法律事实因为程度的不同会产生不同的法律后果，限定程度就是对事物有关的程度进行严格的限定说明。比如，《婚姻法》第42条规定①的"生活困难"，就属于模糊用语，生活困难只是相比较而言的，生活困难到何种程度属于婚姻法上"如一方生活困难另一方应从其住房等个人财产中给予适当帮助"？这是在程度上模糊的立法语言，而且根据一般社会观念，生活困难的判断也是因时代不同而变化的。对此最高人民法院《关于适用〈中华人民共和国婚姻法〉若干问题的解释（一）》（以下简称《婚姻法解释（一）》）第27条规定，《婚姻法》第四十二条所称"一方生活困难"，是指依靠个人财产和离婚时分得的财产无法维持当地基本生活水平。然而"基本"却仍然是一个模糊词，并没有界定清楚困难的程度。而且如果离婚前就生活困难，因为生活困难才导致离婚，离婚后双方生活水平没有变化，一方并不能要求对方给予救济。笔者认为生活困难，需要一个参照系数，婚姻法的立法目的，是避免当事人因离婚陷入生活困境，生活困难是指和离婚前的生活相比是困难的，且和当时当地的生存需求相比是困难的，所以《婚姻法解释（一）》第27条可以进一步限定，修改为生活困难是指依靠个人财产和离婚时分得的财产无法维持离婚前的生活水平且无法满足当地基本生存需求。此外，一方离婚后没有住处的，属于生活困难。离婚时，一方以个人财产中的住房对生活困难者进行帮助的形式，可以

---

① 《婚姻法》第42条规定："离婚时，如一方生活困难，另一方应从其住房等个人财产中给予适当帮助。具体办法由双方协议；协议不成时，由人民法院判决。"

是房屋的居住权或者房屋的所有权。①

（2）限定行为方式。法律是一种行为规范，人们的行为总是按照一定的方式作出并产生某种后果，法律在规范一些行为概念或者行为性质时使用了模糊性语言，这类模糊性语言便可以通过限定行为方式来实现。比如《婚姻法解释（一）》第1条将"家庭暴力"解释为行为人以殴打、捆绑、残害、强行限制人身自由或者其他手段，给其家庭成员的身体、精神等方面造成一定伤害后果的行为，就是对行为方式进行明确化。再如我国《婚姻法》规定如果夫妻感情确已破裂法院可以判决离婚，但"感情确已破裂"是模糊性语言，这类模糊性语言便可以通过限定行为方式来实现。为此，我国《婚姻法》第32条列举了五种"感情确已破裂"的情形：（一）重婚或有配偶者与他人同居的；（二）实施家庭暴力或虐待、遗弃家庭成员的；（三）有赌博、吸毒等恶习屡教不改的；（四）因感情不和分居满二年的；（五）其他导致夫妻感情破裂的情形。尽管第五种情形仍然是模糊的，但通过对模糊的法律语言中有关行为方式的限定而使其变得最大程度地清晰。

（3）限定性质和后果。有的模糊性立法语言所表述的事物性质如果不加限制就处于较大的模糊状态，比如《婚姻法》第2条规定保护妇女、儿童和老人的合法权益。之所以用"合法"来限定权益，是因为权益包括权利和利益权益中的利益有合法的也有非法的，"合法"限定语的使用，使表述更加准确严密。有的模糊性立法语言行为对象、行为意图模糊，可以有无数种表现，此时列举行为对象、意图也难以准确化，而且往往还挂一漏万，比如对于《婚姻法》中的"胁迫"一词，《婚姻法解释（一）》第16条将其规定为"行为人以给另一方当事人或者其近亲属的生命、身体健康、名誉、财产等方面造成损害为要挟"，但胁迫的对象可以是被胁迫人的任何权益，肯定不只是生命、身体健康、名誉、财产，还可以是生活、工作中任何一方面，此时就要从婚姻法规定胁迫的目的出发将其准确化。婚姻法规定胁迫源于保护婚姻自由，实现当事人对自己的婚姻自己做主，因此因胁迫而缔结的婚姻可撤销。此时胁迫的对象是什么便不再重要，只要胁迫行为是非法的，胁迫导致当事人在意思表示不自由的情况下结婚，这种行为就是婚姻法中的胁迫。因此，胁迫可以从行为性质和行为后果上加以准确化，一方以非法造成损害为要挟手段迫使另一方当事人在意思表示不真实的情况下结婚，这种行为就是婚姻法中的胁迫，这样的婚姻就是法律规定的可撤销的婚姻。

---

① 郭育艳："婚姻立法语言模糊性弊端规避的语义策略"，载《河南财经政法大学学报》2014年第3期。

(4) 限定范围。有的模糊性立法语言其模糊性在于外延模糊，而法律规则要求适用对象明确，权利义务主体明确，因此，此时作为立法语言的模糊性用语，如果是用来规范法律关系主体的，则必须外延清楚。比如《婚姻法解释（一）》第7条第1款规定，有权依据婚姻法第10条规定向人民法院就已办理结婚登记的婚姻申请宣告婚姻无效的主体，包括婚姻当事人及利害关系人。然而利害关系人就是模糊性用语，即哪些人属于利害关系人是模糊的。但权利主体的范围是不能模糊的，因此，《婚姻法解释（一）》第7条第2款就接着对利害关系人的范围进行了限定。对利害关系人具体包括的主体进行了明确列举，其中以未到法定婚龄为由申请宣告婚姻无效的，为未达法定婚龄者的近亲属，而近亲属在民事诉讼中是一个确定的概念，包括配偶、父母、子女、兄弟姐妹、祖父母、外祖父母、孙子女、外孙子女。

8.4 对法律文本中模糊词语进行法律解释

我国现行法律中法律语言模糊性的弊端，可以通过进行法律解释而实现一定程度上的消解。我国立法中倾向于使用具有高度概括性的不确定概念和一般条款（构成）法条，再使用法律解释去消除法律语言的模糊性。因法律具有高度概括性，由于社会的发展，在适用的过程会出现不适配的情况，此时可以对其进行解释，消减模糊性，使其得以运用。故在一定程度上，法律解释可以消减法律语言的模糊性。因此，法律解释是消减法律语言模糊性的重要方法之一，有益于实现法律语言的相对明确性。

法律解释是克服法律语言模糊性的重要方法。法律解释一般是指由特定的机关、社会组织和个人，根据立法精神、国家政策和法律意识对法律或法律条款的含义所做的说明和阐释。法律解释的主要作用在于将抽象法律规范具体化、明确化，法律作为一种具有普遍适用性的行为规范往往比较抽象、概括，而在司法实践中面临的则是复杂的、具体的个案，因此要将抽象的法律规范具体化，明确其含义，以便实现个案正义。法律具有相对稳定性，通过法律解释可以协调法律与社会发展变化之间的关系，保障法律的连续和稳定。"通过法律解释可以消除法律规定本身存在的模糊、自相矛盾和缺漏，补救成文法的不足。"[1]"对法律语言模糊性的弊端，我们既不能掩耳盗铃，也无须视之为洪水猛兽，而是要通过法律解释等法律方法将其模糊性控制在一定的范围内，防止由模糊性带来的随意性、多义性和不严格性损害了法律语言的准确性"。[2]

---

[1] 肖宝华、孔凡英："浅析法律语言"，载《南华大学学报》（社会科学版）2005年第1期。
[2] 褚宸舸："论立法语言的语体特点"，载《云南大学学报》（法学版）2009年第2期。

法律解释是一定的主体对于模糊的立法语言所做的一种补充说明，它对于法律的准确适用具有重要的意义。法律解释平衡协调了四对重要的关系：一是立法背景与司法现实的关系；二是立法原意与司法意图的关系；三是抽象的法律与具体的社会现实的关系；四是立法权与司法权的关系。法律解释依据效力的不同，可以分为法定解释和任意解释。前者是有权的国家机关所作出的法律解释，具有与其解释权相适应的法律约束力；后者是专家、学者等没有法定解释权的主体所作出的法律解释，是没有普遍的约束力的，但对司法适用有一定的参考价值。在法定解释中，主要包含了立法解释和司法解释两种，此外，还包括了行政解释以及其他解释。下面将就立法解释和司法解释这两种手段来论述如何克服立法语言模糊性的弊端。

（1）通过立法解释界定模糊立法语言的确切含义。立法解释是立法机关针对模糊性的立法语言所做的进一步阐释，它是对立法机关立法活动的一种补充与延续，它同被解释的法律条文一样具有同等的法律效力，它弥补了法律存在的空缺与不足，并使模糊的法律变得清晰起来。在我国这个以成文法为法律主要表现形式的国家，立法解释对于现行法律是否能够很好地适应我国社会转型期不断变革的社会现实，具有不可替代的重要意义。立法解释在很大程度上克服了法律条文所固有的滞后性、模糊性等带来的缺陷，让原本模糊的法律概念、法律规范等法的要素变得明确而具体，对于提高司法效率，节约司法资源，提升司法公正，推进法治建设具有重要的作用。立法解释可能存在于法律文本本身之中，也有可能是以单独的规范性法律文件的形式出现。存在于法律文本本身之中的解释，例如，在《民法通则》的附则中，第153条对不可抗力的含义作出了明确的界定①；第154条就专门对"期间"的计算方式作出了详细的规定②，第155条对于"届满""不满""以上"等用语

---

① 不可抗力是指不能预见、不能避免并不能克服的客观情况。不可抗力的来源既有自然现象，如地震、台风，也包括社会现象，如军事行动。作为人力所不可抗拒的强制力，具有客观上的偶然性和不可避免性，主观上的不可预见性以及社会危害性。世界各国均将不可抗力作为免责的条件，中国民法也不例外。《民法通则》第107条规定："因不可抗力不能履行合同或者造成他人损害的，不承担民事责任，法律另有规定的除外。"凡发生不可抗力，当事人已尽其应尽责任仍未能避免债务不履行或财物毁损时，可不负赔偿责任。但不可抗力发生在债务迟延之后时，债务人仍应负责。不可抗力是相对而言的，随着科技的发达，不可抗力的含义、范围都有可能发生变化。此时又可通过立法解释来具体界定不可抗力。

② 《民法通则》第154条规定，【期间的计算】民法所称的期间按照公历年、月、日、小时计算。规定按小时计算期间的，从规定时开始计算。规定按照日、月、年计算期间的，开始的当天不算入，从下一天开始计算。期间的最后一天是星期日或者其他法定休假日的，以休假日的次日为期间的最后一天。期间的最后一天的截止时间为二十四点。有业务时间的，到停止业务活动的时间截止。

作出了进一步说明①。在《行政许可法》附则中，第 82 条对"期限"的计算方式所做的进一步阐述②；在《行政复议法》附则中，第 42 条关于法律冲突解决方式的规定③。

以单独的规范性法律文件的形式出现的立法解释，例如，《全国人民代表大会常务委员会关于〈中华人民共和国刑法〉第三百一十三条的解释》对"人民法院的判决、裁定"进行了进一步的界定④，明确了"人民法院的判决、裁定"的范围，同时对"有能力执行而拒不执行，情节严重"的具体情形进行

---

① 《民法通则》第 155 条规定，民法所称的"以上""以下""以内""届满"，包括本数；所称的"不满""以外"不包括本数。

② 《行政许可法》第 82 条规定："本法规定的行政机关实施行政许可的期限以工作日计算，不含法定节假日。"

③ 《行政复议法》第 42 条规定："本法施行前公布的法律有关行政复议的规定与本法的规定不一致的，以本法的规定为准。"本条明确规定，在行政复议法施行之前颁布的有效的法律中，凡就行政复议的有关规定与本法有不同规定的，在本法实施后，都自动失去法律效力，一律按本法的规定执行。国务院于 1990 年制定了行政复议条例，在条例实施的之前和之后出台的许多单行的法律中，对有关行政管理领域内的行政复议作出了零散的规定。例如，《治安管理处罚条例》第 39 条、《中华人民共和国进出口商品检验法》第 28 条、《中华人民共和国邮政法》第 65 条、《商标法》第 35 条和第 39 条、《税收征收管理法》第 56 条，以及《专利法》《外国人入境出境管理法》《公民出境入境管理法》《食品卫生法》等法律中都有关于行政复议的规定散落于其中。这些法律主要是在行政复议的申请期限、管辖以及受案范围等方面的规定不同于行政复议法的有关规定。依照本条的规定，这些法律中如果有与行政复议法的有关规定不一致的部分，都要以行政复议法的规定为准，按照行政复议法的规定执行。强调这一条规定，主要是因为行政复议的立法指导思想发生了很大的转变。行政复议法不仅从完善行政机关内部的自我监督机制方面作出了规定，同时也着眼于建立一种有效的保障公民、法人的合法权益的法律制度方面作了较完整的规定。行政复议法在行政复议条例实施八年的基础上，强调立法的出发点一是要保障公民、法人和其他组织充分行使行政救济权。

④ 《刑法》第 313 条第 1 款规定："对人民法院的判决、裁定有能力执行而拒不执行，情节严重的，处三年以下有期徒刑、拘役或者罚金；情节特别严重的，处三年以上七年以下有期徒刑，并处罚金。"全国人民代表大会常务委员会《刑法》第 313 条规定的"对人民法院的判决、裁定有能力执行而拒不执行，情节严重"的含义解释如下：《刑法》第 313 条规定的"人民法院的判决、裁定"，是指人民法院依法作出的具有执行内容并已发生法律效力的判决、裁定。人民法院为依法执行支付令、生效的调解书、仲裁裁决、公证债权文书等所做的裁定属于该条规定的裁定。下列情形属于《刑法》第 313 条规定的"有能力执行而拒不执行，情节严重"的情形：

（一）被执行人隐藏、转移、故意毁损财产或者无偿转让财产、以明显不合理的低价转让财产，致使判决、裁定无法执行的；

（二）担保人或者被执行人隐藏、转移、故意毁损或者转让已向人民法院提供担保的财产，致使判决、裁定无法执行的；

（三）协助执行义务人接到人民法院协助执行通知书后，拒不协助执行，致使判决、裁定无法执行的；

（四）被执行人、担保人、协助执行义务人与国家机关工作人员通谋，利用国家机关工作人员的职权妨害执行，致使判决、裁定无法执行的；

（五）其他有能力执行而拒不执行，情节严重的情形。

了列举性规定，方便了司法机关在适用该法律条文时作出准确、迅速的判断，有利于提高司法机关的办案质量与办案效率，并使法律得到一体地执行和适用，维护了法律的确定性、适应性、统一性和权威性。

再例如，在 1979 年《刑法》中的"投机倒把罪"被废除之后，现行 1997 年刑法中"非法经营罪"作为"口袋罪"存在的一个象征，广受诟病。但说到"口袋"，只要存在着兜底式规定，其在某种意义上都可以称为"口袋"，或者说都有沦为"口袋"的危险。但是，即便说这些兜底条款是我国刑法的罪刑法定原则的软肋，其也不是一句应该摒弃就可以解决的。非法经营罪之所以广受批评，很大程度上是因为相关法律规范过于模糊，实践中对该罪的认定过于随意，以至于但凡不符合市场经济规则的行为动辄就被装到非法经营罪的"口袋"之中。可以说非法经营罪认定上的随意性说到底还是根源于《刑法》第 225 条第（4）项"其他严重扰乱市场秩序的非法经营行为"的规定本身过于宽泛、模糊。我国刑法关于非法经营罪的立法虽然形式上采用了例示法的立法技术，但是由于《刑法》第 225 条前 3 项所例示的不过是非法经营的三种有限情形，列举并不详尽、不充分①，致使第 4 项的填充空间过大。为了避免出现这种所谓的"口袋罪"，应该通过立法解释或后文提到的司法解释等法律解释方法框定或限定"其他严重扰乱市场秩序的非法经营行为"的范围，以限定法律规范的模糊度，克服法律语言模糊的弊端。

（2）通过司法解释界定模糊立法语言的确切含义。司法解释是我国最高国家司法机关在将抽象而概括的法律条文适用于具体而复杂的案件事实时，针对法律条文存在模糊性的地方，作出进一步的阐释和说明。立法语言的模糊性使得司法机关的工作人员在适用法律时拥有了较大的弹性空间，让他们可以根据自己对于立法者立法原意的揣摩以及对于法律条文本身的理解，结合案件的具体情况，作出他们认为最为适宜的裁决。然而，不同的司法者揣摩立法原意、理解法律条文的结果并不总是那么一致，这就导致了相似案件的不同判决的出现，法律得不到一体地适用，有损法律的一致性、统一性和权威性。因而，由最高国家司法机关对模糊性的立法语言作出统一的解释就十分必要。在我国，

---

① 为了避免法律规范过于模糊，犯罪现象的概括式规定一般应该以立法上明确的限定性列举为前提，概括式规定仅仅是作为其补充而存在。在明示列举和兜底规定之间，从罪刑法定原则的明确性要求出发，明示列举或例示应该尽可能充分、全面，这样一方面法条中的充分列举本身就限制了司法裁量权的范围，另一方面也可以使具体办案的法官在填充事实时能通过更多的参照来甄别、比较正在审理的案件中的犯罪行为和法条中列举的犯罪行为的相似性，而且法官必须按照"等价性""相当性"标准来考量和适用模糊性的兜底条款或模糊性的概括性规定。

有权作出司法解释的国家机关只有最高人民法院和最高人民检察院。立法语言大多是抽象而概括的,司法机关的工作人员将如此抽象而概括的立法语言适用于具体而复杂的社会现实时,经常会感到无所适从,不能够将二者完美地结合。然而,出于法律权威性和稳定性等因素的考虑,立法者又不能将法律制定得过分地具体、详细。因此,我国最高司法机关作出的司法解释就在这个问题的解决上发挥了重要的作用。司法解释不同于法律,它不需要像法律那样保持较高的稳定性,它的存在本身就是为了解决法律的准确适用问题;它通过对法律条文作出进一步的定义、说明、解释、限制,将原本模糊的立法语言变得准确起来;它以一种权威的方式将不同的司法机关、不同的司法者关于某一个法律条文的理解与适用统一起来,从而使得司法机关的司法行为在公平、公正和法治的道路上又前进了一步。例如,《最高人民法院、最高人民检察院关于办理赌博刑事案件具体应用法律若干问题的解释》,该解释第1条就将"聚众赌博"① 这一模糊的关于罪状的描述从参赌人员数量、抽头渔利数额、赌资数额等多方面予以具体化,使得司法机关的工作人员能够在"聚众赌博"这一概念上形成统一的认识,从而形成协调一致的司法判决,避免出现相似的案件情况判决结果却截然不同的情形,保证了类似案件得到类似的判决,促进了对法律的公平(正义)价值和效率价值的实现。

再如,《民事诉讼法》对于第二审人民法院对当事人没有提出请求的内容是否可以审理的问题的规定过于模糊②,于是《最高人民法院关于适用〈中华人民共和国民事诉讼法〉的解释》第 323 条规定:"第二审人民法院应当围绕当事人的上诉请求进行审理。当事人没有提出请求的,不予审理,但一审判决违反法律禁止性规定,或者损害国家利益、社会公共利益、他人合法权益的除外。"该司法解释明确了在一般情况下,二审法院只能就上诉人的诉讼请求进行审理和判决,只有在一审判决违反法律禁止性规定,或者损害国家利益、社会公共利益、他人合法权益的情况下,第二审人民法院审理范围不受当事人的

---

① 《最高人民法院、最高人民检察院关于办理赌博刑事案件具体应用法律若干问题的解释》第 1 条规定,以营利为目的,有下列情形之一的,属于刑法第三百零三条规定的"聚众赌博":
(一)组织 3 人以上赌博,抽头渔利数额累计达到 5000 元以上的;
(二)组织 3 人以上赌博,赌资数额累计达到 5 万元以上的;
(三)组织 3 人以上赌博,参赌人数累计达到 20 人以上的;
(四)组织中华人民共和国公民 10 人以上赴境外赌博,从中收取回扣、介绍费的。

② 《民事诉讼法》第 170 条第 1 款第(2)项规定,第二审人民法院对上诉案件,经过审理,认为原判决、裁定认定事实错误或者适用法律错误的,以判决、裁定方式依法改判、撤销或者变更。

上诉请求的限制。在电梯劝烟猝死案中①，2017 年 9 月 4 日，郑州市金水区人民法院作出一审判决，认为双方对损害的发生都没有过错，适用"公平原则"，判定被告杨某补偿死者家属 1.5 万元。原告不服一审判决，向郑州市中级人民法院提起上诉，而被告没有上诉。2018 年 1 月 23 日河南省郑州市中级人民法院作出二审（终审）判决，认为一审法院对该案件适用"公平原则"属于适用法律错误。二审法院认为，适用公平原则的前提是侵权行为与损害结果之间有因果关系，而在本案中规劝者的规劝行为与死者的死亡之间没有因果关系，因为杨某在规劝他人不能在电梯等封闭场所抽烟是合理、合法地维护社会公共利益的行为，且规劝者行为没有超出必要限度，整个过程理性、适度，而被规劝者情绪非常激动而引发其心脏病而猝死，属于意外事件。故撤销一审杨某补偿原告 1.5 万元的错误判决，改判规劝者杨某不承担侵权责任，并判决上诉人（死者家属）承担共计 1.4 万余元的诉讼费，并驳回上诉人的其他诉讼请求。终审判决后，规劝者杨某出于人道主义通过律师向死者家属捐赠 1 万元。河南省郑州市中级人民法院审理认为，一审判决依照《侵权责任法》第 24 条的规定，属于适用法律错误。该案中，杨某劝阻老人（段某某）在电梯内吸烟的行为未超出必要限度，属于正当劝阻行为。虽然从时间上看，杨某劝阻段某某吸烟行为与段某某死亡的后果是先后发生的，但两者之间并不存在法律上的因果关系。因此，杨某不应承担侵权责任。《侵权责任法》第 24 条规定："受害人和行为人对损害的发生都没有过错的，可以根据实际情况，由双方分担损失。"适用《侵权责任法》第 24 条的前提是行为与损害结果之间有法律上的因果关系，且受害人和行为人对损害的发生都没有过错。本案中杨某劝阻封闭环境中的吸烟行为与段某某死亡结果之间并无法律上的因果关系，因此，一审判决依照《侵权责任法》第 24 条的规定，适用公平原则判决杨某补偿死者家属 1.5 万元属于适用法律错误。一审判决由规劝者杨某分担损失，让自觉维护社会公共利益，正当行使公民权利的人承担补偿责任，将会挫伤公民依法行使公民权利、自觉维护社会公共利益的积极性。一审判

---

① 在 2017 年 5 月的一天，居住在河南省郑州市金水区某居民区的杨某（职业为医生）下楼取快递，进入电梯时，电梯里烟雾环绕，原来电梯里有一位老人正在抽烟，出于职业本能，杨某劝老人在电梯封闭的环境里不要抽烟（电梯里有监控，但没有声音）老人可能觉得被比自己年轻的人劝阻有失颜面，不服气，于是和劝阻者言语争执起来，然后二者一起到一楼物管处理论，物管工作人员看到老人情绪十分激动就进行安抚规劝，这时杨某抽身取快递去了。一刻钟左右杨某取快递回来，有人告诉他有一位老人（正是刚才和他言语争执的那位老人）心脏病突发不省人事。在 120 急救车到来之前，作为医生的杨某给老人做了心肺复苏等急救措施，但无奈回天无力。之后，死者家属将杨某告上法庭，要求获得 40 余万元的赔偿。

决后，杨某没有上诉。河南省郑州市中级人民法院认为，虽然杨某没有上诉，但一审判决适用法律错误，损害了社会公共利益。本案中，杨某对段某某在电梯内吸烟予以劝阻合法正当，没有侵害段某某生命权的故意或过失，本身也不会造成段某某死亡的结果。规劝者杨某的行为是自觉维护社会公共秩序和公共利益的行为，一审判决判令杨某分担损失，既是对社会公共利益的损害，也与民法的立法宗旨相悖，不利于促进社会文明，不利于引导公众共同创造良好的公共环境。故一审判决判令杨某补偿死者家属1.5万元是错误的，二审法院依法予以纠正，遂作出上述判决。在本案中由于《最高人民法院关于适用〈中华人民共和国民事诉讼法〉的解释》第323条文的规定，使得《民事诉讼法》对于第二审人民法院对当事人没有提出请求的内容是否可以审理的模糊的规定变得更加明晰，使得二审法院依法可以对于当事人没有提出请求的内容进行审理，实现了司法公正。

还如《最高人民法院关于审理民事、行政诉讼中司法赔偿案件适用法律若干问题的解释》就对民事、行政诉讼中，国家承担赔偿责任的范围进行了进一步的限定，并对"违法采取对妨害诉讼的强制措施"①"违法采取保全措施"②

---

① 《最高人民法院关于审理民事、行政诉讼中司法赔偿案件适用法律若干问题的解释》第2条规定，违法采取对妨害诉讼的强制措施，包括以下情形：
（一）对没有实施妨害诉讼行为的人采取罚款或者拘留措施的；
（二）超过法律规定金额采取罚款措施的；
（三）超过法律规定期限采取拘留措施的；
（四）对同一妨害诉讼的行为重复采取罚款、拘留措施的；
（五）其他违法情形。

② 《最高人民法院关于审理民事、行政诉讼中司法赔偿案件适用法律若干问题的解释》第3条规定，违法采取保全措施，包括以下情形：
（一）依法不应当采取保全措施而采取的；
（二）依法不应当解除保全措施而解除，或者依法应当解除保全措施而不解除的；
（三）明显超出诉讼请求的范围采取保全措施的，但保全财产为不可分割物且被保全人无其他财产或者其他财产不足以担保债权实现的除外；
（四）在给付特定物之诉中，对与案件无关的财物采取保全措施的；
（五）违法保全案外人财产的；
（六）对查封、扣押、冻结的财产不履行监管职责，造成被保全财产毁损、灭失的；
（七）对季节性商品或者鲜活、易腐烂变质以及其他不宜长期保存的物品采取保全措施，未及时处理或者违法处理，造成物品毁损或者严重贬值的；
（八）对不动产或者船舶、航空器和机动车等特定动产采取保全措施，未依法通知有关登记机构不予办理该保全财产的变更登记，造成该保全财产所有权被转移的；
（九）违法采取行为保全措施的；
（十）其他违法情形。

以及"执行错误"① 等重要行为的内涵进行了具体的界定，使得模糊的法律规范变得明确清晰，如此就使得司法机关在将有关法律条文适用于具体的案件事实时，能够做到准确无误，维护了法律的统一性、确定性和权威性。

必须指出的是，法律适用并非准确无误的机械过程，法律解释也并非仅基于对立法者立法意图的理解而对法律所做的解释，其还需要进行利益衡量和价值判断，要考虑各种社会因素，如社会影响、社会后果等。法律规范与事实之间也会存在缝隙，即规范性裂缝②，遵守规范与做正确的事之间也会存在缝隙，个案正义的追求可能与普遍公正的适用标准不相符。价值导向思维的运用体现在解释中，更接近于社会学法律解释③。社会学法律解释的核心是利益权衡和价值判断。在法律适用的过程中，法院会倾向于适用一般条款审理案件，但其

---

① 《最高人民法院关于审理民事、行政诉讼中司法赔偿案件适用法律若干问题的解释》第5条规定规定，对判决、裁定及其他生效法律文书执行错误，包括以下情形：

（一）执行未生效法律文书的；

（二）超出生效法律文书确定的数额和范围执行的；

（三）对已经发现的被执行人的财产，故意拖延执行或者不执行，导致被执行财产流失的；

（四）应当恢复执行而不恢复，导致被执行财产流失的；

（五）违法执行案外人财产的；

（六）违法将案件执行款物执行给其他当事人或者案外人的；

（七）违法对抵押物、质物或者留置物采取执行措施，致使抵押权人、质权人或者留置权人的优先受偿权无法实现的；

（八）对执行中查封、扣押、冻结的财产不履行监管职责，造成财产毁损、灭失的；

（九）对季节性商品或者鲜活、易腐烂变质以及其他不宜长期保存的物品采取执行措施，未及时处理或者违法处理，造成物品毁损或者严重贬值的；

（十）对执行财产应当拍卖而未依法拍卖的，或者应当由资产评估机构评估而未依法评估，违法变卖或者以物抵债的；

（十一）其他错误情形。

② 规范性裂缝是指规则与其正当化理由不一致。其可分为两类：一是过度包含，即由概然性支持的规则虽然会一般性地产生规则背后的正当化理由所追求或避免的结果，但在某些场合并不会出现这种结果；二是过少包含，即当规则没有包括哪些在具体情形中会产生的规则正当化理由所指示的结果。规范性裂缝只存在于自治性规则之中。参见徐显明：《法理学原理》，中国政法大学出版社2009年版，第172-173页。

③ 作为法律解释方法的一种，社会学法律解释是指将社会学方法运用于法律解释之中，通过对法律解释的社会效果的预测和衡量来选择最佳答案。社会学法律解释要求法官关注社会影响或社会效果，依据但不必拘泥于法律规范的文字表述和逻辑推演，通过判决可能产生的社会影响或社会效果进行预测、评估和权衡，结合当时当地社会生活的实际情况和正审理的特定案件的特定事实，就法律规范的含义以及法律规范与案件事实之间的关系进行阐释，以便使法官对个案的判决既有法律依据，符合法律的精神和价值，维护法律的确定性和安定性，又能对社会产生积极和正面的影响，达到良好的社会效果，从而实现法律效果和社会效果有机统一的法律解释方法。社会学法律解释方法的运用对转型时期的中国司法治理活动有着重要影响。

价值判断过程往往不清晰，因而其结论是否合理则无法判断。① 如果法官根据法律的一般条款作出判决，无法实现个案正义，此时法官就要寻求适用模糊性的法律原则。而此时法官就要运用法律价值对模糊性的法律原则进行解释。法官的逻辑、情感以及人们心中起伏不定的微小力量都会决定法律价值的体现。传统的法律解释如语义解释、目的解释等更多的是追求法律文本的字面含义及立法者的立法意图。而在价值导向下进行法律解释，一方面在使抽象的模糊的法律原则具体化的同时，在一定程度上确立了某种解释标准；另一方面可以在保持法律条文的弹性的同时，通过社会利益衡量对司法者的主观肆意性进行抑制，使其作出具有最佳社会效果的判决。通过法律解释从法的适用过程中对法律语言的模糊性进行控制，一定程度上有利于克服其所导致的消极影响。

8.5 规范与引导司法自由裁量权

我国现行法律中立法语言模糊的弊端，可以通过规范与引导司法自由裁量权而获得一定程度的消解。

立法语言的模糊性决定了立法语言不可能完全确定达到毋庸置疑的地步。相反，立法语言的模糊性使得立法语言拥有较大的弹性，司法者可以根据不断变动的、纷繁复杂的社会现实，运用相关的法学理论知识，从一个理性的角度出发结合具体案件，作出最为合理的选择和公正的判决。而司法者这种理性的抉择过程就是司法者自由裁量权运用的一个过程。自由裁量权的存在对于法律的正确、合理适用是有着积极意义的。然而，正是由于司法者手中自由裁量权有这么一个弹性的空间，使得一些素质不高的司法者有机会将手中的自由裁量权作为满足自己在金钱等各方面需求的工具，无视法律的公平、正义价值，违背自己的职业操守，作出不合理不公正的判决。这严重损害了法律的权威性和司法机关的公信力。但是，消除司法者的自由裁量权又是不合理且不科学的。因此，我们必须重视对司法者自由裁量权运用的规范与引导。规范与引导法官的自由裁量权关键在于提高法律语言的准确性。提高法律语言的准确性就是从源头来控制司法者自由裁量权的行使。自由裁量权之所以有存在的空间，是立法语言的模糊性等原因带来的法律的不确定性的一个产物。立法语言越模糊，自由裁量权的行使空间就越大；立法语言越准确，自由裁量权的活动空间就越狭小。因此，提高立法语言的准确性能够有效地限制司法者自由裁量权的行使。

例如，《民法通则》第 107 条 "因不可抗力不能履行合同" 中的 "不可抗力"，仅从字面上来理解，就是不可抗拒的力量，而不涉及这种不可抗拒的力

---

① 梁慧星："诚实信用原则与漏洞补充"，载《法学研究》1994 年第 2 期。

量能不能预见、能不能避免、能不能克服等因素。而该法第 153 条却将其进一步限定为"不能预见、不能避免并不能克服"这样的一种客观情况的存在，对"不可抗力"作出了进一步的描述，限定了它的范围与性质，这就大大缩小了"不可抗力"的范围，对法官行使自由裁量权进行了合理的限制。在我国现行的法律中，存在大量的类似于这样对于法律概念的进一步解释的情况。它们的存在提高了立法语言的明确性，对于规范与引导司法者自由裁量权的行使有着重要的作用。

以上是一正例，以下举一反例。我国刑法对罚金数额的规定并不一致，除了采取限额罚金制和相对额罚金制之外，还大量地采纳了无限额罚金制的规定方式，即只规定"并处罚金""或者罚金"（即单处罚金）或者"并处或单处罚金"，而对判处罚金的数额或者根据则不作任何限制，法律规范过于模糊。不但 1997 年《刑法》中存在着无限额罚金制的规定，而且，在刑法修正过程中，还存在着将倍比罚金制替换为无限额罚金制的情况，如《刑法修正案（七）》将第 201 条逃税罪（原为偷税罪）的倍数罚金制改为无限额罚金制，《刑法修正案（八）》对于刑法第 141 条生产、销售假药罪、《刑法》第 143 条生产、销售不符合安全标准的食品罪（原罪名为生产、销售不符合卫生标准的食品罪）、《刑法》第 144 条生产、销售有毒、有害食品罪的修改，也是将先前的倍比罚金制修改为无限额罚金制[①]。但是，上述的转换可谓是未能在刑法的社会保护（受害人权利保护）和被告人的人权保障功能之间求得平衡：将倍比罚金制改为无限额罚金制，无疑是试图加大对药品、食品安全犯罪的打击力度，这种打击犯罪、震慑犯罪的初衷固然可以理解；但是，无限额罚金制的规定却伴随着侵犯被告人权利的巨大风险。这是因为，罚金的数额实际上和有期徒刑、拘役、管制等的刑期一样，作为一种附加刑、财产刑，无限额罚金就相当于是不定期刑，规定无限额罚金不仅违背罪刑法定原则的明确性要求，在我国当下的司法环境中，也更容易造成司法的恣意或者说司法者自由裁量权的滥用。尽管《刑法》第 52 条也规定"判处罚金，应当根据犯罪情节决定罚金数额"，尽管在具体量刑时法官也需要受到罪责刑相适应原则的限制，但是无限额罚金制的规定本身仍然是将罚金的具体判罚数额交由法官自由裁量，立法的规定毕竟给了法官、法院"上下其手"的空间，在实践中就容易导致量刑畸轻畸重，严

[①] 刑法修正案之所以将相应犯罪的罚金规定修改为无限额罚金制，一个主要的动因是因为 1997 年《刑法》中以"销售金额"为基础的倍比规定确实不尽合理：许多生产者尚未来得及销售即被抓获，无从确定"销售金额"，而生产者无疑也构成相应犯罪。但是，修正案虽然看对了病症，却没有开出恰当的药方，建议修改为以"货物价值"为基准的倍比罚金制更为合理，如此提高了法律的明确性，限定了法官的自由裁量权。

重损害了刑法适用的统一性和严肃性。所以必须强调，立法者对于无限额罚金制的规定本身需要保持高度的警惕，必须足够谨慎、尽量少用。限额罚金制和相对额罚金制更符合罪刑法定原则的要求，能更好地平衡立法的明确性和司法的灵活性，能够规范或限定法官的自由裁量权。

再例如，与其他保留死刑的国家相比，中国问题的特殊性在于，其还同时规定有死缓制度，而名义上作为死刑的一种执行方式的死缓制度，在很大程度上却实质性地变成了一种生刑，导致死缓和死刑立即执行之间生死有别。刑法规定死缓的适用条件是"不是必须立即执行"，但对何为"不是必须立即执行"却缺乏基本的界定，导致实践中对于"罪行极其严重的犯罪分子"，究竟判处死刑立即执行，还是判处死刑缓期执行完全取决于法官的自由裁量，不但妨害了公民的预测可能性，也为司法腐败预留了巨大的空间。所以，在死刑本身的适用条件无法做到绝对明确而只能接受"罪行极其严重"这样一种模糊语言的表述之下，就需要进一步明确"不是必须立即执行"的条件，而且这也完全可能。比如，可以在《刑法》中单设一款规定，"具有以下情形之一的，属于不是必须立即执行：（1）具有自首等法定从轻处罚情节的；（2）在共同犯罪中所起的作用并非最大的；（3）被害人具有严重过错的"。既给了法官判处死缓以明确的指引，也一定程度上规范和引导法官合理行使自由裁量权。[①]

然而，仅仅是从实体上去努力还是不够的，司法程序的不够严谨、规范也是导致司法者自由裁量权滥用的一个重要因素。因此，规范与引导司法自由裁量权就必须重视提高对于司法程序的规范性。首先，审判结果必须是司法者在理性的基础上依照法律规定的程序作出的。司法者对于案件的审理必须符合法律规定的程序，程序的公正对司法结果的公正起着重要的作用。其次，案件的审判结果以及据以作出裁决的所有依据，除了涉及国家、商业秘密以及个人隐私的，都必须在官方的网站上予以公布，让司法者自由裁量权的行使置于各界的监督之下，这可以最大限度地避免法官自由裁量权的滥用。

当然，要促使法官遇到模糊的法律时能够合理行使自由裁量权，除了从实体上和程序上进行规范外，还要提高法官队伍的综合素质。司法者是行使自由裁量权的主体，司法者自身素质的高低对于自由裁量权的行使有着重大的影响。目前，存在许多自由裁量权被滥用的情况，其中很大一部分是司法者自身素质的原因。因此，提高司法者的素质对于规范与引导自由裁量权的意义十分重大。

---

① 付立庆："论刑法用语的明确性与概括性——从刑事立法技术的角度切入"，载《法律科学》2013 年第 2 期。

结　语

　　语言天然具有模糊性，法律不可避免地存在模糊性与明确性的双重特性。虽然法律语言的准确性是所有法律工作者的一致追求，但是，模糊性仍然是法律语言难以消除的现象，贯穿于立法、执法和司法活动的整个过程。从二者的关系看，模糊性是绝对的，而准确性则是相对的。模糊性与准确性就像一枚硬币的两面，都是语言包括法律语言的固有属性，二者既相互对立，又相辅相成。语言本身的特性、法律的概括性、法律现象的复杂性以及人的认识能力的有限性等因素，使得法律语言的模糊性不可避免，且采取法律解释等方式都只能在一定程度上消减法律语言的模糊性，因此只能追求法律语言的相对准确性，法律语言的绝对准确是法律的神话。法律针对的是一般的人和事，法律不可能对社会生活的方方面面都作出非常细致的规定，法律具有一般性和抽象性的特点。同时，法律一经制定就要在一定时期内起作用，不能朝令夕改，法律具有相对稳定性，而社会生活却瞬息万变、一日千里。抽象的、相对稳定的法律规范难以面对复杂多变的社会生活。因此为了使法律具有较大的涵盖性和周延性，确保法律的实施效果，法律中就需要包含一定的具有概括、模糊的词语。准确与模糊是一对矛盾的概念，在一定条件下可以相互转换。模糊的法律语言也能在一定条件下，准确表达条文含义。立法者在法律语言中有意使用的一些模糊词语不仅不会损害法律的准确性，相反会准确地传达信息，有助于在不确定中达到确定性和准确性，使法律更加周密和完备，从而更好地维护法律的稳定性和权威性。模糊的法律语言使得法律原则、法律规则和法律概念等法的要素具有延展性，使法律能够适应于复杂多变的社会生活，可以顺应社会的发展和变化。

　　过于精确的法律条文难以适应社会的需要，过于细致的规定使法律过于僵化，缺乏弹性和活力。而模糊的法律语言使法律意义会随着社会生活事实的变化而变化，因而在法律发现过程中，规范与案件事实之间不是一种简单涵摄，而是结合立法的目的和价值进行确定。立法的价值在于满足社会发展的需求，法律概念的模糊性会使其内涵与外延具有一定的变动性，可以随着社会发展的变化而不断进行调整。模糊的法律语言给司法者留下了自由裁量的空间，且为执法者提供了一定的指引作用，使得其可以应对变化发展的社会现实，对具体案件进行具体分析，并对具有开放结构的模糊性的法律作出适法的解释，从而让法律随着社会的发展而得到不断的发展。法律语言的模糊性使得法律具有流动性，克服了立法过于精确导致的僵化现象。何况，由于法律现象本身的复杂性，模糊的法律语言所表达出的法律现象不一定是不准确的，其也有可能准确地表述了这种复杂的社会现象。因此，虽然法律语言的模糊性确有弊端，但我们也要正视模糊性法律语言的优点与不可或缺。法律语言模糊性的重要意义在于赋予法官根据具体案件的具体情况行使一定的自由裁量权，确保法律的实施效果。同时模糊性的法律语言弥补了法律的漏洞，扩大法律的覆盖面，实现法律的周延性、安定性、稳定性和权威性。但凡事过犹不及。过度模糊的法律语言，也会带来诸如导致法官滥用自由裁量权等弊端，为克服法律语言模糊性带来的诸多弊端，就必须控制其模糊程度，达到相对准确。即便法律语言的模糊性存在许多负面影响，但其积极功能仍不容忽略，需要在法律明确性和模糊性二者间寻找平衡点，以便既充分发挥法律语言模糊性的积极功能，又能够最大限度地消解法律语言模糊性的负面影响。区分不同情形，合理控制法律语言的模糊度是对模糊性扬长避短的主要措施。以追求法律的相对准确性为前提，将模糊性控制在一定程度范围内，如使用模糊限制词以限制词语的模糊程度、在价值导向下进行社会学法律解释等方法，都能使法律语言的模糊性处于一个可控制的范围内，以平衡法律语言模糊性所带来的积极作用与消极影响。本书强调法律语言模糊度的可控性，并主张在模糊程度得以有效控制下，极大地发扬法律语言模糊性的优点，同时有效克服法律语言模糊性的弊端。实际上，法律语言模糊度控制仍是一个复杂的问题，实现法律语言的模糊性与相对确定性的平衡，寻找二者间明确的界线也十分困难。受研究资料以及本人水平所限，本书对法律语言模糊性的研究尚处于初步阶段，旨在抛砖引玉，为以后的研究者对法律语言模糊性问题的研究和探索提供一些知识资料。

后 记

看到中国法学会2019年度部级法学研究自选课题申报公告，"立项评审和结项鉴定合并进行，申请人确定选题后即自行开展研究"，本人当时心情特别激动，暗暗下定决心在已有研究的基础上撰写《法律语言模糊性问题研究》这部学术专著。功夫不负有心人，该课题于2020年7月22日获得立项，本著作则作为该项目的研究成果。

法律语言模糊性问题是本人一直特别感兴趣的一个研究内容，有良好的研究基础。法律语言模糊性问题属于法律语言学的研究领域。法律语言学是一门方兴未艾的有着良好前景的法学和语言学的交叉学科。随着社会的发展，各种学科间不再局限于单纯的某一领域的研究，而是跨学科、跨领域的研究。在深度分化基础上的高度交叉融合是当代学科发展的显著特点和必然趋势。目前学界有关法律语言学的学术专著不少，但还没有专门论及法律语言模糊性的学术专著，尝试撰写这部学术专著对我来说是一项极其具有挑战性的任务。在撰写这本专著的过程中，经历了曲折、彷徨和痛苦，也收获了喜悦、充实和感悟。对于感悟具体来说，有三点：第一，目标感非常重要。目标感让我们即使朝目标迈进一点点，也让我们无比兴奋和快乐。目标感决定你能否在一个方向持续走下去。我们做任何决策时都务必要知道，变更方向是有成本的，尤其是当你已经在一个方向努力很长时间时，此时变更方向的成本非常高。第二，透支身体得不偿失。无论是为了工作、事业，抑或是其他什么理由，生活不规律、久坐、熬夜等透支身体牺牲健康都是不可取的。健康不仅是我们一生最大的财富和我们最大的利益，而且是我们做好任何事情的前提和基础。第三，做任何事贵在坚持。通过撰写这部专著，我深深地知道，做学问抑或是做任何事情，开头最难。很多事情，都是坚持到了后面有了临界点，才会作出效果。因此，我们决定做一件重要的事情时，刚开始一定要有耐心，多给自己一些时间。时间是一位伟大的作者，它带来的回报一定超出你的想象。

时宇娇写于西南政法大学天高鸿苑
2020年9月7日